# 온종일 돌봄 사회

# 온종일 돌봄 사회

국정과제협의회 정책기획시리즈 **13**

김대현 　배정훈
김민희 　이숙정
김선미 　이희현
김수정 　정재훈
김　용 　황선준
김은지

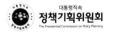

대통령직속
**정책기획위원회**
The Presidential Commission on Policy Planning

# 차 례

# 표 차례

# 그림 차례

# 국정 과제협의회 정책기획시리즈
# 발간에 붙여

대통령직속 정책기획위원회
위원장 조대엽

## 1. 문재인 정부 5년, 정책기획위원회 5년을 돌아보며

문재인 정부가 출범한 지 5년차가 되었습니다. 돌이켜보면 전국의 거리를 밝힌 거대한 촛불의 물결과 전임 대통령의 탄핵, 새 정부출범에 이르는 과정은 '촛불혁명'이라고 할 만했습니다. 2016년 촛불혁명은 법과 제도의 틀에서 전개된 특별한 혁명이었습니다. 1,700만 명의 군중이 모여 촛불의 바다를 이루었지만 법의 선을 넘지 않았습니다. 전임 대통령의 탄핵과 새 대통령의 선출이 법과 정치적 절차의 훼손 없이 제도적으로 진행되었습니다. '제도혁명'이라고도 부를 수 있는 참으로 특별한 정치 과정이 아닐 수 없습니다. 세계적으로 대의 민주주의의 위기와 한계가 뚜렷한 가운데 2017년 문재인 정부의 출범 과정은 현대 민주주의의 범위와 내용을 제도적으로 확장한 정치사적 성과라고도 할 수 있습니다.

현대 민주주의의 괄목할 만한 진화를 이끌고 제도혁명으로 집권한 문재인 정부가 5년차를 맞았습니다. 선거 후 바로 대통령 취임과 함께 국정기획자문위원회가 출발해 100대 국정 과제를 선별하면서 문재인 정부의 정치 일정이 시작되었습니다. 집권 5년차를 맞으며 인수위도 없이 출발한 집권 초기의 긴박한 과정을 떠올리면 문재인 정부는 임기 마지막까지 국정의 긴장을 늦출 수 없는 운명을 지녔습니다. 어쩌면 문재인 정부는 '제도혁명정부'라는 특별한 성격을 갖는다는 점에서 거의 모든 정부가 예외 없이 겪었던 임기 후반의 '레임덕'이라는 표현은 정치적 사치일 수 있습니다. 문재인 정부의 남은 시간 동안 지난 5년의 국정 성과에 이어 마지막까지 성과를 만들어냄으로써 국정의 긴장과 동력을 잃지 않는 일이 무엇보다 중요한 시점입니다. 그것이 문재인 정부의 역사적 소명이기도 합니다.

정책기획위원회는 지난 5년간 대통령 직속기구로서 폭넓은 국정자문 활동을 했습니다. 정책기획위원회의 주된 일은 국정 과제 전반을 점검하고 대통령에게 필요한 내용들을 보고하는 일입니다. 지난 5년 정책기획위원회의 역할을 구분하면 정책 콘텐츠 관리와 정책 네트워크 관리, 정책소통 관리라는 세 가지로 요약할 수 있습니다.

먼저, 정책 콘텐츠 관리는 국가 중장기 발전전략 및 정책 방향 수립과 함께 100대 국정 과제의 추진과 조정, 국정 과제 관련 보고회의 지원, 국정분야별 정책 및 현안과제 연구, 대통령이 요구하는 국가 주요 정책 연구 등을 포괄합니다. 둘째로 정책 네트워크 관리는 청와대, 총리실, 정부부처, 정부출연 연구기관, 정당 등과의 협업 및 교류가 중요하며, 학계, 전문가 집단, 시민단체 등과의 네트워크 확장을 포함합니다. 특히 정책기획위원회는 대통령 소속 위원회를 통괄하는 기능을 갖기도 합니다.

대통령 소속의 9개 주요 위원회로 구성된 '국정 과제협의회'의 의 장위원회로서 대통령 위원회의 소통과 협업의 구심 역할을 했습니다. 셋째로 정책소통 관리는 정부부처 간의 소통과 협력을 매개하는 역할이나 정책 쟁점이나 정책 성과에 대해 국민들이 공감할 수 있도록 정책담론을 생산하고 확산하는 일을 포괄합니다. 연구용역이나 주요 정책TF 운용의 결과를 다양한 형태의 간담회, 학술회의, 토론회, 언론 기고, 자체 온라인 방송 채널을 통해 공유하기도 했습니다.

정책기획위원회의 1기는 정부 출범 시 '국정기획자문위원회'가 만든 100대 국정 과제의 관리와 '미래비전 2045'를 만드는 데 중점이 두어졌습니다. 말하자면 정책 콘텐츠 관리에 중점을 둔 셈입니다. 정책기획위원회의 2기는 위기적 정책 환경에 대응하는 정책 콘텐츠 생산과 집권 후반부의 성과관리라는 측면에서 과제가 큰 폭으로 늘었습니다. 주지하듯 문재인 정부의 후반부는 세계사적이고 문명사적인 아주 특별한 시대적 위기를 맞고 있습니다. 코로나19 팬데믹이라는 문명사적 위기는 정책기획위원회 2기의 정책 환경을 완전히 바꾸었습니다. 정책기획위원회는 코로나19 발생 이후 포스트 코로나시대에 새롭게 부가되는 국정 과제를 100대 과제와 조정 보완하는 작업, 감염병 대응과 보건의료체제 혁신을 위한 종합 대책의 마련, 코로나19 이후 거대 전환의 사회변동에 대한 전망, 한국판 뉴딜의 보완과 국정자문단의 운영 등을 새로운 과제로 진행했습니다.

정책기획위원회의 2기는 코로나19 팬데믹으로 인한 방역위기와 경제위기를 뚫고 나아가는 국가 혁신전략들을 지원하는 일과 함께, 무엇보다도 문재인 정부의 국정성과를 정리하고 〈국정백서〉를 집필하는 일이 남아 있습니다. 우리 위원회는 성과관리를 단순히 정부의 치적을 정리하는 수준이 아니라 국정성과를 국민의 성과로 간주하고 국민과 공유해야 한다는 차원에서 정책 소통의 한 축으로 간주하고 있습니다.

우리 위원회는 문재인 정부가 촛불혁명의 정부로서 그리고 제도혁명의 정부로서 지향했던 비전의 진화 경로를 종합적 조감도로 그렸고 이 비전 진화의 경로를 따라 축적된 지난 5년의 성과를 포괄적으로 정리하기도 했습니다. 다양한 정책성과 관련 담론들을 세부적으로 만드는 과정이 이어지는 가운데, 우리 위원회는 그간의 위원회 활동 결과로 생산된 다양한 정책담론들을 단행본으로 만들어 대중적으로 공유하면 좋겠다는 데에 뜻을 모았습니다. 이러한 취지는 정책기획위원회뿐 아니라 국정 과제협의회 소속의 다른 대통령 위원회도 공유함으로써 단행본 발간에 동참하게 되었습니다. '국정 과제협의회 정책기획시리즈'가 탄생했고 각 단행본의 주제와 필진 선정, 그리고 출판은 각 위원회가 주관해서 진행하는 것으로 했습니다.

정책기획위원회가 출간하는 이번 단행본들은 정부의 중점 정책이나 대표 정책을 다루는 것이 아닙니다. 또 단행본의 주제들은 특별한 기준에 따라 선별된 것도 아닙니다. 이번에 출간하는 단행본 시리즈의 내용들은 정부 정책이나 법안에 반영된 것도 있고 그렇지 않은 것도 포함되어 있습니다. 따라서 이 책의 내용들은 정부나 정책기획위원회의 공식 입장이라고 할 수 없습니다. 정책기획위원회에서 지난 5년간 다양한 방식으로 논의된 정책담론들 가운데 비교적 단행본으로 엮어내기에 수월한 것들을 모아 필진들이 수정하는 수고를 더한 것입니다. 문재인 정부의 정책기획위원회에 모인 백여 명의 정책기획위원들이 다양한 분야에서 국가의 미래를 고민했던 흔적을 담아보자는 취지라 할 수 있습니다.

## 2. 문재인 정부 5년의 국정비전과 국정성과에 대하여

문재인 정부는 촛불시민의 염원을 담아 '나라다운 나라, 새로운 대한민국'을 약속하며 출발했습니다. 지난 5년은 우리 정부가 국민과 약속한 나라를 만들기 위해 진지하고도 일관된 노력을 기울인 시간이었습니다. 지난 5년, 국민의 눈높이에 미흡하고 부족한 부분이 있었습니다. 그러나 예상하지 못한 거대한 위기가 거듭되는 가운데서도 정부는 국민과 함께 다양한 국정성과를 만들었습니다.

어떤 정부든 공과 과가 있기 마련입니다. 한 정부의 공은 공대로 평가되어야 하고 과는 과대로 평가되어야 합니다. 아무리 미흡한 부분이 있더라도 한 정부의 국정성과는 국민이 함께 만든 것이기 때문에 국민적으로 공유되어야 하고, 국민적 자부심으로 축적되어야 합니다. 국정의 성과가 국민적 자부심과 자신감으로 축적되어야 새로운 미래가 있습니다.

정부가 국정 성과에 대해 오만하거나 공치사를 하는 것은 경계해야 할 일이지만 적어도 우리가 한 일에 대한 자신감과 자부심 없이는 대한민국의 미래 또한 밝을 수 없습니다. 정책기획위원회는 이 같은 취지로 2021년 4월, 『문재인 정부 국정비전의 진화와 국정성과』라는 제목의 보고서를 만들었고, 이 보고서를 바탕으로 5월에는 문재인 정부 4주년을 기념하는 컨퍼런스도 개최했습니다.

문재인 정부는 2017년 출범 후 '국민의 나라, 정의로운 대한민국'을 국가비전으로 제시하고 5대 국정목표, 20대 국정전략, 100대 국정 과제를 제시했습니다. '국민의 나라, 정의로운 대한민국'이라는 국정의 총괄 비전은 "대한민국의 모든 권력은 국민으로부터 나온다"라고 하는 헌법 제1조의 정신입니다. 여기에 '공정'과 '정의'에 대한 문재인 대통령의 통치 철학을 담았습니다. 정의로운 질서는 사회적 기회의 윤리인 '공정', 사회적 결과의 윤리인 '책임', 사회적 통합의 윤리인 '협력'이라는 실천윤리가 어울려 완성됩니다. 문재인 정부 5년은 공정국가, 책임국가, 협력국가를 향한 일관된 여정이었습니다. 그리고 문재인 정부의 국정성과는 공정국가, 책임국가, 협력국가를 향한 일관된 정책의 효과였습니다.

돌이켜보면 문재인 정부 5년은 중첩된 위기의 시간이었습니다. 집권 초기 북핵위기에 이은 한일통상위기, 그리고 코로나19 팬데믹 위기라는 예측하지 못한 3대 위기에 문재인 정부는 놀라운 위기 대응 능력을 보였습니다. 2017년 북핵위기는 평창올림픽과 다자외교, 국방력 강화를 통한 한반도 평화 프로세스로 위기 극복의 성과를 만들었습니다. 2019년의 한일통상위기는 우리 정부와 기업이 소부장산업 글로벌 공급망을 재편하고 소부장산업 특별법 제정 등 모든 수단을 동원해 제조업의 경쟁력을 강화함으로써 위기를 극복했습니다. 일본과의 무역마찰을 극복하는 이 과정에서 '아무도 흔들 수 없는 나라'를 만들겠다는 대통령의 약속이 있었고 마침내 우리는 일본과 경쟁할 만하다는 국민적 자신감을 갖게 되었습니다.

이제는 핵심 산업에서 한국 경제가 일본을 추월하게 되었지만 우리 국민이 갖게 된 일본에 대한 자신감이야말로 무엇보다 큰 국민적 성과가 아닐 수 없습니다.

2020년 이후의 코로나19 위기는 지구적 생명권의 위기이자 인류 삶의 근본을 뒤흔드는 문명사적 위기라 할 수 있습니다. 우리는 개방, 투명, 민주방역, 과학적이고 창의적 방역으로 전면적 봉쇄 없이 팬데믹을 억제한 유일한 나라가 되었습니다. K-방역의 성공은 K-경제의 성과로도 확인됩니다. K-경제의 주요 지표들은 우리 경제가 코로나19 이전으로 회복되었을 뿐 아니라 성공적 방역으로 우리 경제가 새롭게 도약하고 있다는 사실을 보여주고 있습니다.

　문재인 정부 5년 간 겪었던 3대 거대 위기는 인류의 문명사에 대한 재러드 다이아몬드식 설명에 비유하면 '총·균·쇠'의 위기라 할 수 있습니다. 인류문명을 관통하는 총·균·쇠의 역사는 제국주의로 극대화된 정복과 침략의 문명사였습니다. 그러나 문재인 정부가 지난 5년 총·균·쇠에 대응한 방식은 평화와 협력, 상생의 패러다임으로 인류의 신문명을 선도하는 것이었습니다. 세계가 이 같은 총·균·쇠의 새로운 패러다임에 주목하고 있습니다. 문재인 정부가 총·균·쇠의 역사를 다시 쓰고 인류문명을 새롭게 이끌고 있다고 감히 말할 수 있습니다.

　문재인 정부는 지난 5년, 3대 위기를 극복함으로써 '위기에 강한 정부'의 성과를 얻었습니다. 또 한국판 뉴딜과 탄소중립 선언, 4차 산업혁명과 혁신성장, 문화강국과 자치분권의 확장을 주도해 '미래를 여는 정부'의 성과를 만들었습니다. 돌봄과 무상교육, 건강공공성, 노동복지 등에서 '복지를 확장한 정부'의 성과도 주목할 만합니다. 국정원과 검찰·경찰 개혁, 공수처 출범 및 시장권력의 개혁과 같은 '권력을 개혁한 정부'의 성과에도 주목해야 합니다. 나아가 문재인 정부는 한반도 평화유지와 국방력 강화를 통해 '평화시대를 연 정부'의 성과도 거두고 있습니다.

　위기대응, 미래대응, 복지확장, 권력개혁, 한반도 평화유지의 성과를 통해 강한 국가, 든든한 나라로 거듭나는 정부라는 점에 주목하면 우리는 '문재인 정부 국정성과로 보는 5대 강국론'을 강조할 수 있습니다. 이 같은 '5대 강국론'을 포함해 주요 입법성과를 중심으로 '대한민국을 바꾼 문재인 정부 100대 입법성과'를 담론화하고, 또 문재인 정부 들어 눈에 띄게 달라진 주요 국제지표를 중심으로 '세계가 주목하는 문재인 정부 20대 국제지표'도 담론화하고 있습니다.

2021년 4월 26일 국정성과를 보고하는 비공개 회의에서 문재인 대통령은 "모든 위기 극복의 성과에 국민과 기업의 참여와 협력이 있었다"는 말씀을 몇 차례 반복했습니다. 지난 5년, 국정의 성과는 오로지 국민이 만든 국민의 성과입니다. 그래서 문재인 정부 5년의 성과는 오롯이 우리 국민의 자부심의 역사이자 자신감의 역사입니다. 문재인 정부 5년의 성과는 국민과 함께 한 일관되고 연속적인 국정비전의 진화를 통해 축적되었습니다. '국민의 나라, 정의로운 대한민국'이라는 국가비전이 구체화되고 세분화되어 진화하는 과정에서 '소득주도성장·혁신성장·공정경제'의 비전이 제시되었고, 이러한 경제운용 방향은 '혁신적 포용국가'라는 국정비전으로 포괄되었습니다.

3대 위기과정을 극복하는 과정에서 문재인 정부는 '아무도 흔들 수 없는 나라', '위기에 강한 나라'라는 비전을 진화시켰고, 코로나19 팬데믹 위기에서 '포용적 회복과 도약'의 비전이 모든 국정 방향을 포괄하는 비전으로 강조되었습니다. 코로나19 팬데믹으로 인한 방역위기와 경제위기를 극복하는 과정에서 대한민국은 새로운 세계표준이 되었습니다. 또 최근 탄소중립시대와 디지털경제로의 대전환을 준비하는 한국판 뉴딜의 국가혁신 전략은 '세계선도 국가'의 비전으로 포괄되었습니다.

이 모든 국정비전의 진화와 성과에는 국민과 기업의 기대와 참여가 있었습니다. 그러나 우리는 문재인 정부의 임기가 그리 많이 남지 않은 시점에서 국민의 기대와 애초의 약속에 미치지 못한 많은 부분들은 남겨놓고 있습니다. 혁신적이고 종합적인 새로운 그림이 필요한 부분도 있고 강력한 실천과 합의가 필요한 부분도 있습니다. 무엇보다도 민주주의에 대한 새로운 기획이 필요합니다. 문재인 정부는 촛불혁명이라는 제도혁명을 통해 민주주의를 진화시킨 정치사적 성과를 얻었으나 정작 민주주의에 대한 새로운 전망을 제시하는 데는 미치지 못했습니다. 문재인 정부는 헌법 제1조의 민주주의를 실현하고자 했으나 문재인 정부 이후의 민주주의는 국민의 행복추구와 관련된 헌법 제10조의 민주주의로 진화해야 할지 모릅니다. 민주정부 4기로 이어지는 새로운 민주주의의 디자인이 필요합니다.

둘째는 공정과 평등을 구성하는 새로운 정책비전의 제시와 합의가 요구됩니다. 오늘날 대부분의 국가는 정의로운 공동체를 추구합니다. 정의로운 질서는 불평등과 불공정, 부패를 넘어 실현됩니다. 이 같은 질서에는 공정과 책임, 협력의 실천윤리가 요구되지만 우리 시대에 들어 이러한 실천윤리에 접근하는 방식은 세대와 집단별로 큰 차이를 보입니다.

신자유주의 시대에 성장한 청년세대는 능력주의와 시장경쟁력을 공정의 근본으로 인식하는 반면 기성세대는 달리 인식합니다. 공정과 평등에 대한 '공화적 합의'가 필요합니다. 소득과 자산의 분배, 성장과 복지의 운용, 일자리와 노동을 둘러싼 공정과 평등의 가치에 합의함으로써 '공화적 협력'에 관한 새로운 그림이 제시되어야 합니다.

셋째는 지역을 살리는 그랜드 비전이 새롭게 제시되어야 합니다. 공공기관 이전을 통한 중앙정부 주도의 혁신도시 정책을 넘어 지역 주도의 메가시티 디자인과 한국판 뉴딜의 지역균형 뉴딜, 혁신도시 시즌

2 정책이 보다 큰 그림으로 결합되어 지역을 살리는 새로운 그랜드 비전으로 제시될 필요가 있습니다.

넷째는 고등교육 혁신정책과 새로운 산업 전환에 요구되는 인력양성 프로그램이 결합된 교육혁신의 그랜드 플랜이 만들어져야 합니다.

다섯째는 커뮤니티 케어에 관한 혁신적이고 복합적인 정책 디자인이 준비되어야 합니다. 지역 기반의 교육시스템과 지역거점 공공병원, 여기에 결합된 지역 돌봄 시스템이 복합적이고 혁신적으로 기획되어야 합니다.

이 같은 과제들은 더 큰 합의와 더 많은 시간이 필요합니다. 그러나 이러한 쟁점들이 다음 정부의 과제나 미래과제로 막연히 미루어져서는 안 됩니다. 문재인 정부의 국정성과들이 국민의 기대와 참여로 가능했듯이 이러한 과제들은 기존의 국정성과에 이어 문재인 정부의 마지막까지 국민과 함께 제안하고 추진함으로써 정책동력을 놓치지 않는 것이 중요합니다.

코로나19 변이종이 기승을 부리면서 여전히 코로나19 팬데믹의 엄중한 위기가 진행되는 가운데 국민의 생명과 삶을 지켜야 하는 절체절명한 시간이 흐르고 있습니다. 문명 전환기의 미래를 빈틈없이 준비해야하는 절대시간이기도 합니다. 여기에 대응하는 문재인 정부의 남은 시간이 그리 길지 않습니다. 그러나 인수위도 없이 서둘러 출발한 정부라는 점과 코로나 상황의 엄중함을 생각하면 문재인 정부에게 남은 책임의 시간은 길고 짧음을 잴 여유가 없습니다.

이 절대시간 동안 코로나19보다 위태롭고 무서운 것은 가짜뉴스나 프레임 정치가 만드는 국론의 분열입니다. 세계가 주목하는 정부의 성과를 애써 외면하고 근거 없는 프레임을 공공연히 덧씌우는 일은 우리 공동체를 국민의 실패, 대한민국의 무능이라는 벼랑으로 몰아가는 것과 다르지 않습니다. 국민이 선택한 정부는 진보정부든 보수정부든 성공해야 합니다. 책임 있는 정부가 작동되는 데는 책임 있는 '정치'가 동반되어야 합니다.

정책기획위원회를 포함한 국정 과제위원회들은 문재인 정부의 남은 기간 동안 국정성과를 국민과 공유하는 적극적 정책소통관리에 더 많은 의미를 두어야 합니다. 문재인 정부의 성과를 정확하게, 사실에 근거해서 평가하고 공유하는 데 더 많은 시간을 써야 합니다. 다른 무엇보다도 객관적이고 종합적인 국정성과에 기반을 둔 세 가지 국민소통전략이 강조됩니다.

첫째는 정책 환경과 정책 대상의 상태를 살피고 문제를 찾아내는 '진단적 소통'입니다. 둘째는 국정성과에 대한 이해를 통해 민심과 정부 정책의 간극이나 긴장을 줄이고 조율하는 '설득적 소통'이 중요합니다. 셋째는 국민들이 삶의 현장에서 정책의 성과를 체감할 수 있게 하는 '체감적 소통'을 강조할 수 있습니다. 위기대응정부론, 미래대응정부론, 복지확장정부론, 권력개혁정부론, 평화유지정부론의 '5대 강국론'을 비롯한 다양한 국정성과 담론들이 이 같은 국민소통전략으로 공유될 수 있기를 바랍니다.

정책기획위원회의 눈으로 지난 5년을 돌이켜보면 문재인 정부의 시간은 '일하는 정부'의 시간, '일하는 대통령'의 시간이었습니다. 촛불혁명으로 집권한 제도혁명정부로서는 누적된 적폐의 청산과 산적한 과제의 해결이 국민의 명령이었기 때문에 옆도 뒤도 보지 않고 오로지 이 명령을 충실히 따라야 했습니다. 그 결과가 '일하는 정부', '일하는 대통령'의 시간으로 남게 된 셈입니다.

정부 광화문청사에 있는 정책기획위원회 위원장실에는 한 쌍의 액자가 걸려 있습니다. 위원장 취임과 함께 우리 서예계의 대가 시중(時中) 변영문(邊英文) 선생님께 부탁해 받은 것으로 "先天下之憂而憂, 後天下之樂而樂"(선천하지우이우, 후천하지락이락)이라는 글씨입니다. 북송의 명문장가였던 범중엄(范仲淹)이 쓴 '악양루기'(岳陽樓記)의 마지막 구절입니다. "천하의 근심은 백성들이 걱정하기 전에 먼저 걱정하고, 천하의 즐거움은 모든 백성들이 다 즐긴 후에 맨 마지막에 즐긴다"는 의미로 풀어볼 수 있습니다. 국민들보다 먼저 걱정하고 국민들보다 나중에 즐긴다는 말로 해석됩니다. 일하는 정부, 일하는 대통령의 시간과 닿아 있는 글귀입니다.

문재인 정부의 남은 시간이 길지 않지만, 일하는 정부의 시간으로 보면 짧지만도 않습니다. 결코 짧지 않은 문재인 정부의 시간을 마지막까지 일하는 시간으로 채우는 것이 제도혁명정부의 운명입니다. 촛불시민의 한 마음, 문재인 정부 출범 시의 절실했던 기억, 국민의 위대한 힘을 떠올리며 우리 모두 초심으로 돌아가야 합니다.

앞선 두 번의 정부가 국민적 상처를 남겼습니다. 진보와 보수를 떠나 국민이 선택한 정부가 세 번째 회한을 남기는 어리석은 역사를 거듭해서는 안 됩니다. 문재인 정부의 성공이 우리 당대, 우리 국민 모두의 시대적 과제입니다.


## 3. 한없는 고마움을 전하며

아무리 작은 일이라도 일이 마무리되고 결과를 얻는 데는 드러나지 않는 많은 분들의 기여와 관심이 있기 마련입니다. 정책기획위원회는 앞에서 밝힌 바와 같이 정책 콘텐츠 관리와 정책 네트워크 관리, 정책 소통 관리에 포괄되는 광범한 활동을 수행하고 있습니다. 사실 이 책과 같은 단행본 출간사업은 정책기획위원회의 관례적 활동과는 별개로 진행되는 여벌의 사업이라 할 수 있습니다. 이러한 부가적 사업이 가능한 것은 6개 분과 약 백여 명의 정책기획위원들이 위원회의 정규 사업들을 충실히 해낸 효과라 할 수 있습니다. 무엇보다도 정책기획위원회라는 큰 배를 위원장과 함께 운항해주신 두 분의 단장과 여섯 분의 분과위원장께 감사의 말씀을 드려야 합니다. 미래정책연구단장을 맡아 위원회에 따뜻한 애정을 쏟아주셨던 박태균 교수와 2021년 하반기부터 박태균 교수의 뒤를 이어 중책을 맡아주신 추장민 박사, 그리고 국정 과제지원단장을 맡아 헌신적으로 일해주신 윤태범 교수께 각별한 마음을 전합니다. 김선혁 교수, 양종곤 교수, 문진영 교수, 곽채기 교수, 김경희 교수, 구갑우 교수, 그리고 지금은 자치분권위원회로 자리를 옮긴 소순창 교수께서는 6개 분과를 늘 든든하게 이끌어 주셨습니다. 한없는 고마움을 전합니다.

단행본 사업에 흔쾌히 함께 해주신 정책기획위원뿐 아니라 비록 단행본 집필에는 참여하지 않았지만 지난 5년 정책기획위원회에서 문재인 정부의 다양한 정책담론을 다루어주신 1기와 2기 정책기획위원 모든 분께 이 자리를 빌려 그간 가슴 한 곳에 묻어두었던 고마운 마음을 전합니다.

위원들의 활동을 결실로 만들고 그 결실을 빛나게 만든 것은 정부 부처의 파견 공무원과 공공기관의 파견 위원, 그리고 전문위원으로 구성된 위원회 직원들의 공이었습니다. 국정담론을 주제로 한 단행본들이 결실을 본 것 또한 직원들의 헌신 덕분입니다. 행정적 지원을 진두지휘한 김주이 기획운영국장, 김성현 국정 과제국장, 백운광 국정연구국장, 박철웅 전략홍보실장께 각별한 감사를 드리며, 본래의 소속으로 복귀한 직원들을 포함해 정책기획위원회에서 함께 일한 직원들 한 분 한 분께도 감사의 마음을 전합니다.

한국판 뉴딜을 정책소통의 차원에서 국민적으로 공유하기 위해 정책기획위원회는 '한국판 뉴딜 국정자문단'을 만들었고, 지역자문단도 순차적으로 구성한 바 있습니다. 한국판 뉴딜 국정자문단의 자문위원으로 함께 해주신 모든 분들께도 이 자리를 빌려 감사드립니다.

서 론

우리 사회에서 여성의 사회 진출은 해가 갈수록 증가해왔다. 여성이 직업을 갖고 사회 활동에 참여한다는 것은 이제 너무나 당연한 사실이 되었다. 하지만 여성의 사회 진출은 가정에서의 아동 돌봄에 큰 영향을 미친다. 학교를 마친 이후에 아동이 받아야 할 돌봄과 교육에 큰 구멍이 생기는 것이다. 또한 우리 사회는 최근 소득이나 자산 면에서 계층별 양극화가 크게 나타나고 있다. 가정에서 아동을 돌본다 하더라도 양육이나 교육 환경이 불비한 곳에서 성장하는 아동은 그렇지 않은 환경 속에서 자라나는 아이들에 비하여 인지적, 정서적, 신체적 성장이 지체될 가능성이 높다. 이러한 점에서 아동의 정상적인 성장과 발달을 위하여 돌봄과 교육에서의 국가의 책임이 더욱 커졌다.

이에 우리나라에서는 1990년대 교육부 주관으로 방과후 학교를 운영한 것을 시작으로, 교육부, 보건복지부, 여성가족부를 중심으로 초등 돌봄교실, 지역아동센터, 청소년방과후아카데미 등을 통하여 돌봄 사업을 진행해왔다. 문재인 정부에서도 2018년 관계부처 합동으로 '온종일 돌봄 구축 운영 실행계획'을 발표하고 추진해왔다. 돌봄 대상을 늘리고, 돌봄시설을 확충하며, 학교와 지역사회의 역할과 책임을 강화하였다. 초등 돌봄 대상을 2017년 24만 명 수준에서 2022년 34만 명으로 확대하고, 마을돌봄 대상을 9만 명에서 19만 명으로 늘리는 방향으로 추진하고 있으며, 저학년 중심으로 운영되던 돌봄교실을 전학년으로 확대하고, 마을돌봄에서는 다함께돌봄센터를 설치 운영하였다.

하지만 돌봄을 필요로 하는 '모든' 아동에게 돌봄의 기회를 제공할 필요가 있고, 지역에 따라 나타나는 돌봄 수요와 공급에서의 격차를 줄여야 하며, 정부 부처 간에 협력 관계를 더욱 긴밀히 할 필요가 있고, 학교와 기초자치단체 간에 역할과 책임을 명확히 하고 그 위에서 협력 관계를 구축할 필요가 있다.

이러한 점에서, 포용사회분과의 교육·보육 소분과에서는 아동의 보편적 권리로서의 돌봄을 확대하고 효과적이고 효율적인 운영 방안을 제안하기 위하여 2020년 11월부터 2021년 1월까지 '학교와 지역사회 연계 온종일 돌봄 체계 구축'이라는 주제로 TF를 운영하였다. TF는 문헌 연구, 사례 연구, 전문가 협의회(5회), 내부 회의(6회) 등으로 운영되었으며, 국내의 사례는 물론 돌봄 운영의 모범국인 독일과 스웨덴 사례를 수집하였으며, 돌봄 운영 관련 학부모단체, 정부부처 담당자, 지방자치단체 관계자, 국회의원 보좌관과 국회 입법조사처 등의 관계자 등이 참여하는 전문가협의회를 운영하였다.

TF 운영 결과는 2021년 결과보고서로 정리하고 발표하였다. 이 책은 이러한 TF 운영 결과보고서를 바탕으로 교육·보육 소분과 위원들이 주도적으로 집필하고, 국내외 사례에 한하여 외부 전문가를 집필자로 참여시켰다.

이 책은 총 7부로 구성된다. 제1부의 문제 제기로 시작하여 2부와 3부에서는 돌봄 정책과 실제 현황을 살폈으며, 4부, 5부, 6부에서는 국내와 독일, 스웨덴의 돌봄 사례를 소개하였다. 마지막 7부에서는 정부의 돌봄 정책과 실제 운영 현황 그리고 외국 사례를 바탕으로, 아동의 보편적 권리로서의 돌봄을 성공적으로 실행하기 위하여 돌봄 대상, 주체, 프로그램, 인력, 재정, 법안 등의 영역에서 개선 방안을 제시하였다.

'온종일 돌봄, 이렇게 시작하자'는 제7부는 교육·보육 위원들이 오랜 시간에 걸쳐 생각하고 논의하고 수정을 거듭한 끝에 합의를 통하여 제안한 것이다. 이러한 방안이 아동의 돌봄받을 권리를 보장하고, 여성들이 경력단절 없이 사회활동을 하며, 우리 사회의 현안 문제인 출생률을 높이는데 도움이 되었으면 한다.

2022. 3. 22.
저자

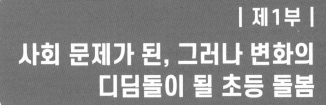

| 제1부 |

사회 문제가 된, 그러나 변화의
디딤돌이 될 초등 돌봄

## 제1장 코로나19와 초등 돌봄

코로나19는 일상을 멈춰 세웠다. 너무나도 당연한 것으로 생각해 온 것들이 결코 당연한 것이 아니라는 사실을 새삼 일깨워주었다. 어른들이 식사 후에 일터에 가는 것처럼 아이들이 아침을 먹고 학교를 가는 일은 너무도 당연한 일상이었다. 그러나 코로나19로 학교가 문을 닫고 개학을 연기하자 아이들은 집에 머물 수밖에 없었다. 부모 중 한 사람이라도 집에서 아이들을 돌볼 수 있는 가정에서는 다소 어려움이 있더라도 자녀를 돌볼 수 있었지만, 부모 모두 일터로 나가야 하는 가정에서는 아이들을 돌보는 일이 금방 심각한 문제가경제활동 되었다. 코로나19 이후 여러 가지 문제가 불거졌지만 초등 돌봄은 그중에서도 심각한 문제 중 하나였다.

개학·개원을 코 앞에 둔 시점에서 전국 유치원·어린이집과 학교의 휴교·휴원이 실시되었다. 정부에서는 가족 돌봄 휴가 기간을 열흘까지 확대하고 휴가지원금을 늘렸다. 일 가정을 양립할 수 있도록 유연 근로제를 확대하고 재택근무를 적극 권장하기도 했다. 이런 노력에도 불구하고 어린 자녀를 둔 많은 가정에서 상당한 어려움을 겪었다. 한 조사연구(최윤경 외, 2020)에 따르면 휴교·휴원이 계속되던 시점에서 낮 시간에 자녀를 돌볼 사람 또는 시설을 구하지 못해 어려움을 경험했다고 응답한 사람은 36~37%나 되었다. 맞벌이 가구의 절반, 외벌이 가구의 20% 정도가 어려움을 겪었다고 응답했다.

아이들이 유치원·어린이집 또는 학교를 갈 수 없게 된 시기에 돌봄은 가정의 부담이 되었다. 앞의 조사연구(최윤경 외, 2020)에 따르면, 가정 내 돌봄이 73.3%, 조부모 또는 친인척의 도움을 받은 비율은 24%였다. 누구로부터도 도움을 받지 못한 가정에서는 감염 위험에도 기관을 계속 이용할 수밖에 없었는데, 그 비율은 16.8%였다.[1] 코로나19로 인한 등교 연기는 처음 예상보다 훨씬 길어졌다. 유치원·어린이집이나 학교를 갈 수 없는 시간이 길어질수록 가정의 부담은 커져갔다. 처음에는 가족 돌봄 휴가를 사용하면서 자녀를 돌보았던 부모들은 돌봄이 장기화하면서 퇴사를 고민하는 경우가 생겨났다(김승환, 2020).

사실 초등 돌봄은 코로나19 전부터 중요한 국정 과제가 되어왔다. 2000년대 초에 사교육 경감 목적으로 방과후학교가 시작되었고, 초등 돌봄교실은 그 유형 중 하나로 추진되었다. 여성의 경제활동이 증가하면서 아동 돌봄에 대한 수요는 계속 늘었고, 박근혜 정부에서부터 초등 돌봄은 중요한 국정 과제가 되었다. 문재인 정부에서도 초등 돌봄은 여전히 중요한 국정 과제가 되었는데 아동 돌봄 수요를 충족할 수 있도록 돌봄교실을 충분히 확보하고자 했으나 성과는 충분하지 않았다.

한편, 정책 문제로서의 초등 돌봄은 돌봄 수요에 공급을 맞추는 문제로 단순화하였지만 초등 돌봄을 둘러싼 논의와 쟁점은 복잡해지고 있다. 초등 돌봄이 처음 제기되던 시점으로부터 벌써 20여 년이 흐르면서 사회적 변화와 아이들의 변화가 가속화하고 있다. 이 과정에서

---

1  앞의 조사연구에서 중복 응답을 허용하였다.

돌봄을 바라보는 관점이나 생각에도 변화가 나타나고 있다. 또 지난 이십여 년 동안 정부는 가용한 자원 범위 내에서 돌봄 수요를 충족하기 위하여 다양한 정책을 시행해오고 있다. 그 과정에서 관계 당사자들이 형성되고, 그들 사이에 다양한 요구가 나타나고 있다. 이처럼 초등 돌봄에 대한 요구는 높아지고, 돌봄에 관한 논의는 복잡해지고 있다.

과거에는 아이를 돌보는 일은 전적으로 가정의 책임이었을 뿐 국가의 과제는 아니었다. 그러나 이제는 돌봄의 사회화 논의가 확산하고, 아이를 출산하기만 하면 국가가 키운다는 생각이 상당히 널리 퍼지고 있다. 이러한 배경에서 초등 돌봄 문제는 중요한 논의 과제가 되었다. 이 장에서는 초등 돌봄을 공적 과제로 접근해야 하는 이유를 검토하고, 이 과정에서 어떤 변화를 만들어갈 수 있는지를 생각해본다.


## 제2장 여성의 경제활동 및 가정 형태의 변화와 초등 돌봄

과거 돌봄이 가정의 일이었다고 해도 사실상 그 부담은 거의 전적으로 여성, 즉 어머니에게 전가되었다. 남성은 가정 밖에서 경제활동을 하고 여성은 가정에서 돌봄 노동을 하는 방식으로 남녀 사이에 분업이 이루어졌다.

그런데 [그림 1-1]에서 확인할 수 있는 것처럼 여성의 경제활동 참가율은 지속적으로 상승하고 있으며, 여성 경제활동 인구 규모 역시 커지고 있다. 다만 유일하게 2020년에는 여성 경제활동 인구와 경제활동 참가율 모두 낮아졌는데, 이것은 코로나19의 영향으로 보인다.

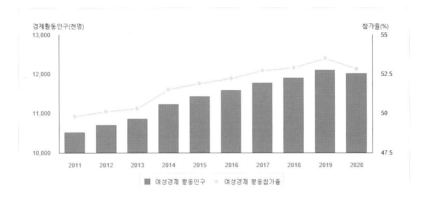

[그림 1-1] 여성 경제활동 인구 및 참가율

출처: 통계청. 경제활동인구조사

　그런데 여성이 가정 밖에서 경제활동을 영위할 때에서 결정적 장애 요인이 출산과 자녀 돌봄이다. 우리나라에서는 여성이 출산이라는 고유한 역할을 수행하면 일반적으로 경제활동 영역에서 불이익이 초래된다(장지연, 2005). 고학력 전문직 및 관리직 여성 중에는 직장 내에서 안정적 지위에 이를 때까지 출산을 연기하는 경우가 많고, 단순직종에 종사하는 여성들의 경우는 출산 이후에는 직장생활을 계속하기 어렵다고 판단하여 가능한 한 출산을 미루다가, 출산과 함께 퇴사하여 자녀를 양육하고, 자녀 양육을 어느 정도 마치고 나면 다시 노동시장에 진입하는 경우가 많다. 그런데 경력 단절을 경험한 여성이 재취업에 성공한다 해도 직업 지위는 과거에 비하여 낮아지고 고용의 불안정성은 높아지는 경우가 많다(김난주, 2016). 여성 노동자들에게 출산은 경력관리는 말할 것도 없고 고용 유지 자체를 위협하는 정도이며, 자녀를 양육하는 여성은 취업 이후에도 훈련과 배치, 승진 등 여러 가지 면에서 불이익을 입는 일이 많다(장지연, 2005).

취업 여성이 노동시장에서 이탈하는 현상은 영유아기 자녀를 양육하는 시기뿐 아니라 초등학교 입학을 전후한 시기에 두드러진다(오아림, 유계숙, 2012). 유치원에 다니는 유아보다 초등학교 저학년 아이들이 하교 후에 집으로 더 일찍 돌아온다. 그만큼 가정에서 자녀를 돌보아야 하는 시간은 길어진다. 또 놀이 중심의 유아교육과 학교는 물리적 환경과 교육과정 면에서 상당히 다르다. 부모로서는 자녀가 학교에 잘 적응할 수 있기를 바라며, 이를 위하여 준비해야 하는 부담이 늘어난다. 이와 같은 이유로 초등학교에 입학하는 자녀를 둔 여성이 경제활동을 단념하는 경우가 적지 않다.

여성들은 '일이냐 자녀냐', '경제활동이냐 출산이냐' 라는 식으로 양자택일의 선택 상황에 내몰리고 있다. 양육 책임이 개인화하고 노동시장에서 성 불평등이 여전한 상황에서 출산율은 계속 낮아지고 있다.

국제 비교 조사연구(장지연, 2005) 결과에 따르면 선진국과 비교하여 우리나라는 출산율과 여성의 경제활동 참가율 모두 낮은 편이다. 여성

**[그림 1-2] 출생아 수 및 합계 출산율**

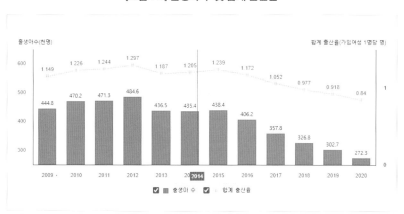

출처: 통계청. 2020년 출생통계.

들이 자녀와 일 사이에서 선택을 강요받고 있으며 자녀를 양육하면서
도 직장생활을 영위할 수 있는 여건이 조성되지 못하고 있기 때문이
다. 양육 책임이 사회적으로 공유되지 못하고 여성에게 거의 전적으로
부과되어 있으며, 자녀 출산과 양육이 경력관리 면에서 상당히 불리한
요인으로 작용하고 있다. 이것은 여성의 출산과 보육이 경제활동 참가
와 부적 상관을 보이게 되는 원인이 된다.

  그러나 선진국 중에는 여성의 경제활동 참가율과 출산율이 모두 높
은 국가를 제법 찾을 수 있다. 결국 노동시장의 성 평등 정도와 출산 및
보육 정책에 따라 두 가지 모두 높을 수도 있고 낮을 수도 있음을 알
수 있다. 많은 여성들이 초등학교 입학 단계에서 자녀 돌봄에 상당한
어려움을 경험하고 있다는 점에서, 이 문제의 일부를 사회가 책임져줄
수 있다면 출생률과 여성의 경제활동 참가를 모두 진작할 수 있다.

[그림 1-3] 여성 경제활동 참가율과 출산율 국제 비교

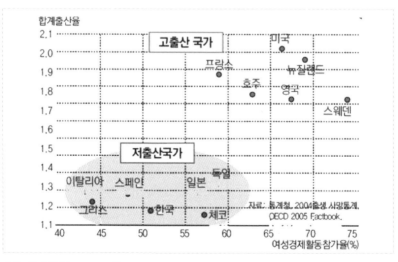

출처: 동아일보(2009. 9. 26.)

# 제3장 초등 돌봄과 사교육비

한국 교육에서 사교육비는 중요한 문제이다. 사교육비를 줄이기 위한 여러 가지 정책에도 사교육비 규모는 계속 증가하고 있다. 2019년 사교육비 조사 결과(교육부, 2020)에 따르면, 학생 1인당 월평균 사교육비는 32만 원이었다. 중학생과 고등학생 사교육비 증가율이 각각 5.2%와 4.2%였던 것에 비하여 초등학생 사교육비는 11.8%나 증가했다.

[그림 1-4] 초·중·고 학생 1인당 사교육비 증가 추이

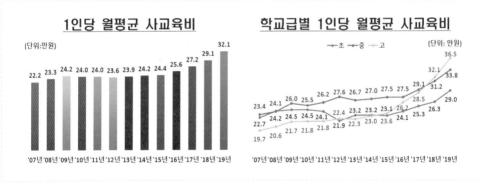

출처: 교육부(2020. 3. 9.).

2020년 사교육비 조사 결과(교육부, 2021. 3. 9.) 사교육비 총액은 2019년 10조 5천억 원에서 2020년 9조3천억 원으로 11.8% 줄어들고, 사교육 참여율과 주당 참여 시간 모두 감소한 것이 확인된다. 그런데 이 결과는 코로나19 확산 초기 학교와 마찬가지로 사교육기관 역시 폐쇄되어 학생들의 사교육 참여가 극히 억제되었던 사실과 관련이 있을 것으로 생각된다.

앞의 교육부 조사 결과에서, 학력 보충 외에 보육 목적의 사교육이 상당한 비중을 차지하고 있음에 유의할 필요가 있다. 초등학생 자녀의 보육 목적으로 초등 돌봄교실을 이용하고자 하지만, 돌봄 수요에 비하여 공급이 미치지 못하는 상황에서 돌봄교실 이용 추첨에 탈락한 학부모들은 자녀를 학원에 보내는 경향이 있고, 이 아이들을 싣기 위하여 하교 시간 초등학교 옆에 태권도장 버스가 줄을 서는 모습을 볼 수 있다(박채형, 2018).

2019년 사교육비 조사 결과(교육부, 2019. 3. 9.) 보육 목적의 교과 사교육은 2017년 10.1%에서 2019년 10.8%로 증가하였고, 같은 기간 보육 목적 예체능 사교육은 14.3%에서 15.3%까지 늘었다. 이 조사에서 외벌이 가구의 평균 사교육비는 30만 7천 원이었으나, 맞벌이 가구의 평균 사교육비는 34만 원이었다. 맞벌이 가구의 경우 자녀 돌봄에 더 큰 어려움을 겪고, 이에 따라 보육 목적의 사교육에 더 많이 참여할 것으로 생각된다.

실제로 초등학생 사교육은 일반교과 사교육과 예체능 사교육으로 구분되지만, 둘 모두에 보육 목적의 사교육 수요가 포함되어 있다(교육부, 2020. 3. 9.).

물론 학부모들이 사교육기관을 이용하는 데에는 돌봄 목적 외에도 자녀가 예체능 교육을 받기를 원하거나 학교 학습을 보충하기 위한 목적이 있다. 따라서 초등 돌봄교실이 단순한 보육 기능만을 수행한다면, 사교육 수요 절감에 크게 기여하지 못할 수도 있다. 그러나 다양한 프로그램을 개발하여 초등 돌봄교실을 내실화하고 돌봄교실 운영 및 관리 방식을 개선한다면 사교육비 절감에 상당히 기여할 수 있을 것이다(유재봉·강문숙, 2021).

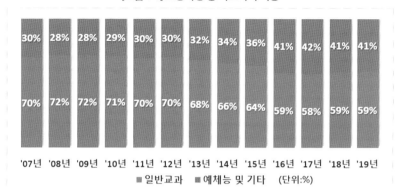

[그림 1-5] 초등학생 총 사교육비 비중

| | '07년 | '08년 | '09년 | '10년 | '11년 | '12년 | '13년 | '14년 | '15년 | '16년 | '17년 | '18년 | '19년 |
| 예체능 및 기타 | 30% | 28% | 28% | 29% | 30% | 30% | 32% | 34% | 36% | 41% | 42% | 41% | 41% |
| 일반교과 | 70% | 72% | 72% | 71% | 70% | 70% | 68% | 66% | 64% | 59% | 58% | 59% | 59% |

■ 일반교과  ■ 예체능 및 기타    (단위:%)

출처: 교육부(2020. 3. 9.).

여러 조사연구(이혜숙, 신인철, 유삼현, 이영주, 2019; 유재봉, 강문숙, 2021)에 따르면, 학부모들은 초등 돌봄교실을 이용하면 사교육비 감소에 도움이 될 것이라고 생각하며 무엇보다 자녀의 방과후 시간 활용에 관하여 심리적 안정감을 갖는다고 한다. 초등 돌봄교실은 부모들이 일과 양육을 병행할 수 있도록 하고, 사교육비 절감에도 상당히 기여할 수 있다.


## 제4장 아동들의 심리, 학습 적응과 돌봄 문제

'돌봄 공백'이란 돌봄을 받아야 할 사람이 누구의 돌봄도 받지 못하고 방치되어 있는 상태를 의미한다. 어린아이들이 부모 또는 다른 누군가의 돌봄을 받지 못하고 홀로 지내는 상태를 '돌봄 공백'이라 할 수 있다. 어느 정도의 시간 동안 홀로 지내야 '방치'되었다고 볼 것인가에 대해서는 생각이 다를 수 있겠지만, 우리나라 중앙아동보호전문기관(2010)은 평일 방과후 3시간 이상 혼자 또는 형제자매와 있는 아동을 '나홀로 아동'으로 정의한 바 있다.

사람이 어떤 환경에서 성장하는가는 사람의 발달에 영향을 미치며, 아동에게는 그 영향이 특히 심대하다. 아동이 방치되었을 때 심리 또는 행동에 어떤 영향을 끼치는가에 관해서는 여러 가지 부정적 연구결과가 보고되었다. 한 연구결과(Jensen, 2005. 장수정, 2020: 133에서 재인용)에 따르면, 뇌에 적합한 환경과 분위기에서는 감정, 정신, 또는 신체와 같은 측면에서 아동들의 상태를 직접 통제하는 화학반응이 잘 일어난다. 이러한 환경에서는 세로토닌, 아드레날린, 도파민, 코르티솔과 같은 화학반응이 잘 일어나는데, 이들 각각은 행복, 행동, 찬양, 건강한 관심을 자극한다. 반면 아동에게 위협적이고 당황스러움을 불러일으키는 환경에서는 공격성이나 경계 상태를 야기하는 아미르달레와 같은 화학반응을 일으킨다. 아동 방치는 이러한 점에서 심각한 문제를 야기한다.

방과후에 방치된 아동은 혼자 보내는 시간이 많아 우울과 불안 등 부정적 정서를 가지기 쉽다는 연구결과가 있으며(Shulman et al., 1998. 이봉주·조아라, 2011: 12에서 재인용), 방과후 방치된 시간이 긴 아동은 학교 수업에 결석하거나 알코올 등 약물을 경험하고, 폭력 등 문제 행동을 하게 될 가능성이 높다는 연구결과도 있다(Aizer, 2004. 이봉주, 조아라, 2011: 11에서 재인용). 우리나라에서 이루어진 방과후 방치와 아동 발달에 관한 연구(이봉주·조아라, 2011) 결과도 마찬가지다. 초등학교 재학 중 방과후 방치는 아동의 우울이나 불안, 위축, 주의집중 부족에 상당한 영향을 미친다.

방과후 방치와 학업 성취도와의 관계에 관한 연구결과도 존재한다. 연구결과는 상식과 부합한다. 방과후 방치 정도가 심할수록 학업 성취도는 낮고 학교에서 문제 행동을 많이 일으킨다(Shumow et al, 2009). 국내에서 이루어진 연구(이봉주·조아라, 2011) 결과도 초등학교 고학년 시절 방과후 방치 정도가 높을수록 중학교 시절 학업 성취도는 낮아지는 사실을 보고했다.

학교는 아동들이 많은 시간을 보내는 장소인 동시에 아동의 성장 발달에 결정적 영향력을 끼칠 수 있는 곳이다. 나아가 학교는 학습이 이루어지는 곳이며, 특히 초등학교 저학년 시기는 유치원과 달리 보육에서 교육으로 강조점이 변하는 시기로서, 초등학교에서의 학습활동 적응은 이후 중등학교와 대학까지에 이르는 학습활동에 영향을 끼친다는 점에서 특별한 중요성을 갖는다.

학교생활을 처음 시작하는 초등학교 저학년 시기에 학교 수업에 적극적으로 참여하거나 수업 중 부과된 과제를 이행하는 일과 같은 학교 학습 적응 활동에 어려움을 겪은 학생들은 학년이 진급하는 과정에서 학교 적응과 학습활동에 어려움을 경험할 가능성이 커진다(Bagwell et al., 2003. 임혜정, 2017: 81에서 재인용). 국내에서 이루어진 연구(임혜정, 2017) 결과에 따르면, 초등학교 저학년 아동의 방과후 돌봄 공백은 학습활동 적응에 부적 영향을 미친다. 돌봄 공백이 길수록 학습활동 적응이 어려워지는 것이다.

학부모들은 이러한 사실을 피부로 느끼고 있다. 고학력, 고소득 학부모들 가운데는 자녀가 초등학교에 입학할 무렵 일을 하지 않고 자녀의 학교 적응에 자신의 가용 자원을 아낌 없이 투자하는 경우도 있다. 반면 가정 여건 상 부모가 아이를 돌볼 수 없어 방치되는 일도 흔히 나타난다. 결과적으로 초등학교 저학년 시기에 방과후 시간을 어떻게 보내는가에 따라 그 후의 학교생활과 학업 성취에 큰 격차가 나타나곤 한다.

요컨대 초등학교 학생이 정규 수업을 마친 후의 시간을 어떻게 활용하는가라는 문제는 여성의 경제활동 참가 및 경력 단절과도 관련이 있으며, 사교육비를 유발하는 중요한 요인이 되기도 한다. 또 학생들의 학력 격차와도 복합적 관계를 지닌다.

[그림 1-6] 초등학교 돌봄 문제의 복합적 관계

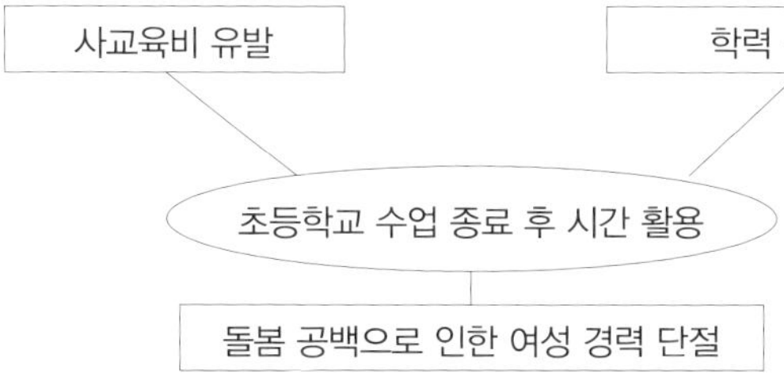

| 사교육비 유발 | | 학력 격차 |
|---|---|---|

초등학교 수업 종료 후 시간 활용

돌봄 공백으로 인한 여성 경력 단절

## 제5장 변화의 디딤돌이 될 초등 돌봄

어떤 사회문제가 다른 문제와 복합적인 관련을 맺고 있다는 사실은 그 문제가 다른 여러 가지 문제를 해결하는 지렛대가 될 수 있음을 의미한다. 더군다나 그 사회문제에 대한 해결 요구가 높다는 사실은 그 문제를 해결할 때 연관된 문제가 자연스럽게 해결될 가능성 역시 높아질 수 있음을 의미한다. 초등 돌봄 문제야말로 이러한 경우에 속한다. 이러한 점에서 초등 돌봄이 힘겨운 정책 문제가 되어 있지만, 동시에 큰 변화의 디딤돌이 될 수도 있다.

## 1. 아동 청소년의 건강과 초등 돌봄

'요즘 아이들'에 대한 성인들의 시각은 복합적이다. '과거 아이들'에 비하여 놀라울 만큼 뛰어난 면이 있는가 하면, 걱정스러운 면도 상당하다. 걱정은 아이들의 정신건강이나 체력에 초점이 맞추어진다.

질병관리청이 주관하는 청소년 정신건강 행태에 관한 대규모 조사연구결과에 따르면, 청소년 2.9명 중 1명은 스트레스에 노출되어 있으며, 4명 중 1명은 우울감을 경험한다. 또 10명 중 1명은 자살 생각을 한다. 스트레스 노출과 우울감 경험은 학년이 올라갈수록 높아진다.

〈표 1-1〉 청소년 스트레스 인지율 변화 추이 (단위: %)

| 연도 | 전체 | 학년별 스트레스 인지율 | | | | | |
|---|---|---|---|---|---|---|---|
| | | 중1 | 중2 | 중3 | 고1 | 고2 | 고3 |
| 2011 | 42.0 | 36.9 | 39.2 | 40.8 | 41.1 | 43.5 | 50.5 |
| 2012 | 41.9 | 37.0 | 38.8 | 40.7 | 43.7 | 44.2 | 46.3 |
| 2013 | 41.4 | 35.7 | 40.3 | 41.2 | 40.3 | 44.7 | 46.1 |
| 2014 | 37.0 | 32.3 | 32.7 | 35.1 | 36.5 | 39.9 | 44.5 |
| 2015 | 35.4 | 30.3 | 32.5 | 30.9 | 36.0 | 38.7 | 41.4 |
| 2016 | 37.4 | 32.6 | 33.7 | 34.3 | 37.5 | 40.47 | 43.3 |
| 2017 | 37.2 | 30.9 | 35.5 | 35.6 | 35.8 | 40.9 | 42.2 |
| 2018 | 40.4 | 34.7 | 37.3 | 38.9 | 42.4 | 43.1 | 44.5 |
| 2019 | 39.9 | 34.5 | 38.7 | 38.4 | 40.8 | 43.2 | 43.2 |
| 2020 | 34.2 | 28.6 | 30.5 | 32.3 | 33.9 | 37.7 | 42.0 |

출처: 박진우, 허미숙(2020). 5면.

**〈표 1-2〉 청소년 우울감 경험률 변화 추이**  (단위: %)

| 연도 | 전체 | 학년별 우울감 경험률 | | | | | |
| --- | --- | --- | --- | --- | --- | --- | --- |
| | | 중1 | 중2 | 중3 | 고1 | 고2 | 고3 |
| 2011 | 32.8 | 27.7 | 30.2 | 32.0 | 34.4 | 34.2 | 38.0 |
| 2012 | 30.5 | 26.6 | 27.7 | 30.2 | 31.9 | 32.2 | 33.8 |
| 2013 | 30.9 | 25.8 | 30.3 | 30.9 | 30.4 | 33.7 | 33.8 |
| 2014 | 26.7 | 22.2 | 24.4 | 26.6 | 25.7 | 28.96 | 31.7 |
| 2015 | 23.6 | 19.8 | 21.0 | 22.6 | 23.8 | 25.7 | 27.3 |
| 2016 | 25.5 | 20.2 | 22.7 | 25.0 | 25.3 | 28.2 | 29.7 |
| 2017 | 25.1 | 19.9 | 24.4 | 26.1 | 24.0 | 27.3 | 27.7 |
| 2018 | 27.1 | 21.8 | 25.7 | 27.8 | 26.6 | 28.9 | 30.3 |
| 2019 | 28.2 | 23.3 | 27.7 | 29.5 | 28.0 | 29.4 | 30.6 |
| 2020 | 25.2 | 20.3 | 23.5 | 25.3 | 25.4 | 27.9 | 29.0 |

출처: 박진우, 허미숙(2020). 6면.


**〈표 1-3〉 청소년 자살 생각률 변화 추이**  (단위: %)

| 연도 | 전체 | 학년별 스트레스 인지율 | | | | | |
| --- | --- | --- | --- | --- | --- | --- | --- |
| | | 중1 | 중2 | 중3 | 고1 | 고2 | 고3 |
| 2011 | 42.0 | 36.9 | 39.2 | 40.8 | 41.1 | 43.5 | 50.5 |
| 2012 | 41.9 | 37.0 | 38.8 | 40.7 | 43.7 | 44.2 | 46.3 |
| 2013 | 41.4 | 35.7 | 40.3 | 41.2 | 40.3 | 44.7 | 46.1 |
| 2014 | 37.0 | 32.3 | 32.7 | 35.1 | 36.5 | 39.9 | 44.5 |
| 2015 | 35.4 | 30.3 | 32.5 | 30.9 | 36.0 | 38.7 | 41.4 |
| 2016 | 37.4 | 32.6 | 33.7 | 34.3 | 37.5 | 40.47 | 43.3 |
| 2017 | 37.2 | 30.9 | 35.5 | 35.6 | 35.8 | 40.9 | 42.2 |
| 2018 | 40.4 | 34.7 | 37.3 | 38.9 | 42.4 | 43.1 | 44.5 |
| 2019 | 39.9 | 34.5 | 38.7 | 38.4 | 40.8 | 43.2 | 43.2 |
| 2020 | 34.2 | 28.6 | 30.5 | 32.3 | 33.9 | 37.7 | 42.0 |

출처: 박진우, 허미숙(2020). 7면.

한편, 요즘 아이들은 체격은 커졌지만 체력은 오히려 저하되었고 비만율은 높아지고 있다. 청소년의 신체활동은 외국 청소년에 비하여 매우 낮은 수준이다.

[그림 1-7] 초·중·고 학생 성별 평균 키 변화

[그림 1-8] 초·중·고 학생 성별 평균 체중 변화

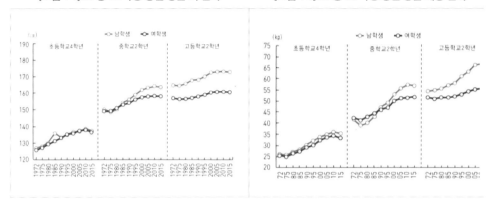

출처: 교육부. 교육통계연보. 각 연도.

[그림 1-9] 초·중·고 학생 성별
오래달리기 평균 시간 변화

[그림 1-10] 초·중·고 학생 성별 앉아
윗몸 굽히기 평균 길이 변화

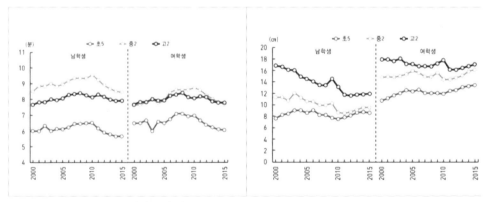

출처: 교육부. 교육통계연보. 각 연도.

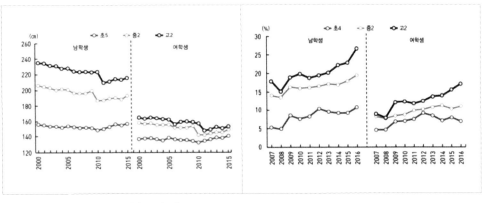

[그림 1-11] 초·중·고 학생 성별 제자리
멀리뛰기 평균 길이 변화

[그림 1-12] 초·중·고 학생 성별 비만도 변화

출처: 교육부, 교육통계연보, 각 연도.

아동 청소년의 정신건강과 신체 발달은 여러 가지 요인의 영향을
받겠지만, 학교의 방과후 시간 활용이 그 요인 중 하나일 것임은 분명
하다. 방과후에 집에서 홀로 시간을 보내는 아동 청소년 중에는 TV 또
는 디지털 매체에 노출되는 시간이 너무 긴 반면, 신체활동 시간은 너
무 짧은 경우가 적지 않다.

특히 디지털 미디어에 처음 노출되는 시기가 영아기로 앞당겨지고,
유아동 및 청소년의 노출 시간은 점점 길어지고 있다. 관련 연구결과
를 종합하면(이해국·신윤미, 2019) 유아동의 디지털 미디어 노출 시간이
길수록 주의집중력은 떨어지고 언어 발달은 지연된다. 정서 조절에 어
려움을 겪거나 공격성 또는 과도한 경직성과 같은 문제 행동을 하는
비율도 높아진다. 뿐만 아니라 사회성 지수와 자폐성 지수, 안구건조
증이나 거북목증후군, 비만율 등도 상관을 보인다.

이러한 결과를 검토하면, 하교 후에 가정에서 아동 청소년을 돌볼

수 있는 가정이 점차 줄어드는 상황에서 학교 방과후 시간에 양질의 프로그램으로 돌봄을 하는 일이 매우 중요해지고 있다.

## 2. 학력 격차, 교육불평등과 초등 돌봄

한 때 개천에서 용 나는 사회였던 대한민국에서 교육은 이제 계층을 대물림해주는 기제가 되어버렸다. 과거에는 가정의 경제적 형편과 무관하게 교육에 열의를 가지고 참여하는 학생들이 많았지만, 이제는 초등학교 3학년이나 4학년 무렵부터 학업에 열의를 잃고 배움에서 멀어지는 아이들이 많아지고 있다. 학생들은 마지막까지 경쟁 대열에서 낙오하지 않도록 최선의 노력을 다하는 학생들과 일찍부터 공부를 멀리하는 학생들로 이분화하고 있다. 이렇게 학생들 사이에 의욕 분화(incentive divide)가 일어나고 있으며, 가정의 사회경제적 자본은 이 현상에 중요한 변인이 되고 있다. 결과적으로 학력 분화와 교육불평등이 심화하고 있다(김용, 곽덕주, 김민성, 이승은, 2021).

여기서 주목해야 할 지표는 기초학력을 갖추지 못하는 학생들이 점차 늘고 있다는 사실이다. 중학교 3학년 학생과 고등학교 2학년 학생을 대상으로 한 국가 수준 학업성취도평가 결과, 국어, 수학, 영어 교과에서 기초학력을 갖추지 못한 학생 비율은 증가일로에 있다. 이와 같은 현상은 국제 학업성취도 비교평가 결과를 토대로 미국, 일본과 비교해도 확인할 수 있다.

'학력 격차' 현상에서 국가가 특별히 주목할 부분은 낮은 학력을 가진 학생들, 즉 학업부진 학생들이다. 이들의 비율을 줄이는 것이 국가 교육정책의 중요한 과제가 된다. 연구결과(김태은 외, 2020)에 따르면

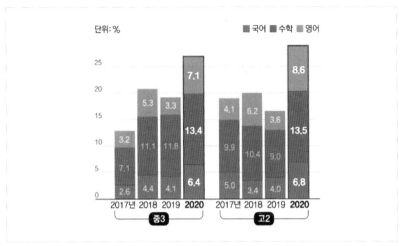

[그림 1-13] 국가 수준 학업성취도평가 기초학력 미달 학생 비율

출처: 교육부, 각년도 평가 결과.

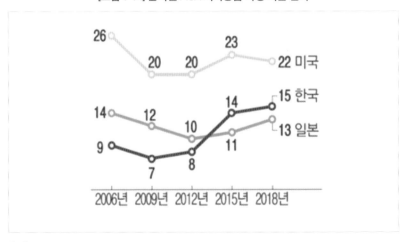

[그림 1-14] 한미일 PISA 최하등급 학생 비율 변화

출처: OECD.

학업부진 학생 대다수는 초등학교 저학년 단계에서부터 학습과정에 곤란을 경험한다. 이 곤란을 해결하지 못한 채로 진급하고, 학년이 높아질수록 부진은 심화된다. 결과적으로 고등학교에 진학하는 시점에서 학업부진은 도저히 해결할 수 없는 상태에 이른다.

이와 같은 연구결과를 생각하면, 초등학교 저학년 단계에서 방과후 시간을 활용하여 학력을 갖추도록 하는 일은 중·고등학교 과정에서 학습부진을 예방하고, 나아가 교육불평등을 저지하는 데 매우 중요하다고 할 수 있다.

## 3. 여성 경제활동과 초등 돌봄

여성이 결혼이나 출산과 관계 없이 경제활동에 참가하는 것은 여성 자신의 성장 발달을 위해서나 국가경제 측면에서도 바람직하다. 그러나 여전히 많은 여성이 결혼과 육아 등 사유로 경력 단절을 경험하고 있다.

[그림 1-15]는 통계청이 조사한 2020년 상반기 지역별 고용조사 경력 단절 여성 현황을 나타낸 것이다. 이 조사 결과에서 주목할 사실은 경력 단절 사유 거의 대부분이 결혼 및 육아와 관련된 것이라는 점이다.

결국 육아 문제, 특히 초등 저학년 단계에서의 아동 돌봄을 사회화하는 일이 여성의 경제활동 참가를 진작하는데 매우 중요하다.

[그림 1-15] 경력 단절 여성 현황

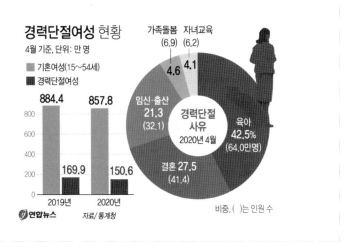

출처: 연합뉴스, 2020. 11. 24.

# 제6장 문제이지만, 변화의 출발점이 될 초등 돌봄

초등 돌봄은 저출산과 여성 경제활동, 사교육비와 학력 격차 등 여러 가지 문제와 연관되어 있다. 유아동의 돌봄 걱정으로 출산을 기피하는 부부가 늘고 있다. 출산율이 급격히 떨어지면서 국가의 지속가능성을 염려하는 목소리가 커지고 있다. 많은 여성들이 자녀가 초등학교에 입학하는 시점에 일을 그만둔다. 일을 그만둘 수 없는 가정에서는 아이들을 사교육기관에 맡긴다. 보육 목적의 사교육 비중이 상당하다. 한편, 심각한 문제가 되고 있는 학습부진은 초등학교 저학년 시기에 발생하기 시작한다. 이 모든 문제는 심각한 사회문제가 되어 있다.

초등 돌봄의 공적 체제를 구축하는 일, 즉 부모들이 안심하고 자녀를 맡기고 돌봄 공간에서 의미있는 성장 발달 경험을 제공하는 일은 매우 중요하다. 이 일이 원만하게 이루어진다면 여성의 경제활동 참가가 원활해지고 결혼과 출산의 증가를 기대할 수도 있다. 많은 학생들이 기초학력을 갖추게 될 것이고 사교육비는 줄어들 것이다.

초등 돌봄 문제를 해결하는 일은 우리 아이들이 체력이나 정서적, 지적인 면에서 건전하게 성장하는 데, 한국 사회가 성평등 사회가 되고 사회 이동의 역동성을 증대시키는 데 크게 기여할 것이다.

# | 참고문헌 |

교육부. 2020.3.9. "2019년 초중고 사교육비 조사 결과". 보도자료.

교육부. 2021.3.9. "2020년 초중고 사교육비 조사 결과". 보도자료.

김난주. 2016. "경력 단절 여성의 재취업과 재취업 이후 고용유지 분석".
『산업관계연구』26(2). 1-27.

김승환. 2020.4.4. "저녁 돌봄 안되는 '온종일 돌봄' ⋯ 맞벌이 부부는 퇴사
고민 중".『세계일보』.

김용·곽덕주·김민성·이승은. 2021.『코로나 이후의 교육을 말하다』. 서울:
지식의날개.

김태은·권서경·박준홍·이민희·조윤동·이광호. 2020.『초·중학교 학습부
진 학생의 성장 과정에 대한 연구』. 한국교육과정평가원.

박진우·허미숙. 2020. "아동·청소년의 정신건강 현황, 지원대책 및 개선방
안".『국회입법조사처(NARS) 현안분석』제200호.

박채형. 2018. "사교육 동향과 정책의 일관성 및 현실성 분석: 부산광역
시 초등학교를 중심으로".『학습자중심교과교육연구』18(21). 505-
527.

오아림·유계숙. 2012. "초등학생 자녀를 방과후학교에 참여시키는 취업
모의 동기와 방과후학교에 대한 만족도".『미래유아교육학회지』
19(2). 227-244.

유재봉·강문숙. 2021. "초등학교 돌봄 목적 사교육 실태 및 개선방안 탐색
연구".『교육혁신연구』31(4). 151-174.

이봉주·조아라. 2011. "방과후 방치가 아동 발달에 미치는 영향".『한국아
동복지학』36. 7-33.

이해국·신윤미. 2019. "유아동의 디지털미디어 노출 및 과사용 관련 건강

문제에 대한 일차 의존적 중재". 『의료정책포럼』 17(1). 70-74.

이혜숙·신인철·유삼현·이영주. 2019. "서울시 온종일 돌봄 실태 분석과 정책 방안". 『서울연구원정책과제연구보고서』. 서울: 서울연구원.

임혜정. 2017. "초등학교 저학년 아동의 방과후 돌봄 공백이 학교 학습활동 적응에 미치는 영향". 『육아정책연구』 1193). 65-86.

장수정. 2020. "초등 돌봄 서비스에 대한 분석 - 돌봄 민주주의 관점을 중심으로". 『한국가족복지학』 67(1). 125-152.

장지연. 2005.4. "여성의 경제활동과 저출산". 『보건복지포럼』 45-56. 한국보건사회연구원.

중앙아동보호전문기관. 2010. 『나홀로 아동 현황 및 대책』. 연구보고서.

최윤경·박원순·최윤경·안현미. 2020. 『코로나19 육아 분야 대응 체계 점검 및 돌봄 공백 지원 방안 연구』. 서울: 육아정책연구소.


Aizer, A. 2004. Home Alone: Supervision After School and Child Behavior. 88: 1835-1848.

Bagwell, C. L., Newcomb, A. F., & Bukowski, W. M. (1998). Preadolescent friendship and peer rejection as predictors of adult adjustment. *Child Development*, 69(1), 140-153.

Jensen, E. 2005. *Teaching with the Brain in Mind (revised 2nd ed.)*. Alexandria, VA: ASCD.

Shulman, S., Kedem, P.,Kaplan,K.J., Sever,I.,& Braja,M.1998. "Latchkey Children:

Potential Sources of Support." *Journal of Community Psychology* 26(2): 85-197.

Shumow, L., Smith, T. J. and Smith, M. C. 2009. Academic and Behavioral characteristics of Young Adolescents in Self-Care. *The Journal of Early Adolescence* 29(2). 233-257.

동아일보. 2009. 9. 26. 여성 경제활동과 출산율의 비례.

연합뉴스. 2020. 11. 24. 기혼여성 6명 중 1명 경력 단절 … 일 그만둔 이유 1위 '육아'.

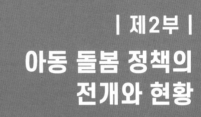

| 제2부 |

아동 돌봄 정책의
전개와 현황

# 제1장 아동 돌봄 정책의 전개 과정

한국 사회에서 아동 돌봄은 학교 정규수업을 마친 이후, 즉 방과 후에 이루어진 돌봄을 중심으로 전개되어 왔다. 안지혜·서혜전(2018)은 한국의 방과후 돌봄의 변화를 시기적으로 분류한 결과, 자생했던 공부방 시기, 제도권의 공공서비스로서의 시기, 공적 방과후 돌봄 서비스와 마을 기반 방과후 돌봄의 공존 시기의 세 단계로 구분하였다. 안지혜·서혜전(2018)의 시기 구분에 더하여 2019년부터는 온종일 돌봄 체계를 구축하기 위한 마을과 학교 간 돌봄 연계 강화기에 이르고 있다.

먼저, 한국은 1960년대 이후 산업화가 본격적으로 추진되면서 도시로의 산업인구 유입이 크게 늘었고 대규모 도시 빈민지역이 형성되었다. 지역의 아이들은 가족의 생계를 위해 일하러 나갈 수밖에 없었던 부모로 인해 방치되었고, 이러한 아이들의 방과후 돌봄을 위해 빈민운동과 노동운동을 하는 사람들 주축으로 자생적으로 공부방이 생겨나게 되었다(서혜전, 2018). 당시 방치된 아동에 대한 국가적 제도와 정책이 거의 전무했기 때문에 도시 빈곤지역에서 자연적으로 생겨난 공부방은 도시 빈곤 근로자들과 그 자녀들에게는 오늘날 공부방 이상의 의미이기도 하였다. 안지혜·서혜전(2018)은 이렇게 방과후 돌봄에 대한 국가의 제도와 지원이 거의 전무했던 이 시기를 '자생적 공부방 시기'로 구분하였다.

공부방 시기가 도시 빈곤 근로자들과 자녀를 중심으로 전개되었다면 보편적 돌봄의 형태인 학교 공간에서의 방과후 돌봄에 대한 요구가 증가하게 되면서 1995년 이후는 '방과후 돌봄에 대한 국가 개입이 확대되는 시기, 즉 '제도권의 공공서비스 제공기'가 시작되었다. 1995년에 시범적으로 교육부 주관의 방과후 학교(초등 돌봄교실 포함)가 실시되면서 제도권 내에서 방과후 돌봄이 논의되었고, 이후 2004년을 기점으로 교육의 양극화 해소, 사교육비 경감 및 저출산과 맞물린 학생 수 감소 해소, 이에 따른 유휴교실 활용을 목적으로 학교 안에서의 방과후 돌봄(초등 돌봄교실) 운영이 점차 확대되었다(서영숙 외, 2014). 동시에 2004년부터 보건복지부는 저녁식사를 못하는 저소득층 아동을 대상으로 저녁급식 전달체계로서 기존의 공부방을 지역아동·센터로 법제화시켰는데, 지역아동·센터를 중심으로 저소득층 아동의 방과후 돌봄을 위한 제도권의 공공서비스가 시작되었다(서혜전, 2017b). 비슷한 시기인 2005년에는 청소년 방과후 돌봄을 위한 청소년방과후아카데미가 국가청소년위원회의 국가 정책 사업 과제로 시작되어 현재 여성가족부 주관으로 확대 운영되고 있다. 제도권의 공공서비스 시기에는 한국의 공적 방과후 돌봄이 교육부, 보건복지부, 여성가족부 3개 부처 담당 하에 방과후학교, 지역아동·센터, 청소년방과후아카데미 등 3가지 형태로 운영되고 있다.

2014년 이후부터는 제도권 내에서 실시하는 공적 방과후 돌봄에 더하여, 마을과 지역사회가 함께하는 돌봄에 대한 필요성이 강조되면서 지자체별로 또는 정부의 행정부서별로 다양한 형태의 마을공동체 돌봄이 시행되고 있다(서혜전, 2018). 마을공동체 돌봄의 시행은 학교와 지역아동·센터, 청소년방과후아카데미 등이 돌봄을 필요로 하는 초등 돌봄 수요자들의 요구를 수용하여 더 확장되기 어려운 상황에 기인한다. 2018년 교육부와 통계청 자료(2018)에 의하면, 2018년 전국 초등학생 수는 271만 명이고 이 가운데 맞벌이 가정의 초등학생은 51.2%인 138만 명 규모로 추산된다. 이들 중 26만 명이 초등 돌봄교실(교육부, 2018)에, 9만 6,000명이 지역아동센터(보건복지부, 2018)에, 5,000명이 청소년방과후아카데미(청소년방과후아카데미 홈페이지, 2018)에서 상시 돌봄을 제공받는 것으로 나타났다. 또 6만 5,000여 명이 여가부 아이돌봄 서비스와 공동육아나눔터, 복지부 다함께돌봄센터를 통해 시간제 돌봄을 받았다(서울경제신문, 2018. 12.). 안지혜·서혜전(2018)은 이들 데이터를 토대로 볼 때 상시 돌봄과 시간제 돌봄을 모두 합쳐도 정부가 포괄하는 초등 돌봄 인원은 43만 명에 그쳤기 때문에 여전히 방과후에 공적 돌봄을 받지 못하는 아동이 많다고 보았다. 아동이 부모가 없는 방과후 시간대에 안전한 공간에서 안전한 돌봄을 받도록 하는 것은 아동의 권리 측면에서 꼭 해결되어야 할 공적 의제이기 때문이다. 당시에는 지자체를 중심으로 마을공동체, 마을교육공동체 등이 강조되고 있는 시기였고, 마을 기반 방과후 돌봄은 지자체별로 운영방식과 주체가 다르지만 문재인 정부 이후 활성화되고 있다. 2018년까지 제도권 내에서의 돌봄과 마을 기반 방과후 돌봄이 공존하는 시기에는 돌봄 기관 및 유형이 더욱더 다양화되는 추세이다.

2017년 문재인 정부가 들어서면서 부총리 주재 사회관계장관회의 1호 안건으로 온종일 돌봄 체계를 갖추겠다는 발표가 있었다. 이후 2018년 5월 정부관계부처 합동으로 '온종일 돌봄생태계구축 선도사업'이 공고되었고, 그 해 6월 총9개의 기초자치단체가 선정되면서 2020년까지 3년 간 시범 운영되었다. 9개 기초자치단체는 방과 후 및 방학 중 돌봄 사각지대를 해소하고 돌봄 기관간 분절적 사업을 연계하기 위하여 학교 안팎의 다양한 마을 자원을 활용하여 지역 특성에 맞는 돌봄 체계를 구축하고자 노력하였다.

우리나라에서 추진되어 온 방과후 돌봄은 대상별로는 저소득층 아동을 대상으로 한 소극적 차원에서 돌봄에 대한 요구가 있는 모든 아동으로 확대되었고, 주체별로는 민간의 공부방에서 시작하여 국가와 제도권, 그리고 마을까지 포함하며 다양화되었다. 특히 부처별, 사업별로 독립적으로 운영되던 돌봄 유형이 기관 간, 마을과 학교 간 연계와 협력을 강조하는 방식으로 전개되고 있는 현상이 특징이라고 할 수 있다.


## 제2장 아동 돌봄 정책 및 사업 운영 현황

### 1. 개요

아동 돌봄 정책 현황은 2018년 이후 진행되고 있는 부처별, 사업별 정책 및 온종일 돌봄생태계선도사업을 중심으로 제시하고자 한다. 먼저, 우리나라는 2018년 이후 문재인 정부의 국정 과제(49-2)에 따라 온종일 돌봄 체계 구축을 추진하면서 돌봄시설의 양적 확대가 지속적으로 이루어지고 있다. 온종일 돌봄 체계에 참여하고 있는 돌봄 유형은 학교 돌봄과 마을 돌봄으로 구분되며, 2022년 총 53만 명 참여를 목표로 운영 중이다.

중앙부처에서 이루어지고 있는 돌봄 유형으로 학교 돌봄은 교육부의 초등 돌봄교실, 마을 돌봄은 보건복지부의 다함께돌봄사업, 지역아동센터, 여성가족부의 청소년방과후아카데미 등이 있다. 이외에도 온종일 돌봄은 지자체 중심의 아이키움센터, 마을 방과후 돌봄, 공동육아 나눔터 등 다양한 유형과 형태로 확대, 발전하고 있다.

온종일 돌봄 기관별 방과후 돌봄 서비스 운영 현황을 교육부의 초등 돌봄교실, 보건복지부의 지역아동센터 및 다함께돌봄센터, 그리고 여성가족부의 청소년방과후아카데미별로 제시하였다(〈표 2-1〉 참조). 각 사업별 지원 대상, 지원 기준, 지원 내용, 지원 형태, 운영시간 및 근거법이 제시되어 있다. 사업별로 지원 대상부터 근거법에 이르기까지 매우 상이한 기준에 의해 운영되고 있다. 부처별, 사업별 실태는 다음 절에서 구체적으로 제시한다.

온종일 돌봄이 이루어지고 있는 기관별 인력·시설·프로그램 지원 개요를 제시하면, 유사한 돌봄사업에 대해 각 기관별로 기준이 상이한 것으로 나타나고 있다. 각 기관별 운영 주체인 중앙부처가 모두 다르기 때문에 운영 기준 역시 상이하여 행·재정적 측면에서 갈등과 어려움이 나타나고 있다(김민희 외, 2021).

| | '17년 | 확 대 | | '22년 |
|---|---|---|---|---|
| 학교돌봄 | 24만 | 7만<br>(초등 돌봄교실, 3,500실) | ⇨ | 34만 |
| | | 3만<br>(활용 가능 교실, 지자체 협업, 1,500실*) | | |
| 마을돌봄 | 9만 + | 10만 | ⇨ | 19만 |
| 총계 | 33만 | 20만 | | 53만 명 |

활용 가능 교실(1,500실, 3만 명) : '20년 상반기 선도사업 결과를 반영하여 운영 주체, 모델, 재정분담 주체 결정

〈표 2-1〉 온종일돌봄 기관별 방과후 돌봄 서비스 운영 현황

| 구 분 | | 교육부 | 보건복지부 | | 여성가족부 |
|---|---|---|---|---|---|
| 사 업 명 | | 초등 돌봄교실 | 지역아동센터 | 다함께돌봄센터 | 청소년방과후 아카데미 |
| 지원 대상 | | 1~6학년 | 만 18세 미만 | 만 6~12세 미만 | 초등 4학년~ 중등 3학년 |
| 지원 기준 (소득) | | 맞벌이 가정 중심 (없음) | 취약계층 중심 (중위소득 100% 이하) | 맞벌이 가정 중심 (없음) | 기초생활수급권자, 차상위계층·한부모· 조손·다문화· 장애가정·2자녀 이상 가정· 맞벌이 가정의 청소년 |
| 지원 내용 | | 보호, 교육 및 일부 급·간식 지원 | 보호, 교육, 문화, 정서지원, 지역사회 연계 등 | 상시 및 일시 돌봄프로그램 운영 | 학습지원, 창의융합, 진로체험활동, 급식, 귀가 차량 지원 등 |
| 지원 형태 | | 무상 (프로그램, 간식비 등 일부 자부담) | 무상 (소득별 이용료 5만 원 이내 부담) | 10만 원 이내 이용료 자부담 | 무상 (교재비·준비물 등 수익자부담) |
| 운영 시간 | 학기 | 방과후~17시 | 14~19시 | 여건에 따라 자율 | 방과후~21시 |
| | 방학 | 여건에 따라 자율 | 12~17시 | 여건에 따라 자율 | 1일 4시간 (시간대는 자율운영) |
| 청소년 기본법 | | 초·중등교육과정 총론 (교육부 고시) | 아동복지법 | 저출산 고령사회 기본법, 아동복지법 | 청소년기본법 |

출처: 김민희 외(2020).

〈표 2-2〉 온종일 돌봄 기관별 인력·시설·프로그램 지원 현황

| 구 분(주체) | | 초등 돌봄교실 (교육부) | 다함께돌봄센터 (복지부) | 지역아동센터 (복지부) | 청소년 방과 후 아카데미(여가부) |
|---|---|---|---|---|---|
| 인력 | 고용형태 | 교육공무직원 (무기계약직/기간제) | 정규직 또는 비정규직 | 정규직 | 정규직, 계약직 |
| | 자격기준 | - 돌봄전담사: 유·초·중등 교원자격증 또는 보육교사 2급 이상 자격 소지자<br><br>* 인력 확보가 어려운 농·어촌 지역 등은 시·도별 채용기준·절차 마련 | -센터장: 유관 분야 자격증 소지자 중 3년 이상 경력자<br><br>돌봄선생님: 사회복지사(1급, 2급), 보육교사(1급, 2급), 유치원 및 초·중등학교 교사, 청소년지도사(1급, 2급) 소지자 및 대체 경험자 | -시설장: 유관 분야 자격증 취득 후 3년 또는 5년의 해당 분야 및 사회복지사업 등 경력자<br><br>-생활복지사: 사회복지사 2급, 유·초·중 등 교사 자격증, 보육교사 1급 자격증 소지자 | -담임: 청소년 지도사 또는 청소년 상담사 자격, 초·중등 교사 자격, 사회 복지사 자격, 청소년 육성 관련 학사, 청소년 육성업무 실무경력 1년 이상<br><br>-팀장: 청소년 지도사 2급 자격증 소지자, 청소년 지도사 3급 자격증 소지 후 유관 분야 1년 이상 경력 소지자 등 |
| | 급여기준 | 공무원보수규정(각 학년도 교육공무직원 보수표) | 사업의 인건비 편성기준 | 사업의 인건비 편성기준 | 청소년방과후 아카데미 운영 매뉴얼(지침) |
| | 기타 | - | - | 경력인정제도 없음 | 청소년방과후 아카데미 운영 매뉴얼(지침) |
| 시설 | 전용면적 | 일반교실 크기 ($66m^2$) | 14~19시 | 여건에 따라 자율 | 방과후~21시 |
| | 부대시설 | 싱크대, 교재교구보관실 등 (전용면적 내) | 12~17시 | 여건에 따라 자율 | 1일 4시간 (시간대는 자율운영) |
| 프로그램 | 프로그램 | 1일 1프로그램 (무상) | 수익자 부담 (지역·시설별 상이) | 센터별 상이 | 1일 4시수 (무상) |
| | 급·간식 | 수익자 부담 | | 지자체 지원 (지역별 상이) | 1인 1식당 4,000원 지원 |

출처: 각 사업별 매뉴얼, 운영길라잡이 등을 부분적으로 수정함.

## 2. 온종일 돌봄 사업별 운영 실태

### 1) 초등 돌봄교실[1]

교육부에서 추진하고 있는 초등 돌봄교실은 여성의 사회 진출 증가 및 맞벌이 가정의 급증에 따라 학교 내 돌봄 서비스 기능 강화를 통하여 안심하고 양육할 수 있는 여건 조성을 목적으로 한다. 주요 추진 방향은 초등 돌봄교실 시설 확충 및 내실화, 학교-마을 연계 협력 활성화, 돌봄 확대를 위한 지원체계 강화 등에 두고 있으며, 법적 근거는 [행정규칙] 초·중등학교 교육과정이다. 〈표 2-3〉에 의하면 2021년 현재 운영학교 수는 6,179개교이며 돌봄교실 수는 14,774교실, 이용학생 수는 283,818명에 이른다.

**〈표 2-3〉 초등 돌봄교실의 연도별 이용자 수**

| 구분<br>(매년 4월 말 기준) | 운영 학교 수 | 돌봄교실 수 | 이용 학생 수 |
|---|---|---|---|
| 2021 | 6,179 개교 | 14,774 실 | 14,774 실 |
| 2020 | 6,163 개교 | 14,278 실 | 14,278 실 |
| 2019 | 6,117 개교 | 13,910 실 | 13,910 실 |
| 2018 | 6,078 개교 | 12,398 실 | 12,398 실 |
| 2017 | 6,054 개교 | 11,980 실 | 11,980 실 |

출처: 교육부(2022). 내부 자료.

---

1  교육부. 2020. 초등 돌봄교실.

초등 돌봄교실 운영 방향은 다음과 같다. 프로그램 운영에 대해서는 지역사회의 다양한 인적·물적 자원을 활용하고, 교원 및 외부 강사 등이 참여하는 1일 1개 무상 프로그램을 제공한다. 돌봄 인력은 돌봄교실 시설 확충에 따른 돌봄 인력(프로그램 강사 포함) 확보 및 사전교육(연수) 실시 등 신학기 돌봄교실 운영 준비를 철저히 하는데 둔다. 돌봄교실 확충을 위해 초등 돌봄 수요조사 등을 활용하여 추가 수요 발생 및 대기자 발생 지역 등을 중심으로 우선 확충하고, 돌봄 수요에 적극 대응하기 위해 겨울방학 중에 돌봄교실을 집중 확충(국고)한다.

초등 돌봄교실은 교육부와 시·도교육청, 교육지원청, 학교로 이어지는 추진체계를 가지고 있으며 각 주체별 역할은 [그림 2-1]과 같다.

[그림 2-1] 초등 돌봄교실 추진체계

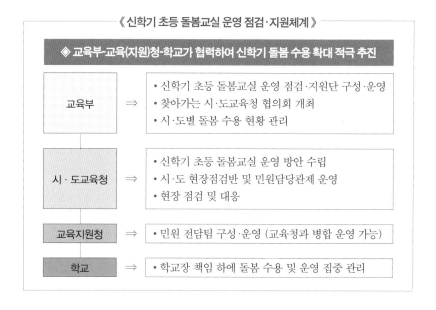

《 신학기 초등 돌봄교실 운영 점검·지원체계 》

◆ 교육부-교육(지원)청-학교가 협력하여 신학기 돌봄 수용 확대 적극 추진

| 교육부 ⇒ | • 신학기 초등 돌봄교실 운영 점검·지원단 구성·운영<br>• 찾아가는 시·도교육청 협의회 개최<br>• 시·도별 돌봄 수용 현황 관리 |
| --- | --- |
| 시·도교육청 ⇒ | • 신학기 초등 돌봄교실 운영 방안 수립<br>• 시·도 현장점검반 및 민원담당관제 운영<br>• 현장 점검 및 대응 |
| 교육지원청 ⇒ | • 민원 전담팀 구성·운영 (교육청과 병합 운영 가능) |
| 학교 ⇒ | • 학교장 책임 하에 돌봄 수용 및 운영 집중 관리 |

## 2) 다함께돌봄사업[2]

보건복지부의 다함께돌봄사업의 목적은 지역 중심의 돌봄 체계 구축 및 초등 돌봄 사각지대 해소에 있다. 이러한 목적을 구체적으로 제시하면 지역사회 중심의 자발적이고 주도적인 아동 돌봄 공동체 기반 조성, 지역 내 돌봄 수요 및 자원을 고려하여 아동 돌봄 계획을 수립하고 이를 바탕으로 지역 내 틈새 돌봄 기능을 강화하여 돌봄 사각지대 해소라고 할 수 있다. 다함께돌봄사업의 법적 근거는「아동복지법」제44조의2(다함께돌봄센터)에 두고 있으며, 아동복지법에서 규정하고 있는 다함께돌봄센터 관련 사항 외에는「사회복지사업법」을 따른다(「사회복지사업법」제3조).

다함께돌봄사업 추진 경과는 다음과 같다(〈표 2-4〉참조). 다함께돌봄센터가 2017년 10개소 설치를 시작으로 2019년 173개로 증가했으며, 2019년에는 다함께돌봄사업지원단이 발족하여 사업 전반을 지원하고 있다.

〈표 2-4〉다함께돌봄 추진 경과

| 연 도 | 내 용 |
|---|---|
| 2017년 | - '다함께돌봄시범사업' 10개소 실시<br>(행안부-복지부 공동 공모사업, '17.7월) |
| 2018년 | - 관계부처 합동 온종일 돌봄 정책 발표('18.4월)<br>- '18년 다함께돌봄센터 17개소 설치·운영('18.12월 기준) |
| 2019년 | - 다함께돌봄센터 설치·운영 관련「아동복지법」개정('19.1월)<br>- 다함께돌봄사업지원단 발족('19.1월)<br>- '19년 다함께돌봄센터 173개소 설치·운영('19.12월 기준) |

---

2  보건복지부, 2020 다함께돌봄사업 안내.

다함께돌봄사업은 돌봄 서비스 공백이 큰 초등학생을 중심으로 지역 내 방과 후 돌봄의 거점 기능을 수행하는데 추진방향을 정하고 있다. 지역의 초등 돌봄을 위한 공공·민간 자원의 연계를 통해 지역사회가 다함께 아동을 키우는 자율적이고 유연한 체계 운영, 지역 내 돌봄 수요 및 자원을 고려하여 상시·일시 돌봄, 프로그램 운영, 등·하원 지원, 급·간식 지원, 자녀돌봄 관련 상담 등 서비스를 제공한다.

다함께돌봄사업 추진체계는 보건복지부, 다함께돌봄사업지원단, 시·도, 시·군·구, 다함께돌봄센터로 이루어져 있으며, 각 주체별 주요 역할은 〈표 2-5〉와 같다.

〈표 2-5〉 다함께돌봄 주체별 주요 역할

| 추진 주체 | 주요 역할 |
| --- | --- |
| 보건복지부 | - 기본계획 수립, 법령 및 지침 제·개정 등 제도 개선<br>- 평가 및 컨설팅, 현장지도·점검 등 사업관리 총괄<br>- 국고보조금 교부 및 관리<br>- 자원 연계를 위한 부처 간 연계 및 조정 등 |
| 다함께돌봄 | - 평가 및 컨설팅, 종사자 교육 등 시설운영 지원<br>- 다함께돌봄사업 전산시스템 구축·관리<br>- 다함께돌봄사업 홍보 및 연구·조사 등 |
| 사업지원단 | - 시·도별 사업계획 수립 및 사업 총괄<br>- 시·군·구 사업 지도·점검 및 국고보조금 예산 집행<br>- 광역 돌봄협의회를 통한 돌봄 서비스의 연계·조정 등 |
| 시·도 | - 시·군·구 사업계획 수립 및 센터 설치·운영<br>- 예산집행 및 지도·점검 등 센터 운영관리<br>- 기초 돌봄협의회를 통한 돌봄 서비스의 연계·조정 등 |
| 시·군·구 | - 다함께돌봄센터 설치·운영 관련 「아동복지법」 개정('19.1월)<br>- 다함께돌봄사업지원단 발족('19.1월)<br>- '19년 다함께돌봄센터 173개소 설치·운영('19.12월 기준) |
| 다함께<br>돌봄센터 | - 초등학생 대상 방과후·방학중 돌봄 서비스 제공<br>- 마을돌봄협의회를 통한 돌봄 서비스의 연계·조정 등 |

### 3) 지역아동센터[3]

보건복지부에서 운영하는 지역아동센터는 방과후 돌봄이 필요한 지역사회 아동의 건전 육성을 위하여 보호·교육, 건전한 놀이와 오락의 제공, 보호자와 지역사회의 연계 등 종합적인 복지서비스를 제공하는데 목적을 두고 있다. 지역아동센터 운영의 법적 근거는 「아동복지법」 제50조~제52조, 제54조~제75조(설치근거 제52조제1항제8호), 「아동복지법」에 별도로 규정이 있는 경우를 제외하고는 「사회복지사업법」을 따름(「사회복지사업법」 제3조) 등이다.

지역아동센터는 아동복지법 제50조에 따라 설치·신고된 센터로서 24개월 이상 운영 시설 중 진입평가 결과를 반영하여 선정하게 된다. 지원 내역을 보면 아동보호(안전한 보호, 급식 등), 교육 기능(일상생활 지도, 학습능력 제고 등), 정서적 지원(상담·가족 지원), 문화서비스(체험활동, 공연) 등으로 지역사회 내 아동 돌봄에 대한 사전 예방적 기능 및 사후 연계 제공 등이다. 지역아동센터는 2004년 아동복지법을 개정하여 옛공부방을 지역아동센터로 변경하고 아동복지시설로 법제화하면서 총895개소, 23,347명의 아동에 대한 서비스 지원으로 시작하였다. 추진 경과는 〈표 2-6〉과 같다.

지역아동센터 운영 현황(보건복지부, 2018년 말 기준 전국 지역아동센터 통계조사보고서)을 보면, 신고·운영된 센터 수는 총 4,211개소이며, 2018년 신규 신고 센터 수는 총 98개이다. 2013년 이후 신고·운영된 지역아동센터는 4천여 개소를 유지하고 있으며, 신규 신고 센터 수는 다소 감소하는 경향을 보이고 있다(〈표 2-7〉 참조).

---

3  보건복지부. 2020년, 지역아동센터 지원사업 안내

### 〈표 2-6〉 지역아동센터 추진 경과

| 연 도 | 내 용 |
|---|---|
| 2004년 | • 아동복지법을 개정하여 '지역아동센터(옛 공부방)'를 아동복지시설로 법제화<br>  - 총 895개소 시설에 23,347명 아동서비스 지원 |
| 2005년 | • 지역아동센터의 양적 증가 및 확대 운영<br>  - 전국 1,709개소로 확대 운영(총 43,749명 아동지원) |
| 2006년 | • '지역아동정보센터' 설치·운영('06.1)<br>  - 조사연구사업, 교육사업, 정보제공사업 등 종합적 운영·지원 추진<br>• 「건축법 시행령」 개정으로 설치 가능 건축물 용도 확대('06.6)<br>  - 노유자시설(교육연구 및 복지시설, 8개 용도) → 제1종 근린생활시설(15개 용도) |
| 2007년 | • 아동복지교사 지원 사업 실시 및 '아동복지교사지원센터' 설치·운영('07.1)<br>  - 전문 분야별 교육프로그램 지원을 위해 7개월 간 2,700명 아동복지교사 파견<br>  - 사업운영체계로 '아동복지교사지원센터'(중앙 1, 권역 14)를 설치·운영 |
| 2008년 | • 지역아동센터 시범 평가 실시('08. 8)<br>• 아동복지교사 지원 사업 계속사업으로 확대·운영 |
| 2009년 | • 지역아동센터 평가 진행(총 3,224개소) 및 컨설팅사업 실시<br>• 종사자 역량 강화를 위한 교육 실시(총 7,700명)<br>• 「건축물 시행령」 별표1 개정으로 건축물 용도 확대('09. 7)<br>  - 1종 근린생활시설 → 1종 근린생활시설, 단독주택, 공동주택 |
| 2010년 | • 지역아동센터 평가우수시설 운영비 추가 지원(916개소, 월 30만 원)<br>• 사회복지시설정보시스템 활용 의무화('10.1) |
| 2011년 | • 지역아동센터지원단'(중앙 1개소, 시도 15개소) 통합 설치·운영<br>• 지역아동센터 평가우수시설 인센티브(총 500개소, 월 898천 원) |
| 2012년 | • '지역아동센터평가센터' 설치 및 3년 주기 제1기 평가체계 구축<br>• 평가우수시설 인센티브를 기능강화사업(거점형, 특수목적형)으로 변경<br>• 학교의 주5일제 전환에 따른 지역아동센터 토요 운영 지원<br>• 「아동복지법 시행령·시행규칙」 개정을 통한 종사자 자격기준, 시설 설치기준 강화('12.8)<br>• 방과후 돌봄 서비스 관계 부처 간(보건복지부, 교육부, 여성가족부, 안전행정부) 업무협약 체결('12.10) |
| 2013년 | • 신규시설장의 현장실습·컨설팅 참여 의무화<br>• 방과후 돌봄 서비스 연계로 종합적 지원·관리체계 마련<br>• 지역아동센터 맞춤형 사회복지시설정보시스템 고도화 구축 |
| 2014년 | • 지역아동센터 1기('12~'14년) 시설평가 완료<br>• 표준 프로그램 개발<br>• 지역아동센터 아동패널 구축 및 조사 |
| 2015년 | • 지역아동센터 2기('15~'17년) 평가지표 마련<br>• 지역별 돌봄 계획 지표개발<br>• 사회복지시설정보시스템 전국실태조사 탑재 |

| 연도 | 내용 |
|---|---|
| 2016년 | • 지역아동센터 신규 및 기존 종사자 교육과정 차별화로 의무교육 강화<br>• 지역별 돌봄 계획 수립 지원을 위한 시도별 컨설팅 실시<br>• 방과후 돌봄 연계체계 활성화 방안 마련 |
| 2017년 | • 지역아동센터 2기('15~'17년) 시설평가 완료<br>• 우수 지역아동센터 지원 방안 마련<br>• 지역아동센터 3기('18~'20년) 평가지표 마련 |
| 2018년 | • 지역아동센터 2기('15~'17년) 시설평가 완료<br>• 우수 지역아동센터 지원 방안 마련<br>• 지역아동센터 3기('18~'20년) 평가지표 마련 |
| 2019년 | • 지역아동센터 이용 아동 기준 개선(일반아동 이용 비율 확대)<br>• 지역아동센터 운영비(3,096백만 원) 및 공기청정기 지원(809백만 원) 추경 편성<br>• 지역아동센터 환경개선비 신규 지원(9,600백만 원) |

〈표 2-7〉 연도별 지역아동센터 현황 (단위: 개소)

| 연도 | 2018년 신고 운영된 센터 수 | 2018년 신고 운영된 센터 수 |
|---|---|---|
| 2004년 | 895 | - |
| 2005년 | 1,709 | 1,051 |
| 2006년 | 2,029 | 523 |
| 2007년 | 2,618 | 729 |
| 2008년 | 3,013 | 483 |
| 2009년 | 3,474 | 570 |
| 2010년 | 3,690 | 323 |
| 2011년 | 3,985 | 373 |
| 2012년 | 4,036 | 193 |
| 2013년 | 4,061 | 148 |
| 2014년 | 4,059 | 158 |
| 2015년 | 4,102 | 256 |
| 2016년 | 4,107 | 207 |
| 2017년 | 4,189 | 102 |
| 2018년 | 4,211 | 98 |

* 신규 신고센터는 각 연도별 신규로 신고(운영특례 포함한 신규 진입) 개소한 센터임

지역아동센터 운영 주체는 개인, 법인, 일반단체, 지자체 등으로 다양한데, 개인 비중이 70% 이상으로 가장 높고 법인, 일반단체, 지자체 순으로 나타나고 있다(〈표 2-8〉 참조).

〈표 2-8〉지역아동센터 운영 주체                                   단위: 개소(%)

| 구분 | | 2012년 | 2013년 | 2014년 | 2015년 | 2016년 | 2017년 | 2018년 |
|---|---|---|---|---|---|---|---|---|
| 전체 | | 4,036 (100) | 4,061 (100) | 4,059 (100) | 4,102 (100) | 4,107 (100) | 4,189 (100) | 4,211 (100) |
| 개인 | | 2,614 (64.8) | 2,650 (65.2) | 2,669 (65.7) | 2,796 (68.2) | 2,860 (69.6) | 2,934 (70.0) | 2,951 (70.1) |
| 법인 | 재단 | 305 (7.6) | 447 (11.0) | 431 (10.6) | 300 (7.3) | 300 (7.3) | 904 (21.6) | 896 (21.3) |
| | 사단 | 190 (4.7) | 226 (5.6) | 225 (5.5) | 249 (6.1) | 241 (5.9) | | |
| | 사회복지 | 341 (8.5) | 336 (8.3) | 332 (8.2) | 331 (8.1) | 322 (7.8) | | |
| 일반단체 | 시민단체 | 101 (2.5) | 100 (2.5) | 109 (2.7) | 67 (1.6) | 68 (1.7) | 290 (6.9) | 288 (6.8) |
| | 종교단체 | 425 (10.5) | 250 (6.1) | 231 (5.7) | 272 (6.6) | 183 (4.5) | | |
| 지자체 | 직영 | – | – | – | – | 19 (0.5) | 17 (0.4) | 25 (0.6) |
| | 위탁 | | | | | 22 (0.5) | 44 (1.1) | 51 (1.2) |
| 기타 | | 60 (1.4) | 52 (1.3) | 62 (1.6) | 87 (2.1) | 92 (2.2)) | | |

지역아동센터 추진체계는 보건복지부, 아동권리보장원, 시·도청, 지역아동센터 시·도지원단, 시·군·구청, 지역아동센터로 구성되어 있으며, 지방자치단체의 지원 및 관리 역할이 매우 크다고 할 수 있다(〈표 2-9〉 참조).

## [그림 2-2] 지역아동센터 이용 아동 수

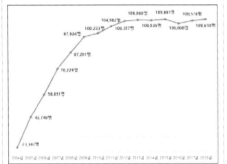

〈연도별 이용 아동 수〉

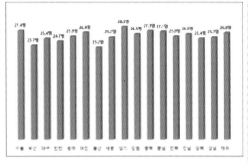

〈시도별 센터당 평균 이용 아동 수〉

〈표 2-9〉 지역아동센터 추진 체계

| 구분 | 내 용 |
|------|-------|
| 보건복지부 | • 기본계획 수립, 지침 마련, 법령·제도 개선 등 사업총괄<br>• 국고보조금 지원, 아동복지교사 예산지원·사업총괄 및 평가<br>• 사업운영 지도·점검, 평가총괄 및 표준화 모델 개발·보급<br>• 시설 정보시스템 개편 및 관리 총괄<br>• 방과후 돌봄 서비스 추진 기관 간의 서비스 연계·조정 등 |
| 아동권리보장원<br>(구 지역아동센터<br>중앙지원단) | • 종사자 교육기획, 프로그램 개발, 컨설팅 등 시설운영 지원<br>• 시도지원단 사업 조정·평가 및 아동복지교사 운영지원<br>• 시설정보시스템 관리지원 및 중앙지원단전산관리시스템 구축·관리<br>• 연구개발 및 시설 평가사업 지원<br>• 홍보, 민간자원 개발·연계 지원 등 유관기관 네트워크 구축<br>• 중앙부처 방과후 돌봄 서비스 추진 업무 지원 등 |
| 시·도청 | • 사업계획의 검토·조정 및 국고보조금 예산집행<br>• 관할 지역아동센터 지원 사업에 대한 지도, 점검<br>• 아동복지교사 시도별 사업총괄 및 지도점검<br>• 시·도 평가사업 총괄(시도평가운영단 구성·운영 및 지원)<br>• 시·도 방과후 돌봄 서비스 추진 기관 간의 서비스 연계·조정 등 |
| 지역아동센터<br>시·도지원단 | • 시·도 지역아동센터 종사자 교육, 컨설팅 등 시설운영 지원<br>• 시설정보시스템 관리·평가사업·아동복지교사 교육 등 지원<br>• 시·도 특성화사업 개발<br>• 홍보, 정보관리, 민간자원 개발·연계지원 등으로 네트워크 구축<br>• 시·도 방과후 돌봄 서비스 추진 업무 지원 등 |

| 구분 | 내용 |
|---|---|
| 시·군·구청 | • 시·군·구 지역아동센터 관리, 예산지원 등 운영<br>• 시·군·구 지역아동센터 이용 아동 이용·종결 관리<br>• 아동복지교사 예산집행, 운영관리(채용·계약, 배정·노무, DB관리 등)<br>• 지역아동센터 지도·점검, 후원금 내역 관리<br>• 시·군·구 방과후 돌봄 서비스 추진 기관 간의 서비스 연계·조정 등 |
| 지역아동센터 | • 지역아동센터 운영으로 방과후 돌봄 서비스 제공<br>• 방과후 돌봄 서비스 추진기관 및 지자체 협조 등 |

### 4) 청소년방과후아카데미[4]

청소년방과후아카데미는 여성가족부 소관 사업으로, 저소득층·한부모·장애 등 방과 후 돌봄이 필요한 취약계층 청소년에게 체험활동, 학습지원, 상담 등 종합서비스를 제공하는데 목적을 두고 있다. 또한 취약계층 청소년에게 활동·복지·보호·지도 등 다양한 지원을 통해 건강한 성장과 스스로 자립할 수 있는 역량을 배양하며, 취약계층 청소년의 사교육비 절감 및 방과 후 비행 노출을 예방하는데 목적을 두고 운영된다.

법적 근거는 「청소년 기본법」 제48조2(청소년 방과 후 활동의 지원), 「청소년 기본법 시행령」 제33조의3(청소년 방과 후 활동 종합지원계획의 수립), 제33조의4(방과 후 활동 종합지원사업 실시), 제33조의5(청소년 방과 후 활동 지원센터의 설치·운영) 등이다. 청소년방과후아카데미에 참여할 수 있는 지원 대상을 보면, 우선순위 지원 대상은 저소득층(기준중위소득 69% 미만*), 한부모·조손·다문화·장애가정·2자녀 이상 가정·맞벌이 가정(기준중위소득 150% 이하) 등 방과 후 돌봄이 필요한 청소년이다. 그러나 기타 지원 대상으로 학교(교장 및 교사), 지역사회(주민센터 동장 및 사회복지사 등)

---

4  여성가족부, 2019 청소년방과후아카데미 운영 지침.

의 추천서와 추천 내용 증빙자료를 기준으로 청소년방과후아카데미 지원협의회에서 승인받은 청소년도 참여할 수 있는 기회를 제공하게 되는데, 매년 전체 참여 청소년(신규 참여 청소년과 지속 참여자는 요건 변동 시에만 포함) 지원 대상 심의 및 증빙서류를 필수로 구비해야 한다.

청소년방과후아카데미는 2005년 청소년위원회의 주요 정책 과제로 채택되어 시범사업 46개소에서 시작하였는데, 2020년 310개까지 확대되었다. 주요 추진 경과 및 연도별 지원 현황은 〈표 2-10〉, 〈표 2-11〉과 같다.

**〈표 2-10〉 청소년방과후아카데미 추진 경과**

| 연도 | 내용 |
| --- | --- |
| 2005년 | • 청소년위원회 주요 정책 과제로 채택<br>• 청소년방과후아카데미 시범사업 46개소 실시(20억) |
| 2006년 | • 전국 지역별 운영 도입(46개소 → 100개소) |
| 2007년 | • 청소년방과후아카데미 150개소 확대 지원 |
| 2008년 | • 농산어촌 운영 활성화 방안 마련 및 운영<br>• 운영 개소 수 확대(150개소→185개소) |
| 2009년 | • 실시 개소 수 축소 운영 178개소 지원<br> - 사업평가 결과에 따른 운영 중단 제도 도입 |
| 2010년 | • 사업평가를 통한 부실 운영 아카데미 폐쇄 조치 등 161개소 지원 |
| 2011년 | • 「청소년 기본법」 개정(추진 근거 마련)<br>• 신규 모델(특별지원 : 장애, 다문화) 개발 및 시범운영<br>• 운영 개소 수 확대(161개소→200개소) |
| 2012년 | • 200개소 지원 |
| 2013년 | • 200개소 지원 |
| 2014년 | • 200개소 지원<br>• 지역 돌봄협의체 구성 및 우수운영기관 시상(5개기관) |
| 2015년 | • 조손가정 및 다문화가정, 3자녀이상 가정 청소년으로 참가 대상 확대<br>• 국무조정실 유사중복 사회보장사업 조정회의('15. 4월)<br> - 방과후아카데미는 중학생 중심으로 특화(사업간 연계·범위 조정)<br>• 운영전담인력 인건비 인상(전년 대비 3%) |

| 연 도 | 내 용 |
|---|---|
| 2016년 | • 중학교 대상 학년 확대(중학교 3학년 포함)<br>• 학교장 및 지역사회 추천 청소년 지원 |
| 2017년 | • 250개소 지원<br>• 종합평가 주기 변경(매년→격년) |
| 2018년 | • 260개소 지원<br>• 범정부 '온종일 돌봄 구축체계 실행계획'('18. 4월) 중 '마을돌봄' 시책에 포함<br>  ('22년까지 지역아동센터와 함께 초등생 1만 명 추가 지원계획)<br>• 우선지원 대상에 맞벌이 가정 포함 |
| 2019년 | • 280개소 지원<br>• 진로체험형 방과후아카데미 확대('19년 9개소 → 전국)<br>• 우선지원 대상 기준에 소득기준 삭제 |

〈표 2-11〉 청소년방과후아카데미 연도별 지원 현황

| 구 분 | '06년 | '07년 | '08년 | '09년 | '10년 | '11년 | '12년 | '13년 |
|---|---|---|---|---|---|---|---|---|
| 지 원<br>(개소) | 100 | 151 | 185 | 178 | 161 | 200 | 200 | 200 |
| 참여인원<br>(명) | 4,200 | 6,300 | 7,980 | 7,560 | 6,672 | 8,200 | 8,060 | 8,200 |
| 국고예산<br>(억 원) | 77 | 120 | 150 | 129 | 121 | 155 | 155 | 161 |

| 구 분 | '14년 | '15년 | '16년 | '17년 | '18년 | '19년 | '20년 |
|---|---|---|---|---|---|---|---|
| 지 원<br>(개소) | 200 | 244 | 250 | 250 | 260 | 280 | 304 |
| 참여인원<br>(명) | 8,043 | 9,490 | 9,745 | 9,773 | 10,742 | 11,584 | 12,341 |
| 국고예산<br>(억 원) | 144 | 184 | 185 | 185 | 197 | 224 | 226 |

청소년방과후아카데미 운영 시설별 현황을 보면, 청소년 수련관이 총 332개 중 153개로 가장 많고, 청소년문화의집 131개, 사회복지기관 12개, 청소년 수련원 및 기타 각 10개 등으로 나타났다. 학교 4개, 상담복지센터 3개 정도 설치되어 있으나 그 비중은 매우 적다(〈표 2-

〈표 2-12〉 청소년방과후아카데미 운영시설별 현황('21.5월 말)　　　　(단위 : 개소수)

| 구 분 | 청소년<br>수련관 | 청소년<br>문화의집 | 청소년<br>수련원 | 학교 | 사회복지<br>기관 | 청소년<br>단체 | 상담복지<br>센터 | 기타* | 계 |
|---|---|---|---|---|---|---|---|---|---|
| 개소수 | 153 | 131 | 10 | 4 | 12 | 9 | 3 | 10 | 332 |

\* 기타 : 민간 비영리단체 등

12〉 참조).

　청소년방과후아카데미 참여자의 학제별 인원수를 보면 초등학교 4~6학년이 전체 46.1%, 중학교 1~3학년이 53.9%로 중학생의 참여 비율이 다소 높다. 학년별로 보면 중학교 3학년이 21.7%로 가장 많고 중학교 2학년 19.8%, 초등학교 5학년 18.3%로 높게 나타났다. 초등학교 6학년은 약 10% 정도로 가장 참여 비율이 낮게 나타났다(〈표 2-13〉 참조).

〈표 2-13〉 청소년방과후아카데미 참여자의 학년별 인원 수('21. 5월말)　　　　(단위 : 명)

| 구 분 | 초등 4 | 초등 5 | 초등 6 | 소계 | 중등 1 | 중등 2 | 중등 3 | 소계 | 합계 |
|---|---|---|---|---|---|---|---|---|---|
| 인원수 | 1,889 | 1,935 | 1,053 | 4,877 | 1,309 | 2,098 | 2,295 | 5,702 | 10,579 |
| 비율 | 17.9 | 18.3 | 10.0 | 46.1 | 12.4 | 19.8 | 21.7 | 53.9 | 100% |

　청소년방과후아카데미는 여성가족부, 한국청소년활동진흥원, 지방 자치단체, 각 운영기관으로 추진 체계가 구축되어 있다([그림 2-3] 참조). 한국청소년활동진흥원은 청소년방과후아카데미 전반에 대한 운영 지원을 담당하며, 각 지방자치단체는 예산 및 관리 운영을 담당하고 있다.

[그림 2-3] 청소년방과후아카데미 추진 체계도

# 온종일 돌봄 프로그램, 시설 및 인력 운영 현황*

* 이 글은 '김민희 외(2021). 온종일 돌봄 프로그램 내실화를 위한 가이드라인 개발 연구. 교육부·대구대학교 산학협력단'의 연구 내용을 요약, 정리하였음.

온종일 돌봄 기관별로 운영 기준 및 방식은 매우 상이하다. 여기서는 프로그램, 시설, 인력 운영을 중심으로 각 기관별 현황을 제시하고자 한다.

# 제1장 온종일 돌봄 기관별 프로그램 운영 내용

## 1. 초등 돌봄교실

초등 돌봄교실은 초등학교 안 유휴 공간을 이용해 오후돌봄, 저녁돌봄, 방과 후 학교 연계형 돌봄, 방학중 돌봄교실 등 총 4개 유형의 돌봄교실을 운영하고 있다. 4개 유형의 초등 돌봄교실을 비교하면 〈표 3-1〉과 같다.

〈표 3-1〉 초등 돌봄교실 유형별 운영 내용 비교

| 구 분 | 오후 돌봄교실 | 저녁 돌봄교실 | 방과후학교 연계형 돌봄교실 | 방학중 돌봄교실 |
|---|---|---|---|---|
| 대상 학년 | 초등 1~2학년<br>- 초등 전 학년으로 점차 확대 중 | 1~6학년<br>- 오후돌봄교실 및 방과후학교 연계형 돌봄교실에 참여한 학생 중 추가 돌봄이 필요한 학생 | 방과후학교 프로그램에 1개 이상 참여하면서, 오후돌봄교실을 이용하지 않는 학생 | 1~6학년<br>- 학기 중에 돌봄교실 및 방과후학교 연계형 돌봄교실에 참여한 학생 또는 방학 중 신규로 돌봄이 필요한 학생 등 |

| 구분 | 오후 돌봄교실 | 저녁 돌봄교실 | 방과후학교 연계형 돌봄교실 | 방학중 돌봄교실 |
|---|---|---|---|---|
| 운영 시간 | 방과후~17시 | 17시부터 22시까지 | 방과후~17시 | 9시~17시 |
| 운영 장소 | 오후돌봄 전용·겸용교실 | 오후돌봄 전용·겸용교실 | 돌봄 전용교실 또는 겸용교실 (일반교실, 도서관, 특별실) | 오후돌봄 전용·겸용교실 및 방과후 학교 연계형 돌봄 교실 |
| 운영 방법 | 외부 강사 및 교원을 활용하여 '단체 활동' 프로그램을 매일 1개 이상 또는 주5회 이내 무상으로 운영 | -학생이 자율적으로 참여하고 즐겁게 활동할 수 있는 활동 중심으로 구성 -저녁돌봄에 대한 별도의 시설안전, 귀가 및 응급상황 대책 등을 안전관리 계획 수립에 포함하여 추진 | 학생의 방과후학교 활동 및 자율활동을 관리하는 봉사인력 및 지원인력을 배치하고, 학교 여건에 따라 지역사회 자원 등을 활용하여 특색 프로그램 운영 가능 (외부 강사 프로그램 미제공) | 학부모의 수요 및 학교 여건을 바탕으로 방과후학교 프로그램과 연계하며, 유관기관 등의 무료 프로그램을 활용하여 자유놀이 및 자기주도적 프로그램을 편성·운영 ※ 교육기부 및 지역사회, 대학생 봉사 캠프 등 연계 |

출처: 한국교육개발원(2019).

초등 돌봄교실은 외부 강사를 통해 매일 1개의 프로그램을 무상으로 제공하고 있다. 각 프로그램은 개인활동과 단체활동의 놀이 중심 프로그램으로 진행하고 있으며 학년 및 발달 단계를 고려하여 학생의 창의·인성 함양에 기여할 수 있도록 구성하고 있다. 개인활동은 학생 개인이 자율적으로 돌봄 전담사의 지도 하에 숙제, 독서, EBS 시청 등을 하는 활동을 뜻하며, 단체활동은 외부 강사 및 교원이 운영하는 특기·적성 프로그램으로 생활체육, 악기연주, 연극 등의 활동을 의미한다.

4개 유형의 돌봄교실은 프로그램 운영 방법에서 큰 차이 없이 공통적으로 '입실 확인(출석), 위생지도, 독서 혹은 숙제 지도 등의 개인 활동, 간식 제공(방과 후 학교 연계형 돌봄교실은 미제공), 외부 강사를 통한 프로그램, 정리 및 귀가'의 형태를 띠고 있는 것을 확인할 수 있다.

## 2. 다함께돌봄센터

다함께돌봄센터는 지역아동센터와 함께 복지부에서 주관하는 돌봄 기관이며 지역사회 중심의 자발적·주도적 아동 돌봄 공동체 기반 조성을 목적으로 한다는 점에서 지역아동센터와 유사점을 보인다. 다만 다함께돌봄센터는 지역 내 돌봄 수요 및 자원을 고려해 상시·일시 돌봄, 프로그램 운영, 등·하원 지원, 급·간식 지원, 자녀돌봄 관련 상담 등의 서비스를 제공하고 있다는 점에서 지역아동센터와는 차별점이 있다 (보건복지부, 2020b).

다함께돌봄센터는 돌봄 공백의 최소화를 위해 상시 운영이 원칙이며 사전 수요조사를 통해 돌봄 프로그램을 구성한다. 다함께돌봄센터에서 운영하는 프로그램은 출결 및 급·간식 등 기본적인 돌봄에 관련된 기본 프로그램, 숙제지도 및 보충지, 신체 활동 등의 공통 프로그램, 예체능 등의 특기 적성의 관심을 증대시킬 수 있는 학습활동(특기적성) 프로그램으로 나뉜다. 각 프로그램의 내용은 〈표 3-2〉와 같다.

〈표 3-2〉 다함께돌봄 프로그램 운영 내용

| 구분 | 활동 분야 | 활동 내용 | 서비스 제공 주체 |
|------|-----------|-----------|------------------|
| 기본<br>프로<br>그램 | 출결<br>확인 | - 출석과 결석 관련 사항 확인<br>- 입출입이 잦은 학생에 대한 출결 유의 | 돌봄선생님 중심으로<br>운영하되, 센터장 및<br>자원봉사 인력 지원 |
| | 아동<br>지원 | - 일상생활교육(위생청결교육, 화재 및 안전교육)<br>- 아동 및 학부모 상담 | |
| | 급간식<br>지원 | - 급식 지원(방학)<br>- 간식 지원(생청결교육, 화재 및 안전교육) | 돌봄선생님 중심으로<br>운영하되, 센터장 및<br>자원봉사 인력 지원 |

| 구 분 | 활동 분야 | 활동 내용 | 서비스 제공 주체 |
|---|---|---|---|
| 공통 프로 그램 | 숙제지도 | - 숙제 지도(알림장 확인, 숙제 확인) | 돌봄선생님 중심으로 운영하되, 센터장 및 자원 봉사인력 지원 |
| | 독서지도 | - 독서지도(읽기, 말하기, 쓰기 등)<br>- 독서활동 프로그램 운영 | |
| | 신체활동 | - 신체놀이(줄넘기, 자전거, 배드민턴, 축구 등)<br>- 또래놀이(놀이터, 민속놀이, 인형극 등) | 대학생 자원봉사, 퇴직 교사, 학부모 재능기부 등으로 운영 가능 |
| | 휴식 | - 자유활동<br>- 휴식 취하기 | |
| 학습 활동 (특별 활동) | 기초 외국어 | - 기초외국어 지도(읽기, 말하기, 쓰기 등)<br>- 외국어활동 프로그램 운영 | 분야별 전문 소양을 갖춘 인력을 중심으로 운영하되, 센터장과 돌봄선생님 지원 (단, 특별활동 내용은 공교육 정상화 촉진 및 선행교육 규제에 관한 특별법에 부합하여야 함) |
| | 예체능 | - 예체능활동 지도 (음악, 미술, 체육 등)<br>- 예체능활동 프로그램 운영 | |
| | 과학 | - 과학 지도(드론, 로봇, 과학상자 등)<br>- 과학 체험활동 프로그램 운영 | |
| | 체험활동 | - 문화예술 체험(영화, 난타, 박물관, 시장 등)<br>- 문화 체험활동 프로그램 운영(요리, 화훼 등) | |

출처: 보건복지부(2020b).

다함께돌봄에서는 프로그램 구성의 기본 요소에 따라 프로그램 편성도 달리하는데 프로그램 구성의 기본 요소는 다음과 같다. 다함께돌봄은 '기본 프로그램 + 공통 프로그램, 학습 프로그램' 중심으로 구성 요소별로 운영이 가능하도록 유연하고 적절하게 프로그램을 편성하고 있다.

---

**다함께돌봄 프로그램 구성의 기본 요소**

- 대상 : 저/고학년, 상시 돌봄 대상자/일시 돌봄 대상자
- 내용 : 놀이, 돌봄 중심, 학습 중심, 놀이+학습
- 시간(시기) : 일시/상시, 주중/주말, 학기(또는 분기)/방학
- 방법 : 전담인력 중심/자원 연계 중심
- 자원 연계 : 가용 인력/공간 및 시설 연계,
  외부 프로그램 연계

---

## 3. 지역아동센터

지역아동센터는 지역사회 아동의 보호·교육, 건전한 놀이와 오락의 제공, 보호자와 지역사회의 연계 등 아동의 건전 육성을 위한 종합 아동복지서비스를 제공하는 곳으로 월~금요일을 포함하여 주 5일, 1일 8시간 이상 상시 운영이 원칙이다.

지역아동센터의 프로그램은 기본 프로그램과 특화 프로그램으로 구성되어 있다. 기본 프로그램은 보호·교육·문화·정서지원·지역사회 영역으로 구성되며, 특화 프로그램은 지역사회 특수성 및 주요 대상의 특성을 고려한 맞춤형 운영 프로그램을 의미한다. 지역아동센터 운영 프로그램의 각 활동 내용은 〈표 3-3〉과 같다.

〈표 3-3〉 지역아동센터 영역별 프로그램 내용

| 대분류 | 중분류 | 소분류<br>(프로그램명) | 서비스 활동<br>(수행방법) | 시행 시기 |
|---|---|---|---|---|
| 보호 | 생활 | 일상생활<br>관리 | - 센터생활적응지도 | 주6회 |
| | | | - 일상 예절교육<br>·예절 및 공공질서 교육 | 월1회 |
| | | | - 위생지도·점검<br>·이닦기, 손씻기, 세수하기 등 지도 | 주5회 |
| | | | - 용의검사<br>　(손, 두발, 복장, 양치, 상처 여부) | 주1회<br>(매주 금) |
| | | | - 목욕서비스 지원<br>·자원봉사자 연계 | 연6회 |
| | | 위생건강<br>관리 | - 건강지도<br>·상반기-학교건강검진 결과표<br>·분기별-신체검사(키, 몸무게)<br>※ 센터 자체 검사<br>·치료에 필요한 의약품 지원함<br>　(매월 비상약품 구입) | 연4회 |
| | | | - 구충제 복용 | 연2회<br>(3, 9월) |

| 대분류 | 중분류 | 소분류<br>(프로그램명) | 서비스 활동<br>(수행방법) | 시행 시기 |
|---|---|---|---|---|
| 보호 | 생활 | 급식지도 | - 영양사가 작성한 급식표에 의해 식사 제공<br>·학기중 석식 18~18시 40분<br>·방학중 중식 12시30분~13시30분<br>　　　석식 18시~18시40분 | 주6회 |
| | 안전 | 안전귀가<br>지도 | - 귀가지도 | 주6회 |
| | | 5대 안전<br>의무교육 | - 교육 내용 : 성폭력 및 아동학대 예방교육<br>　(6개월에 1회 이상/연간 8시간 이상)<br>·교육방법 : PPT 및 동영상교육, 체험학습,<br>　도전골든벨 등 | 연2회 |
| | | | - 교육 내용: 실종·유괴 예방·방지 교육<br>　(3개월에 1회 이상/연간 10시간 이상)<br>·교육방법 : PPT 및 동영상교육, 체험학습,<br>　도전골든벨 등 | 연4회 |
| | | | - 교육 내용 : 감염병 및 약물의 오용·남용<br>　예방 등 보건위생관리교육<br>　(3개월에 1회 이상/연간 10시간 이상)<br>·교육방법 : PPT 및 동영상교육, 체험학습,<br>　도전골든벨 등 | 연4회 |
| | | | - 교육 내용 : 재난 대피 안전교육<br>　(6개월에 1회 이상/연간 6시간 이상)<br>·교육 방법 : PPT 및 동영상교육, 체험학습,<br>　도전골든벨 등 | 연4회 |
| | | | - 교육 내용 : 교통안전교육<br>　(2개월에 1회 이상/연간 10시간 이상)<br>·교육 방법 : PPT 및 동영상교육, 체험학습,<br>　도전골든벨 등 | 연6회 |
| 교육 | 학습 | 숙제지도 | - 학교 숙제 지도 | 주5회 |
| | | 교과학습<br>지도 | - 개별 및 학년별 기초학습 지도<br>·국어, 수학, 사회, 과학 등<br>·문제집 풀이 | 주5회 |
| | | | - 개별 및 학년별 영어학습 지도<br>·아동복지교사 지원 | 주3회<br>(매주 월,<br>목,금) |
| | 특기<br>적성 | 예체능활동 | - 꿈의오케스트라<br>·진행 : 포항시설관리공단 | 주 2회<br>(2시간) |

| 대분류 | 중분류 | 소분류<br>(프로그램명) | 서비스 활동<br>(수행방법) | 시행 시기 |
|---|---|---|---|---|
| 교육 | 특기<br>적성 | 예체능<br>활동 | 오카리나<br>·진행 : 외부 강사 | 주1회(매주<br>월, 1시간) |
| | | | - 사물(난타, 중등)<br>·진행 : 외부 강사 | 주1회(매주<br>월, 1시간) |
| | | | 풋살교실<br>·진행 : 외부 강사 | 주1회<br>(매주 수,<br>1시간30분) |
| | | | - 민요교실(초등)<br>·진행 : 외부 강사 | 주1회<br>(매주 목,<br>1시간30분) |
| | | | 밴드교실<br>·진행 : 외부 강사 | 주1회<br>(1시간30분) |
| | | 적성교육 | 요요동아리<br>·진행 : 자체 진행 | 월1회 |
| | 성장과<br>권리 | 사회성<br>교육 | 아동 인권교육(초·중등)<br>·자체교육 | 연1회 |
| | | 아동<br>자치회의 | - 전체회의, 센터운영 참여, 약속정하기<br>·초, 중등 분리 운영<br>·아동 대표 선출에 따라 회의 진행 | 월1회 |
| 문화 | 체험<br>활동 | 관람·견학 | - 문화체험<br>·영화, 공연관람, 역사문화탐방체험 등 | 월4회 |
| | | 캠프·여행 | - 캠프<br>·방학중 여름캠프·겨울캠프 진행 | 연2회 |
| | 참여<br>활동 | 공연 | - 지역공연행사<br>·연1회 지역의 어르신시설 공연 | 연1회 |
| | | 행사 | - 어린이날 맞이 행사 진행 | 연1회<br>(5월) |
| 정서<br>지원 | 상담 | 연고자상담 | - 정기적인 내방, 전화 상담 | 상시 |
| | | 아동상담 | - 정기적인 아동상담<br>(아동당 분기1회) | 연4회 |
| | | | (집단상담) 바우처(초·중등)<br>·초등상담 1개팀<br>·중등상담 1개팀 | 월1회 |
| | | | (초기상담) 입소아동 초기상담<br>·수시(입소시) | 상시 |

| 대분류 | 중분류 | 소분류<br>(프로그램명) | 서비스 활동<br>(수행방법) | 시행 시기 |
|---|---|---|---|---|
| 정서<br>지원 | 가족<br>지원 | 보호자교육 | - 보호자교육(아동 및 부모)<br>·○○초, ○○중 연계 | 연4회 |
| | | 행사·모임 | - 보호자소모임<br>가정방문(필요시) | 상시 |
| | | | - 생일잔치<br>·매월 생일자 생일잔치<br>·분기1회 생일선물 구입 | 월1회 |
| 지역<br>사회<br>연계 | 홍보 | 기관 홍보 | - 학기별 정기 지역홍보<br>·방법 : 방문, 홍보 현수막, 소식지 | 연3회 |
| | 연계 | 인적 연계 | - 운영위원회(회의 실시)<br>·대상 : 운영위원회 10명 | 연3회 |
| | | | - 연계 통합사례회의<br>·○○초, ○○초, ○○중, 4개 지역아동센터,<br>주민센터, 희망복지지원단 등 | 연4회 |
| | | | - ○○대, ○○공대 연계 자원봉사 | 연중 |
| | | | - ○○회사, ○○건설, ○○중공업<br>연계 자원봉사 | 연중 |
| | | 기관연계 | - 복지관 및 바우처사업 등 연계 지원<br>상담소, 가족&솔루션 연계<br>○○개발센터 연계 | 연중 |

출처: 보건복지부(2020a).

## 4. 청소년방과후아카데미

청소년방과후아카데미는 학교의 정규교육으로 보호할 수 없는 방과 후 시간 청소년의 성장발달을 지원하기 위한 여성가족부 사업이며 다양한 지역사회의 인적·물적 자원을 활용하여 체험활동, 학습지원, 급식, 상담 등의 종합 서비스를 제공하고 있다. 청소년방과후아카데미는 '초등 고학년(4학년)~중등 3학년'까지의 청소년에게 돌봄을 지원하고 있으며 학기 초 수요조사를 반영하여 운영 계획을 수립하고 반기별

1회 이상의 수요조사, 분기별 및 사업 종료 후 만족도조사를 실시하고 있다.

청소년방과후아카데미는 프로그램 과정(자기주도 프로젝트활동, 동아리 활동, 역량개발활동, 참여활동, 창의융합역량 강화, 진로체험활동 등), **학습지원활동**(보충학습, 교과학습 등), **특별지원과정, 생활지원과정**(급식, 귀가지도, 상담 등)으로 프로그램을 구성한다. 진로개발역량, 제4차 산업혁명 대비 창의융합형 문제해결 역량 강화를 위한 활동을 프로그램 편성 시 반영하여 연 60시수 이상 의무편성(단, 장애형의 경우 참여 청소년의 특성을 고려하여 자율편성)하고 있다(여성가족부, 2020). 청소년방과후아카데미 프로그램을 예시하면 〈표 3-4〉와 같다.

〈표 3-4〉 방과후아카데미 프로그램 편성 예시

| 구 분 | | 편 성 시 수 |
|---|---|---|
| 주중<br>(20시수 이상) | | - 체험활동, 교과학습 등 15시수(기관 특성화 방향에 따라 자율편성)<br>- 생활지원과정 5시수 이상(급식, 상담, 건강관리 등) |
| 주말<br>(토) | 월1회<br>(주말체험) | - 주말체험활동 4시수<br>- 생활지원과정 1시수(급식, 상담, 건강관리 등) |

\* 캠프운영 : 연 1회 캠프(집단)프로그램 진행.
\*\* 가족과 함께하는 가족통합 활동 연1회 이상 실시 권장.
출처: 여성가족부(2020).

청소년방과후아카데미의 프로그램 분야는 체험활동, 학습지원, 역량 강화, 자기주도활동, 특별지원, 생활지원으로 영역을 나누어 편성하며 각 세부 영역의 활동과 내용은 〈표 3-5〉와 같다.

**〈표 3-5〉 청소년방과후아카데미 프로그램 세부 내용**

| 구 분 | | 세부 내용 |
|---|---|---|
| 체험활동 | 주중 체험활동 | • 강습 형태가 아닌 체험활동 위주로 청소년들의 창의·인성 함양을 위한 다양한 체험활동 프로그램 운영(예술체험활동, 과학체험활동, 직업개발활동, 봉사활동, 리더십개발활동 등) |
| | 주말체험활동 (월1회 급식 포함 5시수) | • 주말체험활동과정 운영 시 외부 활동 권장<br>* 외부는 단순히 운영시설의 건물 밖 공간을 의미하는 것만이 아니라, 다양한 테마활동이 가능한 외부 현장 (시설, 공간)을 의미함 |
| | 지역사회 참여활동 | • 지역사회 참여활동<br>* 방과후아카데미 자체 기획으로 청소년들이 지역사회에서 봉사활동을 하거나, 지역에서 개최하는 각종 지역행사에 의미있는 역할을 담당하여 참여하는 활동으로 주말 체험활동과 연계하여 편성할 수 있음. |
| 학습지원 | 보충학습지원 | • 청소년들의 자율적인 숙제, 보충학습지도, 독서지도 등의 프로그램 위주로 운영 |
| | 교과학습 | |
| 역량 강화 | 진로개발 역량 프로그램 (진로체험) | • 강습 형태가 아닌 전문적인 체험활동으로 운영<br>• 청소년 주도의 프로젝트(Program-Based Learning: PBL)방식의 프로그램 운영권장<br>• 역량 강화 중점 프로그램은 연간 60시수 이상 의무편성<br>* 역량 강화는 별도의 편성이 아닌, 체험활동 또는 학습지원 프로그램 편성에 반영하여 구성 |
| | 창의·융합 프로그램 | |
| 자기주도 활동 | 주중자기개발 활동과정 (주 2시수 이상) | • 청소년들이 중심이 되어 진행하는 활동 (자치활동, 동아리활동 등)<br>• 각 운영기관에서 자유롭게 편성하여 운영하는 과정<br>• 실무자가 중심이 되어 운영하는 프로그램 |
| | 주말자기개발 활동과정 (필요시 1회당 2시수 이상) | |
| 특별지원 | | • 청소년캠프(방학), 부모(보호자) 교육, 초청인사 특별강의, 발표회 등 |
| 생활지원 | | • 급식, 상담, 건강관리, 생활일정 관리(메일링서비스) 등의 생활지원 |

* 진로개발, 창의융합 프로그램은 연간 60시수 이상 의무편성해야 하며, 주중과 주말에 운영할 수 있으나, 전체 운영시수를 주말체험으로 편성하지 않도록 해야 함. 두 가지 영역이 다 포함되도록 시수를 구성하되 통합형(진로+창의융합)으로 운영 가능.

# 제2장 온종일 돌봄 기관별 시설 운영 현황

온종일 돌봄 기관별 시설 설치 기준을 총괄적으로 제시하면 〈표 3-6〉와 같다. 돌봄 기관별로 시설의 성격, 설치 주체, 설치 장소 및 공간 규정, 시설안전관리 규정 등이 상이한 것으로 나타났다.

〈표 3-6〉 온종일 돌봄 기관별 시설 설치 기준 비교

| 구 분 | 교육부 | 보건복지부 | | 여성가족부 |
|---|---|---|---|---|
| | 초등 돌봄교실 | 지역아동센터 | 다함께돌봄센터 | 청소년방과후아카데미 |
| 시설 성격 | 교육기관 | 아동복지시설 | 다함께돌봄센터 (아동복지시설 의제) | 청소년수련시설 |
| 설치 주체 | • 교육감<br>• 학교장 | • 국가 및 지방자치 단체(위탁 가능)<br>• 개인 또는 법인 | • 시도지사 및 시장, 군수, 구청장(위 탁 가능) | • 국가 및 지방자치단 체(위탁 가능) |
| 설치 장소 (입지 조건) | • 학교 내 유휴 교실 활용 (교육시설)<br><br>「교육환경보호 에 관한 법률」 | • 단독주택<br>• 공동주택<br>• 제1종 근린생활 시설<br>• 노유자시설<br><br>「아동복지법」<br>「사회복지사업법」<br>「청소년보호법」<br>「건축법」<br>「건축법시행령」<br>「공동주택관리법 시행령」 | • 단독주택<br>• 공동주택<br>• 제1종 근린생활 시설<br>• 노유자시설<br><br>「아동복지법」<br>「사회복지사업법」<br>「청소년보호법」<br>「건축법」<br>「건축법시행령」<br>「공동주택관리법 시행령」 | • 청소년수련시설(청 소년수련관, 청소년 문화의집 등) 및 지 자체·교육(지원)청 관할 공공시설, 민간 운영시설 등 안전기 준을 충족하는 시설<br><br>「청소년활동 진흥법 시행규칙」<br>「여성가족부사업운영 지침」 |
| 서비스 제공 공간 | • 전용교실<br>• 겸용교실<br>• 연계형돌봄 교실<br><br>※1실당 66㎡ (학교 사정에 따라 상이함)<br><br>「고등학교 이하 각급학교 설립 운영 규정」 | • 사무실, 조리실, 식당 및 집단지도 실을 각각 갖추되, 해당 시설을 모두 합한 면적이 전용 면적 82.5㎡ 이상<br>• 아동 1명당 전용면 적이 3.3㎡ 이상<br>• 집단지도실 2개실 이상 | • 센터 전용으로만 사용되는 바닥면 적이 최소 66㎡ 이상<br>• 방과 후 돌봄 서 비스에 적합한 놀 이공간 또는 활동 실, 사무공간, 화 장실 및 조리공간 을 각각 갖추어야 함 | • 전용공간, 지도자실, 전문체험활동실, 북 카페 및 휴게실, 장 애 청소년을 위한 편 의시설 등을 구비<br>• 정원 30명 이하 반의 경우 1개 전용공간, 40명반은 2개 전용 공간, 60명반은 3개 전용공간 마련 |

| 구 분 | | 교육부 | 보건복지부 | | 여성가족부 |
|---|---|---|---|---|---|
| | | 초등 돌봄교실 | 지역아동센터 | 다함께돌봄센터 | 청소년방과후아카데미 |
| 서비스 제공 공간 | | | 「아동복지법 시행규칙」 | • 시설의 규모에 따라 상담실, 놀이터 등 필요한 공간 추가 설치 「아동복지법 시행규칙」 | 「여성가족부 사업운영지침」 |
| 시설 안전 관리 관련 법령 및 내용 | | 「초등 돌봄교실 운영길라잡이」 「학교안전사고 예방 및 보상에 관한 법률」 | 「보건복지부 사업운영지침」 「사회복지사업법」 「화재예방, 소방시설 설치 유지에 관한 법률」 「화재예방, 소방시설 설치 유지에 관한 법률 시행령」 「화재로 인한 재해 보상과 보험가입에 따른 법률」 「화재예방, 소방시설 설치 유지 및 안전에 관한 법률 시행령」 「화재로 인한 재해 보상과 보험가입에 따른 법률 시행령」 「시설물 안전관리에 관한 특별법」 「사회복지사 등의 처우 및 지위 향상을 위한 법률」 | 「보건복지부 사업운영지침」 「먹는물 관리법」 「건축법시행령」 「화재예방, 소방시설 설치·유지 및 안전관리에 관한 법률」 「건축물의 피난·방화구조 등의 기준에 관한 규칙」 「환경보건법 시행령」 | 「여성가족부 사업운영지침」 「청소년활동진흥법 시행령」 |

## 1. 초등 돌봄교실[1]

초등 돌봄교실은 취약계층과 맞벌이 가정의 돌봄 수요를 충족을 위해 2004년부터 시작되었다. 2004년 337개 학교에서 8,000명에게 서

---

1  교육부(2020). 2020 초등 돌봄교실 운영 길라잡이.

비스를 제공한 것을 시작으로 2009년 '온종일 돌봄교실 시범사업', 2014년 '초등 방과 후 돌봄 확대·연계 운영계획'을 통한 초등 돌봄교실 무상화 발표 등의 과정을 거쳐 2019년 29만 명의 학생들에게 서비스를 제공하는 수준으로 확대되어 왔다. 초등 돌봄교실 시설설치 및 운영 현황을 살펴보면 다음과 같다.

### 1) 설치 주체

초등 돌봄교실 정책은 교육부에서 기본적인 방향을 수립하고 시도교육청에서 시도교육청 관내 학교의 사정을 고려하여 시도교육청별로 운영계획을 수립하고 있다. 설치와 관련한 구체적인 운영 사항은 학교장이 학교운영위원회의 심의를 거쳐 결정하게 된다.

### 2) 설치 장소(입지조건)

초등 돌봄교실은 학교 내에 설치 운영하기 때문에 「교육환경 보호에 관한 법률」에 의해 유해한 환경이 인근에 설치될 수 없다. 동법 제8조에 의하면 교육감은 학교경계 또는 학교설립예정지 경계(이하 '학교경계등'이라 한다)로부터 직선거리 200미터의 범위 안의 지역을 교육환경보호구역으로 설정·고시하며 필요 시 대통령령으로 정하는 바에 따라 교육장에게 위임할 수 있다. 교육환경보호구역은 학교 출입문으로부터 직선거리로 50미터까지(학교설립예정지의 경우 학교경계로부터 직선거리 50미터까지인 지역)인 절대보호구역과, 학교경계등으로부터 직선거리로 200미터까지인 지역 중 절대보호구역을 제외한 지역을 의미하는 상대보호구역으로 나눈다. 절대보호구역과 상대보호구역 내에서는 누구든지 학생의 보건·위생, 안전, 학습과 교육 환경을 해치는 행위나 시설을 해서는 안 되도록 제한하고 있다. 다만 교육감이나 교육감이 위임한 자가 지역위원회의 심의를 거쳐 학습과 교육 환경에 나쁜 영향을 주지 아니한다고 인정하는 행위 및 시설은 예외로 하고 있다.

초등학교 내에 초등 돌봄교실이 설치된 장소는 독립되고 안전한 활동이 가능한 1층에 위치하는 경우가 많고 학교 도서관이나 기타 편의시설 사용 가능 여부 등을 고려하여 배치하는 경우도 있다. 최근에는 초등학교 신설 시 돌봄 전용공간 설치를 의무화하고 있으며 초등 돌봄교실 설치 시 안전성, 독립성, 편의성 등을 고려하여 공간을 배치하도록 하고 있다. 돌봄을 위한 공간 확보가 절대적으로 필요한 경우 학교 건축물의 증축도 허용하고 있다.

### 3) 서비스 제공 공간

초등 돌봄교실은 학교 내 유휴 공간을 리모델링하여 돌봄 서비스를 제공하기 위한 전용공간으로 사용(전용교실)하거나 일반교실에서 돌봄 서비스 제공이 가능하도록 일부 편의시설을 개조(겸용교실)하여 사용하고 있다. 일부 학교에서는 3학년 이상 학생을 대상으로 방과후학교와 초등 돌봄교실을 결합한 연계형 돌봄교실을 운영하기도 한다. 학교의 특성상 교실 1칸을 리모델링하여 이용하고 있기 때문에 일반적으로 1실당 면적은 약 66m² 내외이며 1실 당 20명 이내의 학생들에게 서비스를 제공하고 있다.

초등 돌봄교실 크기는 일반적으로 교실 1칸을 기준으로 하고 있지만 학교가 처한 사정에 따라 조금씩 차이가 있다. 학교의 필요에 따라 1.5칸의 교실을 돌봄교실로 사용하는 경우도 있고, 1997년 이후 제정된 「고등학교 이하 각급학교 설립 운영 규정」에서는 교육감이 각급학교의 특성을 고려하여 교육 상 지장이 없는 범위에서 시·도조례에서 정하는 바에 따라 3분의 1의 범위 안에서 완화할 수 있도록 하였기 때문에 모든 초등 돌봄교실의 크기가 66m²로 정확하게 일치하는 것은 아니다. 또한 최근 신설 학교의 경우에는 초등 돌봄교실을 별도로 설계하도록 하여 일반교실과 초등 돌봄교실의 크기가 상이한 경우도 있다.

### 4) 시설안전관리

「학교안전사고 예방 및 보상에 관한 법률」에서는 학교안전사고를 예방하고, 피해를 보상하기 위한 학교안전사고보상공제 사업에 관한 사항을 규정하고 있다. 동법에서는 학교안전사고 예방계획의 수립 및 시행, 학교시설 안전점검, 학교시설안전관리기준, 안전교육 실시 등에 관한 사항을 제시하고 있다. 초등 돌봄교실 사업의 경우 학교장의 지휘 감독에 의해 진행되는 사업이기 때문에 이 법에 근거하여 서비스 이용 중 학생 안전을 보장하기 위한 돌봄교실 안전계획을 수립하고 시설안전, 화재안전, 자연재해 안전 등을 위해 노력하고 있다.

안전계획에는 학교안전계획과의 연계성, 안전관리 기본 방향, 실내외 제반 시설 환경 및 생활안전, 안전관리인력, 학부모 지원 협조체제, 지역사회 인적물적자원 활용 등을 포함하도록 하고 있다. 시설안전을 위해 돌봄교실의 위치를 안전사고 예방이 가능한 1층에 위치하도록 하고, 관리실과 화장실 등과 인접하게 배치하여 돌봄전담사가 돌봄교실 이용 아동의 동선을 쉽게 파악할 수 있도록 하고 있다.

뿐만 아니라 출입문(비상시 대피 및 추락 방지) 배치, 냉난방시설물 관리, 비품 및 가구관리, CCTV 설치, 방범 및 순찰 등 다양한 안전 요소를 점검하고 관리하도록 하고 있다. 화재 발생, 자연재해 발생시 대비

요령을 숙지하여 대처하도록 하고 있으며, 학교장의 관리감독 하에 이루어지는 학교 안팎의 모든 교육활동에 대해 학교안전공제회 보상 절차를 적용하도록 하여 돌봄교실 이용 시 발생하는 불의의 사고에 대비하고 있다.

## 2. 다함께돌봄센터

다함께돌봄 사업은 2018년 4월 관계부처 합동 온종일 돌봄정책 후속 조치의 일환으로 추진된 사업으로, 2018년에 17개 센터를 시범 설치·운영한 것에서 시작하였다. 이 사업은 지역 중심의 돌봄 체계를 구축하여 초등 돌봄의 사각지대를 해소하고 지역사회 중심의 자발적이고 주도적인 아동 돌봄 공동체 기반을 조성하는 의의를 두고 있다. 주요 시설 설치 및 운영 현황을 살펴보면 다음과 같다.

### 1) 설치 주체

「아동복지법」 제44조에서는 시도지사 및 시장, 군수, 구청장이 초등학교의 정규교육 외의 시간 동안 다함께돌봄센터를 설치 운영할 수 있도록 규정하고 있으며, 필요한 경우 보건복지부 장관이 정하는 법인 또는 단체에 위탁할 수 있도록 하고 있다. 「아동복지법 시행규칙」 제21조의2에서는 위탁운영에 관한 사항을 세부적으로 규정하고 있는데 지자체장은 일반경쟁입찰에 의해 해당 기관을 선발하고, 보건복지부 장관은 위탁운영 및 관리 지침을 수립할 수 있도록 하고 있다. 위탁운영을 하는 경우 경쟁입찰방식이 원칙이지만 다함께돌봄센터의 설치·운영에 필요한 부지 또는 건물을 기부채납하거나 무상으로 사용하게 한 자로서 보건복지부 장관이 정하는 자격을 갖춘 자에게 위탁하는 경우에는 수의계약이 가능하도록 하고 있다.

### 2) 설치 장소(입지조건)

보건복지부의 사업운영지침에 의하면 다함께돌봄센터를 설치하는 경우 보건·위생·급수·안전·환경 및 교통편의 등을 충분히 고려해야 하며, 「청소년보호법」 제31조에 의거하여 초등학생의 정신적·신체적 건강을 해칠 우려가 있는 곳에 다함께돌봄센터가 설치되지 않도록 노력해야 한다. 센터 설치가 가능한 건물은 「건축법」 제2조제2항 및 제19조, 「건축법 시행령」 제3조의5 및 제14조에 따른 단독주택, 공동주택, 제1종 근린생활시설(2종 제외), 노유자시설이다(보건복지부, 2020).[2]

보건복지부 지침에서 제시한 구체적인 예는 종합사회복지관, 노인복지관, 경로당 등 사회복지시설 활용, 공공체육시설(운동시설), 주민센터(업무시설), 마을회관 등의 공간을 활용하는 것이며, 도서관, 학교 등 교육연구시설을 활용하는 것도 가능하다. 다만 교육부에서 '학교돌봄' 확대를 추진 중이므로, 초등학교는 다함께돌봄센터 설치 장소에서 제외하고 있다.

### 3) 서비스 제공 공간

「아동복지법 시행규칙」 제21조의2 [별표1]에서 "다함께돌봄센터는 센터 전용으로만 사용되는 바닥 면적이 최소 66m² 이상이어야 하며 방과 후 돌봄 서비스에 적합한 놀이공간 또는 활동실, 사무공간, 화장

---

2 보건복지부(2020). 2020년 다함께돌봄사업안내.

실 및 조리공간을 각각 갖추어야 한다"고 규정하고 있다. 아울러 시설의 규모에 따라 상담실, 놀이터 등 필요한 공간을 추가로 설치할 수 있다.

다함께돌봄센터의 공간과 설비는 센터 전용으로 사용해야 하며, 타 사회복지시설 등에 병행 설치하는 경우 화장실과 사무실, 실외 놀이터, 조리공간, 기타 프로그램 공간 등은 공동 사용이 가능하다. 다만 공동 사용 면적은 센터 전용면적에 포함되지 않는다.

화장실의 경우 이용 아동의 안전을 위해 센터 내부에 전용 화장실을 확보하도록 하되, 부득이 외부에 설치하는 경우 아동의 이용에 불편함이 없고 안전과 위생관리에 문제가 없는 경우에 한해 설치 가능하다.

### 4) 시설안전관리

보건복지부의 다함께돌봄센터 사업운영지침에서는 시설안전관리를 위해 먹는 물 관리, 화재 예방, 안전한 환경 조성, 실내공간 구성 등에 관한 사항을 규정하고 있다. 먹는 물 관리의 경우 급수·배수시설은 상수도로 하도록 하고 있는데, 다만, 상수도로 할 수 없는 경우에는 「먹는물 관리법」 제5조에 따른 먹는 물의 수질 기준에 적합한 지하수 등을 공급할 수 있는 시설을 갖추어야 한다.

화재 예방은 화재사고에 대비하여 「화재예방, 소방시설 설치·유지 및 안전관리에 관한 법률」 제9조에 따른 소화용 기구 및 비상구를 설치하여 비상재해에 대비한 시설을 갖추어야 한다고 제시하고 있다.

방염에 관한 사항은 「화재예방, 소방시설설치 유지 및 안전관리에 관한 법률」 제12조 및 동법 시행령 제19조 내지 제20조의 규정을 준수해야 한다. 아울러 건축물의 마감 재료는 「건축법시행령」 제61조 및 「건축물의 피난·방화구조 등의 기준에 관한 규칙」 제24조 규정을 준수해야 한다. 안전한 환경 조성과 관련해서는 어린이 활동공간의 환경안전관리기준에 관한 사항은 「환경보건법」 제23조제5항, 제29조, 제33조제1항, 「환경보건법 시행령」 제16조, 제16조의2, 제22조제1항제1호 및 제2호, 제22조제3항제3호의 규정을 준수해야 한다.

구체적으로는 어린이 활동공간의 연면적을 33m² 이상 증축하거나 70m² 이상 수선할 경우 어린이 활동공간에 사용된 도료, 마감재료, 목재, 모래, 합성고무 재질 바닥재 등의 기준을 충족해야 한다. 이용 아동의 안전보호 및 위험방지를 위하여 CCTV, 출입보안장치(출입카드·지문인식장치, 인터폰, 원격개폐장치 등) 등의 설치가 권장되고 있으며, 아울러 이용 아동의 시설 출입 시 안전을 위해 필요한 경우 출입구 주변에 담장 혹은 데크를 설치하도록 하고 있다. 실내공간 구성과 관련하여 보건복지부의 사업운영지침[3]에서는 안전한 실내공간 구성을 위해 다음의 사항을 권장하고 있다.

① 출입문은 가급적 미닫이문으로 설치하고 모든 가구는 이동이 용이하도록 하고, 모든 출입문은 손가락 끼임 방지 부착과 내부를 들여다 볼 수 있는 구조로 할 것

② 아동의 주요 활동공간은 가급적 바닥 냉·난방 방식으로 설치

③ 가구와 장비, 냉장고, 청소기 등은 천정, 벽면 또는 바닥에 단단히 고정 설치

④ 천정의 마감재, 조명기구, 냉·난방기구 등이 떨어지지 않도록 설치

---

3  보건복지부(2020). 2020년 다함께돌봄사업안내. 보건복지부.

⑤ 아동의 활동을 위한 책상, 의자, 기타 가구 등은 아동의 이용 편의성을 고려하여 설치하되, 모서리 부분은 둥글게 마감처리 또는 보호장치 등 부착

⑥ 모든 창호에는 방충망을 설치하고 창호의 유리는 안전유리(접합, 망입유리 등)를 사용하거나 비산 방지 필름 부착

⑦ 충분한 수납장과 수납공간을 확보

⑧ 실내·외 공기 질을 수시로 체크할 수 있는 측정기를 설치하고, 자연 또는 기계 환기 방식 선택, 쾌적한 공기 질을 유지할 수 있도록 공기청정기 등을 설치·공기청정기는 정기적인 청소, 필터 교체(최소 1년 2회 이상) 등 철저히 관리

⑨ 활동실에는 채광 조절을 위한 블라인드 또는 커튼 설치

⑩ 복도 및 각 공간마다 화재 또는 자연재해시 각각의 피난 동선과 안내도를 벽면에 설치

⑪ 각 공간마다 소화기 1개 이상 설치하되, 가급적 투척용 소화기 설치

⑫ 아동안전관리 필요 물품(응급조치 가능 비상약품, 구호설비·기구, 위험표지물 등 안내문, 비상시 대피경로에 대한 유도등 등) 구비

## 3. 지역아동센터

보건복지부에서 운영하는 지역아동센터는 1970년대부터 도시빈민지역의 아동을 대상으로 운영해 온 공부방사업을 전신으로 하고 있으며 2004년 법제화 과정을 통해 지역 내 아동복지시설로 발전하였다. 2004년 1월 29일 개정된 「아동복지법」 제16조제11항에서는 지역

아동센터를 "방과 후 돌봄이 필요한 지역사회 아동의 보호, 교육, 건전한 놀이와 오락의 제공, 보호자와 지역사회와의 연계 등 아동의 건전육성을 위하여 종합적인 아동 복지서비스를 제공하는 시설"로 정의하고 있다.

### 1) 설치 주체

「아동복지법」 제50조에서는 국가 또는 지방자치단체가 직접 시설을 설치하거나, 시장, 군수, 구청장에게 아동복지시설 설치를 신고한 자(개인 또는 법인)가 지역아동센터를 설치할 수 있다고 규정하고 있다. 다만 아래의 사항에 해당하는 경우 지역아동센터를 설치·운영할 수 없다.

- (폐쇄명령 이력) 개인 또는 법인이 「아동복지법」 제56조 또는 「사회복지사업법」 제40조에 따라 폐쇄 명령을 받고 3년이 경과하지 않은 경우
- (권리무능력자 등) 「사회복지사업법」 제34조제2항제2호에서 정하는 결격사유(권리무능력자, 보조금관리에 관한 법률 위반 등)
- (성범죄 전력) 「성폭력범죄의 처벌 등에 관한 특례법」 제2조 또는 「아동 청소년의 성보호에 관한 법률」 제2조제2호에 해당하는 경우
- (아동학대 전력) 「아동복지법」 제29조의3제1항에 의해 아동학대 관련 범죄로 취업제한 명령을 받은 자

### 2) 설치 장소(입지조건)

「아동복지법시행규칙」 제24조에서는 지역아동센터를 비롯한 아동복지시설 설치 시 보건·위생·급수·안전·환경 및 교통편의 등을 충분히

고려하고, 시설 50m 주위에 「청소년보호법」 제2조제5호에 따른 청소년유해업소가 없는 쾌적한 환경의 부지를 선정하도록 규정하고 있다. 다만 「청소년보호법」 제2조제5호나목에서 정하는 청소년고용 금지업소가 있는 부지의 경우 예외적으로 설치 가능하다. 이와 관련하여 보건복지부는 아동복지시설을 설치하고자 하는 경우, 설치 신고서 제출 전 관할 시·군·구청장과 사전 협의를 통해 돌봄 수요, 입지조건, 설치 기준 등에 대해 사전 안내받을 수 있도록 권장하고 있다.

지역아동센터를 설치할 수 있는 건물은 「건축법」 제2조제2항 및 제19조, 「건축법 시행령」 제3조의5 및 제14조에 따른 단독주택, 공동주택, 제1종 근린생활시설, 노유자시설이다(보건복지부, 2020).[4] 이에 해당하는 시설을 직접 소유하거나 임대하는 경우 지역아동센터를 설치 운영할 수 있으며, 「아동복지법」 제62조에 의해 지방자치단체에서 아동복지시설 설치·운영에 필요하다고 인정하는 경우 「공유재산 및 물품관리법」에도 불구하고 공유재산을 무상으로 대부하거나 사용·수익할 수 있도록 규정하고 있다.

### 3) 서비스 제공 공간

「아동복지법 시행규칙」 제24조에서는 아동복지시설이 갖추어야 할 구체적인 시설 기준을 제시하고 있다. 다만 아동 수용 규모(30명 이상, 10명 이상 30명 미만, 10명 미만)와 복지시설의 성격에 따라 적용 기준이 조금씩 상이하다.

---

4 보건복지부(2020). 2020년 지역아동센터 지원 사업안내.

〈표 3-7〉 아동복지시설 설치 기준

| 구분 | 설치 기준 |
|------|-----------|
| 거실 | • 적당한 난방 및 통풍 시설을 하고, 상당 기간의 일조량을 확보<br>• 출입구는 비상재해 시 대피하기 쉽도록 복도 또는 넓은 공간에 배치<br>• 복도·다락 등을 제외한 거실의 실제 면적은 아동 1명당 6.6m² 이상으로 하고, 침실 1개의 정원은 3명 이하로 함. 다만, 법 제52조제1항제3호에 따른 아동보호치료시설의 침실 1개의 정원은 아동의 특성을 고려하여 6명 이하로 할 수 있음<br>• 7세 이상의 아동을 수용하는 거실은 남녀별로 설치<br>• 허약아·미숙아·질병이환아 등을 격리하여 수용할 수 있는 격리실을 별도 설치 |
| 사무실 | • 사무를 위한 적당한 설비 구비 |
| 양호실 | • 진찰·건강상담 및 치료를 위한 적당한 설비 구비 |
| 상담실 | • 상담을 위한 적당한 설비 구비 |
| 조리실<br>(식당) | • 채광 및 환기가 잘 되도록 하고 창문에는 방충망 설치<br>• 식기를 소독하고 위생적으로 취사 및 조리할 수 있는 설비 구비 |
| 목욕실 | • 욕탕·샤워 및 세면 설비 구비 |
| 세탁장 | • 세탁에 필요한 기계·기구 등 설비 구비 |
| 건조장 | • 세탁물을 건조할 수 있는 설비 구비 |
| 화장실 | • 수세식 화장실을 원칙으로 하되, 수세식이 아닌 화장실은 방수처리를 하고 소독수와 살충제 비치<br>• 변기의 수는 아동 5명 당 1개 이상으로 설치. 다만 지역아동센터의 경우에는 변기를 1개 이상 설치 가능 |
| 급수·<br>배수시설 | • 급수·배수시설은 상수도에 의함. 다만 상수도에 의할 수 없는 경우에는 「먹는물 관리법」 제5조에 따른 먹는물의 수질기준에 적합한 지하수 등을 공급할 수 있는 시설 구비<br>• 지하수 등을 사용하는 경우 취수원은 화장실, 폐기물처리시설, 동물 사육장, 그 밖에 지하수가 오염될 우려가 있는 장소로부터 20m 이상 떨어진 곳에 위치<br>• 빗물·오수 등의 배수에 지장이 없도록 배수설비 구비 |
| 비상재해<br>대비시설 | • 「소방시설 설치·유지 및 안전관리에 관한 법률 시행령」에서 정하는 바에 따라 소화용 기구를 비치하고, 비상구를 설치하며, 비상재해에 대비한 시설 구비 |

지역아동센터의 경우에는 「아동복지법 시행규칙」 제24조 [별표2]에서 정하는 바에 따라 사무실, 조리실, 식당 및 집단지도실을 각각 갖

추되, 해당 시설을 모두 합한 면적이 전용면적 82.5m² 이상을 의무적으로 갖추어야 한다. 또한 아동 1명 당 전용면적이 3.3m² 이상이어야 하며 집단지도실 2개실 이상을 갖추어야 한다. 그 밖에 아동복지시설에서 갖추어야 하는 화장실, 급수·배수시설, 비상재해대비시설 등을 갖추어야 한다.

### 4) 시설안전관리

지역아동센터는 시설안전관리를 위해 비상연락망 구축, 보험가입 의무화, 안전점검, 화재 예방 및 소방 전기 가스 안전에 관한 사항을 사업운영지침에 제시하고 이를 준수하도록 하고 있다. 먼저, 비상연락망 구축을 의무화하고 있으며, 시설장은 시설안전사고에 대비한 비상연락체계를 구축 운영하도록 하고 있다.

구체적으로는 안전사고에 대응하기 위해 인근 소방서, 경찰서 및 가스, 유류 등의 안전 상태를 점검하는 유관기관 등과 비상연락체계를 구축해야 하며, 사고에 대비하여 부모와의 비상연락망을 확보하여야 하며 응급처치동의서를 비치해야 한다. 아울러 사고 발생 24시간 이내에 사고보고서를 작성하여 시장, 군수, 구청장에게 보고해야 하며, 중대사고(중상 이상의 안전사고, 감염병 및 식중독 등 집단 발병, 화재, 침수, 붕괴 등 재난사고 등)는 사고 발생 즉시 보고(즉시 유선 통보 후 문서로 보고)하도록 의무화 하고 있다.

그 밖에 시·군·구에서는 시설에서 발생한 중대사고, 아동학대, 사망사고 및 언론취재 사항 등 중요 사항의 경우 시·도와 보건복지부에 즉시 보고하여야 하며 사고통계 관리를 해야 하며, 보험 가입을 의무화하고 있다. 시설 이용 중 발생하는 다양한 안전사고에 대비하여 보험

가입을 의무화하고 가입 여부에 대한 사항을 시·군·구청장이 감독하도록 하고 있다. 손해배상책임을 이행하기 위해 손해보험회사의 책임보험에 가입하거나 「사회복지사 등의 처우 및 지위 향상을 위한 법률」 제4조에 따른 한국 사회복지공제회의 책임공제에 가입해야 한다(화재로 인한 손해배상책임, 화재 외의 안전사고로 인하여 생명·신체에 피해를 입은 보호대상자에 대한 손해배상책임).

아울러 「사회복지사업법」 제34조의3(보험가입 의무)을 위반하는 경우 「사회복지사업법」 제58조제1항에 따라 위반시 300만원 이하의 과태료를 부과하고 있다. 이와 관련하여 시·군·구청장은 각 시설의 대인 대물 책임보험 또는 책임공제 가입 여부를 연1회 이상 점검해야 하며 화재로 인한 손해 발생 시 적정한 보상이 담보될 수 있도록 1인당 배상책임보험의 적정성 여부를 확인해야 한다(「화재로 인한 재해보상과 보험가입에 따른 법률」 제8조 및 「화재로 인한 재해보상과 보험가입에 따른 법률 시행령」 제5조).

그 밖에 자체 안전점검, 지자체 안전점검, 합동 안전점검, 한국시설안전공단 소규모 취약시설 안전점검 등 안전점검을 중요시하고 있다. 사회복지시설은 정기안전점검(반기 1회, 연 2회), 수시안전점검을 실시해야 하며 위반 시 「사회복지사업법」 제58조제1항에 따라 300만 원 이하의 과태료를 부과하고 있다. 지자체 안전점검은 시·군·구에서 하·동절기(4월 및 11월 경) 취약 시기에 보건복지부에서 통보하는 안전점검 계획에 따라 종사자 대상 교육훈련 및 안전점검표에 따른 현지점검을 실시하고 그 결과를 보건복지부에 보고해야 한다. 지자체 합동안전점검은 정부, 지자체, 전문가 등으로 합동점검단을 구성하여 중점 점검 대상 시설에 대하여 안전 취약 시기에 시설물 안전관리 실태, 매뉴얼 준수 여부, 안전의식, 교육 훈련 등 종합점검을 연 1회 실시하고 있다. 그 밖에 「시설물 안전관리에 관한 특별법」 제33조의4에 의거하여 한국시설안전공단 소규모 취약시설 안전점검을 무상으로 실시한다.

　마지막으로 화재 예방 및 소방 전기 가스 안전을 위한 지침을 두고 있다. 「화재예방, 소방시설 설치 유지에 관한 법률」 제12조제1항 및 「같은법 시행령」 제19조에 의해 화재 방지를 위해 발화성이 높은 기구와 실내장식을 사용하지 않으며, 유독 가스가 나지 않는 내연 자재를 사용하도록 하고 있다. 「화재예방, 소방시설 설치 유지 및 안전에 관한 법률 시행령」 제15조에 따라 소화설비(수동식소화기, 투척용소화기 등) 등을 기준에 맞게 설치하도록 의무화 하고 있다. 화재 등 안전사고 대피계획에 따른 대피훈련을 정기적으로 실시하고, 정전을 대비한 초와 성냥, 라이터 등은 아이들 손에 닿지 않게 종사자가 직접 관리하고, 시설 내에서는 금연 및 전기·가스 기구의 개인적 사용을 원칙적으로 금지하고 있다.

## 4. 청소년방과후아카데미

### 1) 설치 주체

「청소년기본법」 제48조의2에서 "국가 및 지방자치단체는 학교의 정규교육으로 보호할 수 없는 시간 동안 청소년의 전인적(全人的) 성장·발달을 지원하기 위하여 다양한 교육 및 활동 프로그램 등을 제공하는 종합적인 지원 방안을 마련하여야 한다"라고 규정하고 있다. 아울러 「청소년기본법 시행령」 33조의3~5에서 여성가족부 장관 및 시·도지사 및 시장·군수·구청장의 청소년 방과 후 활동에 대한 지원 의무를 제시하고 있다. 이 규정에 의하면 국가 및 지방자치단체는 청소년 방과후아카데미 사업을 직접 운영할 수 있으며 필요한 경우 사업운영 역량과 전문성을 갖춘 청소년단체(법인)에 위탁하여 운영할 수 있다.

### 2) 설치 장소(입지조건)

여성가족부에서 발간하는 사업운영 지침[5]에 의하면 청소년방과후 아카데미는 청소년 수련시설(청소년수련관, 청소년문화의집 등) 및 지자체·교육(지원)청 관할 공공시설, 민간운영시설 등 안전 기준을 충족하는 시설 내에 설치할 수 있다. 또한 「청소년활동진흥법 시행규칙」 개정('18. 8. 31)으로 청소년 수련시설을 청소년 수련활동과 연계할 수 있는 문화시설·체육시설과 함께 '복합시설'로 설치할 수 있도록 허용하고 있으며, 교육(지원)청과 연계하여 초등학교 '유휴 교실(공간)'에 '방과후 아카데미' 배정을 요청하고 신규 개소를 추진할 수 있다.

### 3) 서비스 제공 공간

서비스를 제공하는 공간은 전용공간, 지도자실, 전문체험활동실, 북카페 및 휴게실, 장애 청소년을 위한 편의시설 등을 구비하여 청소년들이 생활하기에 불편이 없고 다양한 체험활동이 가능하도록 하고 있다. 청소년방과후아카데미 서비스 제공 공간에 대한 강제력을 가진 법조항은 없으나 여성가족부의 사업운영 지침을 통해 서비스가 제공되는 전용공간(교실), 지도자실, 전문체험활동실, 북카페 및 휴게실 등이 구비해야 하는 조건 등을 제시하고 있다.

---

5  여성가족부(2019). 2020년 청소년방과후아카데미 사업지침.

| 공간 | 권장 내용 |
| --- | --- |
| 전용<br>공간<br>(교실) | • 교실 당 정원 수용 규모, 생활에 불편이 없고 다양한 체험활동이<br> 가능해야 함<br>• 정원 30명 이하 반의 경우 1개 교실, 40명반은 2개 교실, 60명반은<br> 3개 교실을 마련해야 함<br>• 교실 위치는 지하층을 배제하고 환기가 원활한 곳에 위치<br>• 방과후아카데미 사업 운영 시수 내 전용공간으로 활용 |
| 지도자실 | • 지도자의 사무 및 연구, 회의 및 상담, 기자재 보관 공간 등으로 구성<br>• 청소년 전용공간과 동일 층 배치 권장 |
| 전문<br>체험<br>활동실 | • 체육활동(스포츠, 댄스 등), 음악활동, 미술활동 등을 할 수 있는<br> 공간을 확보<br>• 수련시설 내 공간 활용을 기본으로 하되 지역사회 내 공간 연계 활용 |
| 북카페 및<br>휴게실 | • 수련시설 내 공간 활용을 기본으로 하되 지역사회 내 공간 연계 활용 |
| 기타 | • 장애 청소년 지원형의 경우 참여 청소년의 장애 유형을 고려한<br> 시설 보완 권장 |

## 4) 시설안전관리

청소년방과후아카데미는 시설안전관리를 위해 안전교육, 비상연락체계 구축, 자체시설안전점검표를 활용한 시설 점검, 인증수련활동 확인 후 참여 권장 및 상해·안전보험 의무가입을 실시하고 있다. 안전교육의 경우 반기(학기초 필수) 1회 1시간 이상 안전 대비 교육(심폐소생술, 재난대응요령 등) 및 비상 대피 훈련을 실시하고 있다. 비상연락체계 구축은 유사시에 대비하여 방과후아카데미 – 시·군·구 – 시·도– 여성가족부 간 비상연락체계를 마련하는 것이며, 지진·태풍·호우 등 자연재해, 재난 발생(예보)시 시·군·구(필요시 시·도)의 결정에 따라 일시 휴업 가능하며 일시 휴업시 시·도 경유하여 여성가족부에 즉시 보고하도록 하고 있다.

자체시설안전점검표를 활용한 시설 점검은 「청소년활동진흥법 시행령」에서 제시한 '종합 안전 위생점검의 분야 및 내용'에 근거하여 '청소년방과후아카데미 시설안전점검표'를 마련하고 연 1회 지자체 현장점검을 실시하는 것이다. 청소년방과후아카데미 시설안전점검표 는 31개 항목으로 구성되어 있으며 31개 항목 가운데 90% 이상(27개 항목 이상)에서 적합 판정을 받아야 한다.

〈표 3-9〉 청소년방과후아카데미 시설안전점검표

| 구 분 | | 번호 | 항목별 |
|---|---|---|---|
| 안전관리체계 및 교육 | | 1 | 운영 대표자의 책임 아래 자체 점검을 실시하고 있는지(점검결과 기록유지) 여부 |
| | | 2 | 입교 시 안전사고 예방 방법 및 교육 기간 동안 지켜야 할 사항 등에 대하여 안전교육을 실시하는지 여부 |
| | | 3 | 분야별 안전관리 책임자 지정·운영 여부 |
| | | 4 | 유사시 신속대응을 위한 비상 구조구난 체제 구축과 계획 수립 및 이와 관련한 직원 교육의 실시 여부 |
| | | 5 | 시설 이용방법, 이용 시 유의사항 및 비상시의 대피경로 등을 각 실별 이용자들이 잘 볼 수 있는 장소에 게시하고 있는지 여부 |
| 토 목 | 진입로 | 1 | 비상시 소방차, 구급차 등의 접근이 용이한 진입로를 확보하고 있는가? |
| | 옹벽, 석축 및 담장 | 1 | 옹벽, 석축 및 담장 등의 붕괴 위험은 없는가? |
| | | 2 | 옹벽 및 담장 기초 부분에 침하된 부분이 있는가? |
| | | 3 | 옹벽 부분에 배부름 현상이 있는가? |
| | 사면 | 1 | 사면의 붕괴 위험은 없는가? |
| | | 2 | 사면의 토사유출 우려는 없는가? |
| | 배수로 | 1 | 배수로 덮개의 설치 상태는 견고한가? |
| | | 2 | 배수로의 덮개에는 발, 구두 굽(하이힐 등) 등이 빠질 수 있는 틈새가 있는가? |
| 건 축 | 구조 | 1 | 모든 건축물의 내·외벽에 균열은 없는가? |
| | | 2 | 옥상 부분에 돌출된 파라펫(parapet) 및 난간의 설치상태는 견고한가? |
| | | 3 | 난간의 간격은 적정한가? |
| | | 4 | 불법으로 증·개축한 시설은 아닌가? |
| | | 5 | 처마 및 모서리 부분의 균열이나 낙하위험은 없는가? |

| 구 분 | 번호 | 항목별 |
|---|---|---|
| | 6 | 천정, 벽체 및 바닥의 누수는 없는가? |
| 주출입구 | 1 | 주출입구의 중앙 및 양측에 손가락보호대가 설치되어 있는가? |
| 현관 및 로비 | 1 | 각종 안내표시판이 적절하게 게시되어 있는가? |
| | 2 | 안내 데스크 모서리 등은 충돌 시 부상을 예방·완화할 수 있는 마감재를 사용하고 있는가? |
| 복도 | 1 | 복도는 통행, 피난 및 방향 전환 등을 하기에 적절한 구조로 되어 있는가? |
| | 2 | 바닥은 턱, 요철 등으로 인한 높낮이 차이 때문에 통행 중 쉽게 넘어지거나, 미끄러지지 않는가? |
| | 3 | 바닥 마감재는 미끄럽지 않고 평탄하게 설치되어 있는가? |
| | 4 | 피난유도등, 피난유도표지 등은 사람들이 쉽게 인지할 수 있도록 설치되어 있는가? |
| | 5 | 복도에 통행 및 피난을 방해할 수 있는 장애물(의자, 자판기, 공중전화 등) 및 돌출물(못, 철물)이 있지 않은가? |
| 계단 | 1 | 계단에 통행 및 피난에 방해가 될 수 있는 장애물이 있지 않은가? |
| | 2 | 각 디딤판의 끝부분에는 미끄럼을 방지할 수 있는 논슬립(Non-slip)이 설치되어 있는가? |
| 화장실 | 1 | 바닥은 넘어짐이나 미끄럼 등을 방지할 수 있는 재질로 설치되어 있는가? |
| | 2 | 화장실에 설치된 전기설비에는 보호 덮개가 설치되어 있는가? |
| 양호실 | 1 | 비상구급약은 마련되어 있는가? |
| | 2 | 상주 인원 부재 시 비상연락이 가능한 연락망은 게시되어 있는가? |
| 엘리베이터 또는 에스컬레이터 | 1 | 정기적인 보수점검이 체계적으로 이루어지고 있는가? |
| | 2 | 적재중량, 비상시 연락이 가능한 벨 등 각종 안전장치의 작동 상태는 양호한가? |
| 옥외 구조물 | 1 | 시설 및 구조물의 설치 상태나 안전망의 설치 상태 등은 양호한가? |
| | 2 | 안전수칙 및 위험경고 표시가 부착되어 있는가? |
| 기계, 전기 및 가스 | 1 | 전기안전관리자의 책임 아래 전기시설을 적절히 관리하고 있는가? |
| | 2 | 보일러를 포함한 냉·난방기기는 관련 법규에 따라 검사를 받고 있는가? |
| | 3 | 가스시설의 누설 체크는 관련 법규에 따라 실시하고 있는가? |
| 소방 | 1 | 소화기의 위치가 표시되어 있는가? |
| | 2 | 소화기의 충전량은 적정한가? |
| | 3 | 소화전 수압 호스의 연결 상태는 양호한가? |

건축

| 구 분 | | 번호 | 항목별 |
|---|---|---|---|
| 건<br>축 | 소방 | 4 | 스프링쿨러 배관 및 밸브는 정상적으로 작동하는가? |
| | | 5 | 유도등은 정상적으로 작동하는가? |
| | | 6 | 자동화재탐지설비의 감지기는 정상적으로 작동하는가? |
| | | 7 | 사용하고 있는 전원이 차단될 경우 비상전원은 정상적으로<br>작동하는가? |
| | | 8 | 완강기 및 피난사다리의 설치 상태는 양호한가? |
| | | 9 | 위험물 저장시설에는 외부인이 출입할 수 없도록 통제하고<br>있는가? |
| | | 10 | 위험물 저장시설의 차광 및 환기 상태는 양호한가? |
| | | 11 | 화기시설과 가연성 물질 사이에 안전거리를 확보하고 있는가? |

그 밖에 시설물 사용 안전을 위해 체험활동 등 프로그램 참여 시 인증수련활동 확인 후 참여를 권장하고 있으며, 상해·안전보험에 의무 가입하도록 하고 있다. 안전관리 책임자로 기관장을 지정하여 비상약품, 구호설비 구비 운영, 상시 안전관리체계 점검, 응급 및 재난 상황 대응 총괄, 응급 환자 이송 방안 마련, 유관기관(소방서, 경찰서, 보건소, 병원) 연계체계 구축 등의 역할을 담당하게 하고 있으며 필요시 수련시설 안전관리 책임자 외 방과후아카데미별 안전관리책임자 추가로 지정할 수 있도록 하고 있다.


## 제3장 온종일 돌봄 기관별 인력 운영 현황

4개 온종일 돌봄 기관별 인력구조 및 역할, 배치 기준 등 개요를 보면, 기관 총괄자, 전담자 역할, 배치 기준 등 모든 측면에서 기관별 차이가 있는 것으로 나타나고 있다.

〈표 3-10〉 온종일 돌봄 기관별 인력 구조·역할·배치 기준 등 실태

| 구 분 | | 초등 돌봄교실 | 다함께돌봄센터 | 지역아동센터 | 청소년방과후 아카데미 |
|---|---|---|---|---|---|
| 관련 인력 | 기관 총괄자 등 | -교장<br>-교감, 담당교사 | (-센터장) | (-시설장) | -운영기관 기관장<br>-운영기관 실무책임자 |
| | 전담자 | -돌봄전담사 | -센터장<br>-돌봄선생님 | -시설장<br>-생활복지사 | -팀장<br>-담임 |
| | 기타 | -프로그램 강사<br>-돌봄봉사인력 등 | -프로그램 강사<br>-돌봄봉사인력 등 | -영양사<br>(50인 이상시)<br>-기타 지원 인력 등 | -영양사<br>(50인 이상시)<br>-기타 지원 인력 등 |
| 전담자 역할 | | -학생 관리, 돌봄교실 관리, 연간·월간·주간 운영 계획 작성, 프로그램 관리, 개인활동 관리, 간식 및 급식 준비·제공·사후처리, 돌봄교실 관련 업무 추진 및 협조, 예산 편성·집행·결산·보고 등<br>-업무 및 역할은 시·도교육청별 조례 및 지침, 학교 실정 및 돌봄전담사의 고용 형태(무기직, 기간제) 등에 따라 조정 가능 | -시설관리, 기간별 운영계획 수립, 프로그램 운영관리, 아동 출결관리, 생활·안전·귀가지도, 급·간식 제공, 기타 센터 관련 업무 협조 등<br>-센터장 및 돌봄선생님의 각 업무 및 역할은 센터 운영 여건 및 특성 등에 따라 지방자치단체의 장이 결정 | -시설장: 시설 운영 관리(안전관리 포함) 등<br>-생활복지사: 프로그램 운영, 출결관리, 시설 건강·급식·위생 관리 등 | -팀장: 사업 총괄, 사업 운영 및 프로그램 기획, 환경분석 및 사업점검 및 환류, 지역연계협력, 사업성과관리, 안전관리 등<br>-담임: 프로그램 기획지원, 보충학습지원 및 동아리, 프로젝트 활동 등, 상담 및 생활기록·관리, 급식 지원, 문서작성 및 운영지원 등 |
| 전담자 배치 기준 | | -시·도별 상이(평균적으로 오후돌봄의 경우, 1실 당 돌봄전담사 1명) | -센터장 1인<br>-상근 돌봄선생님 1인(상시돌봄 아동 20명 기준) | -시설장 1인<br>-생활복지사 아동 10명 이상 30명 미만의 경우 1명, 30명 이상의 경우 2명(아동 50명 초과시 1명 추가) | -팀장 1인(아카데미 1개소의 최대 이용 인원 60명)<br>-담임 1개반(평균 아동 30명) 당 1인 |
| 전담자 고용 형태 기준 | | -학교회계직(무기계약직 또는 계약직)<br>-민간위탁 직원 (간접고용) | 정규직 또는 비정규직 | 정규직 | 정규직 또는 계약직 cf)단계별로 정규직 전환 확대 중 |

| 구 분 | 초등 돌봄교실 | 다함께돌봄센터 | 지역아동센터 | 청소년방과후 아카데미 |
|---|---|---|---|---|
| 전담자 수 | 총 11,635명[6]<br>-무기계약직 11,391명<br>-기간제 244명 | 총 523명[7]<br>-센터장 164명<br>-돌봄선생님 295명<br>-추가인력 64명 | 총 9,495명[8]<br>-시설장 4,138명 (43.6%)<br>-생활복지사 5,357명 (56.4%) | 총 905명[9]<br>-팀장 310명<br>-담임 595명 |

## 1. 초등 돌봄교실

초등 돌봄교실은 학교가 운영 주체로서 「초·중등교육법」 상 학교시설의 하나에 해당한다. 초등 돌봄교실의 책임자는 학교의 장이 되고, 교장을 보좌하며 교무를 관리하는 교감 그리고 초등 돌봄교실 업무가 포함되어 있는 방과후학교 업무를 분장받은 담당교사(규모가 큰 학교의 경우, 방과후학교부가 설치되고 방과후학교 담당교사와 돌봄업무 담당교사를 별도로 두기도 함)[10]도 학교에서 초등 돌봄교실을 실질적으로 책임지는 주체가 된다. 이들은 초등 돌봄교실 업무를 전담하는 것이 아니라 학교의 관리자 또는 교원으로서 다수의 담당업무(학교 운영, 교과 교육 등 학생 교육활동) 중 하나로 관련 업무를 처리한다.

일반적으로는 교원이 초등 돌봄교실의 프로그램을 운영하지 않지

---

6　교육부(2020. 6). 내부 자료(2019년 4월 30일 기준).

7　아동권리보장원(2020. 4. 10.). 내부 자료.

8　보건복지부(2019. 7). 2018년 말 기준 전국 지역아동센터 통계조사보고서.

9　여성가족부(2020. 6). 내부 자료.

10　길라잡이에 따르면, 교원의 경우 돌봄 업무와 방과후학교를 별도로 하여 업무분장할 것을 권장하고 있음(17개 시도교육청·한국교육개발원, 2019: 23).

만, 방과후학교 연계형 돌봄교실 그리고 그밖에 프로그램 운영을 위한 외부 강사의 지원이 없는 특기적성 프로그램의 경우에는 학교운영위원회의 심의를 거쳐 해당 학교의 교원이 참여할 수 있다. 이때는 시·도교육청 기준에 따라 수당 수령도 가능하다(17개 시도교육청·한국교육개발원, 2019: 91-92).

초등 돌봄교실 업무를 전담하는 대표적인 인력은 '돌봄전담사'이다. 초등 돌봄교실은 초기에 '방과후 초등보육교실', '방과후 종일돌봄교실' 등 다양하게 불리다가 2010년 현재의 명칭으로 통합되었는데, 이와 함께 인력의 명칭도 '초등보육교사' 또는 '돌봄강사' 등으로 불리다가 2014년 교육부의 돌봄매뉴얼에 의해 처음으로 '돌봄전담사'라는 호칭으로 자리매김하였다. 교육법 상 '교사'라는 명칭은 '교원임용고시'를 통과한 교원에게만 적용된다는 원칙을 근거로 이들을 교사와 차별화하기 위해 '돌봄전담사'라는 명칭을 사용하고 있는 것이다(김현미·신지원, 2016: 148).

돌봄전담사는 '학생의 돌봄 및 보호, 안전관리, 프로그램 관리와 교실 관리, 기타 돌봄교실 관련 업무 등을 전담하는 인력'으로 정의되고 있다. 이들의 주요 역할은 학생 관리, 돌봄교실 관리, 연간·월간·주간 운영계획 작성, 프로그램 관리, 개인활동 관리, 간식 및 급식 준비·제공·사후처리, 돌봄교실 관련 업무 추진 및 협조 등이다(17개 시도교육청·한국교육개발원, 2019: 24). 다만 이와 같은 업무 및 역할은 시·도교육청별 조례 및 지침, 학교 실정 및 돌봄전담사의 고용 형태(무기직, 기간제) 등에 따라 조정될 수 있다(17개 시도교육청·한국교육개발원, 2019: 144). 한편, 초등 돌봄교실이 설치된 학교는 모든 업무에 있어 교사가 중심이 되고 있는데, 돌봄전담사는 교사가 아닌 학교회계직원 신분으로 학교에 대하여 돌봄교실 운영에 필요한 지원을 요청하거나 개선 방안을 제시하는 데 그치고 있어 학교의 특별실 등 다양한 물적 자원을 적극적으로 활용하는 데 한계가 있을 수 있다(구슬이, 2014: 53)는 문제 제기에 귀를 기울일 필요가 있다.

초등 돌봄교실의 전담자인 돌봄전담사의 배치 기준은 시·도마다 차이가 있다. 평균적으로는 오후돌봄의 경우, 1실(평균 20명)[11]당 돌봄전담사 1명이 배치 기준이다. 학교 단위에서는, 전일제 돌봄전담사 1명이 기본이며, 돌봄교실이 1개 추가됨에 따라 시간제 돌봄전담사가 1명 증가하는 형식을 취하고 있다. 돌봄전담사는 크게 학교와 근로계약을 맺는 학교회계직원과 민간회사에 소속되어 있으면서 민간위탁에 의해 초등 돌봄교실에서 근무하게 되는 위탁직원으로 구분된다. 학교회계직원은 근로 기간에 따라 다시 무기계약직으로 전환된 '교육공무직원'과 그 밖의 계약직원으로 구분된다.

2017년 기준으로 전체 돌봄전담사 10,237명 중 6,836명이 무기계약직이었으며, 기간제는 3,401명이었고, 민간위탁 등 기타가 570명으로 나타났다(김진석 외, 2018: 22). 한편, 2019년 4월 기준으로 전체 돌봄전담사 현황을 보면 전체 11,635명의 전담사 중 11,391명이 무기계약직이고 기간제는 244명이다(교육부, 2020). 이와 같은 통계치는 돌봄전담사의 고용 형태가 무기계약직 체제로 빠르게 전환하고 있음을 보여주고 있다.

초등 돌봄교실의 경우, 돌봄전담사 외에도 일시적으로 프로그램, 특히 돌봄교실의 단체활동 프로그램을 제공·운영하는 프로그램 강사가

---

11  참고: 「영유아보육법 시행규칙」상 보육교사 1인당 영유아 수 20명 원칙.

별도로 있으며, 경우에 따라서는 대학생, 학부모, 지역인사, 교육기부자 등이 돌봄봉사인력으로 지원을 하기도 한다. 돌봄교실의 단체활동 프로그램을 지도하는 강사를 '단체활동 지도강사'라고 부르는데, 이들 단체활동 지도강사와 관련된 제반 관리 및 행정 처리는 방과후학교 프로그램 위탁강사 부분을 준용하여 진행한다(17개 시도교육청·한국교육개발원, 2019: 29).

방과후학교 연계형 돌봄교실의 경우, 교육기부자, 자원봉사자, 교원, 학부모 등 학교의 여건별로 다양한 인력을 활용할 수 있으며, 별도의 자격 제한은 없으나 가급적 학생 교육활동과 관련된 경험이 풍부한 인력이 활용된다. 즉 돌봄교실에 있어서 돌봄봉사인력은 돌봄교실과 관련된 업무를 지원·보조하는 인력으로 주로 대학의 봉사활동 과목과 연계하는 대학생 봉사활동 그리고 대학생 교육기부단 등과 같은 교육기부 그리고 학부모 및 지역인사들을 통해 확보한다. 이러한 돌봄봉사인력의 역할은 간식 및 급식 준비 및 사후처리 지원·보조, 생활지도 지원·보조, 안전관리 지원·보조, 야간순찰 지원·보조, 귀가 지원·보조, 필요한 경우 학생 개인활동 보조 및 단체활동 지원·보조 등, 그 외 돌봄교실 운영에 필요한 업무 지원·보조 등이다(17개 시도교육청·한국교육개발원, 2019: 28-29).

## 2. 다함께돌봄센터

다함께돌봄센터의 관련 인력은 센터장과 돌봄선생님으로 구성된다. 센터장이 다함께돌봄센터를 총괄 관리하는 자라고 한다면, 돌봄선생님은 아동의 돌봄 업무를 전담으로 하는 자라고 할 수 있다. 이들은 다함께돌봄센터 시설관리, 기간별 운영계획 수립, 프로그램 운영관리, 아동 출결관리, 생활·안전·귀가지도, 급·간식 제공, 기타 센터 관련 업무 협조 등의 업무를 담당한다. 센터장 및 돌봄선생님의 각 업무 및 역할은 센터 운영 여건 및 특성 등에 따라 지방자치단체의 장이 정한다(보건복지부, 2020a: 47).

아울러 다함께돌봄센터는 이들 외에 보다 다양한 지역의 인적 자원을 추가로 활용하여 돌봄 서비스를 제공하고자 노력하고 있다. 배치 기준을 보면, 상근의 총괄관리인 센터장 1명과 '상시 돌봄 아동 20명 기준'으로 상근 돌봄선생님 1인이 배치됨이 원칙이다(복지부, 2020a: 55). 상근의 전일제 돌봄선생님의 경우에는 지자체와 이용 아동 수·운영시간 등 센터 상황을 고려하여 시간제 돌봄선생님 2인으로 구성 등 탄력적 배치의 운영이 가능하다. 이는 지역 내의 보다 다양한 인적 자원을 분야별 배치 등을 통해 폭넓게 활용하여 서비스를 제공하기 위함이다.

동 시간대 상시 돌봄 아동(20명)을 기준으로 1명의 돌봄 필수인력을 배치하여야 하며, 아동의 안전을 고려하여 돌봄 서비스를 제공하는 시간 동안은 센터장, 돌봄선생님, 자원봉사자 등을 포함하여 가급적 2명이 상주하여야 한다(복지부, 2020a: 55). 실제에 있어서는 센터장 1명과 2인의 시간제 돌봄교사 체제가 가장 일반적이며(2018 다함께돌봄사업 사례집), 서울의 경우도 20명 이상의 아동이 있는 경우 센터장 1명, 상근 돌봄선생님 1명에 더하여 상근 코디 1명 또는 시간제 돌봄선생님 2명이 근무하는 형태가 보편적이다.

종사자 현황을 살펴보면, 전국 173개소에 총 523명이 근무하여 센터당 평균 3명이 근무하는 것으로 확인되었다(아동권리보장원, 2020. 4. 10).

지역별 종사자 평균의 경우, 강원도와 경북이 평균 4명으로 가장 많았고 다음이 충남 3.5명이었던 반면에 울산(2.3명), 부산 및 충북(2.4명)은 상대적으로 적은 것으로 나타났다. 추가 인력을 제외한 돌봄선생님의 경우로 한정하면 대구, 광주, 세종, 경북이 각각 2.0명으로 가장 많았으며, 울산, 경남은 1.3명으로 적게 나타난다(아동권리보장원, 2020. 4. 10.).

〈표 3-11〉 다함께돌봄센터 종사자 현황

| 구분 | 전체 종사자 | | 센터장 | 추가 인력 | | 추가 인력 | |
|---|---|---|---|---|---|---|---|
| | 인원 | 종사자 평균 | 인원 | 인원 | 종사자 평균 | 인원 | 종사자 평균 |
| 전체 | 523 | 3.0 | 164 | 295 | 1.7 | 64 | 0.4 |
| 서울 | 191 | 3.2 | 56 | 108 | 1.8 | 27 | 2.2 |
| 부산 | 19 | 2.4 | 7 | 12 | 1.5 | - | - |
| 대구 | 3 | 3.0 | 1 | 2 | 2.0 | - | - |
| 인천 | 11 | 2.8 | 4 | 6 | 1.5 | 1 | 0.25 |
| 광주 | 6 | 3.0 | 2 | 4 | 2.0 | - | - |
| 대전 | 5 | 2.5 | 2 | 3 | 1.5 | - | - |
| 울산 | 14 | 2.3 | 6 | 8 | 1.3 | - | - |
| 세종 | 8 | 2.7 | 2 | 6 | 2.0 | - | - |
| 경기 | 86 | 2.8 | 29 | 53 | 1.7 | 4 | 0.1 |
| 강원 | 44 | 4.0 | 11 | 19 | 1.7 | 14 | 1.3 |
| 충북 | 22 | 2.4 | 9 | 13 | 1.4 | - | - |
| 충남 | 14 | 3.5 | 2 | 7 | 1.8 | 5 | 1.3 |
| 전북 | 34 | 2.8 | 12 | 20 | 1.7 | 2 | 0.2 |
| 전남 | 20 | 2.9 | 7 | 11 | 1.6 | 2 | 0.3 |
| 경북 | 28 | 4.0 | 7 | 14 | 2.0 | 7 | 1.0 |
| 경남 | 18 | 2.5 | 7 | 9 | 1.3 | 2 | 0.3 |

출처: 아동권리보장원, 2020. 4. 10.

## 3. 지역아동센터

　지역아동센터의 관련 인력은 일반적으로 시설장과 생활복지사로 구성되며, 아동 수가 50인 이상일 경우 영양사가 추가되고, 기타 지원 인력이 있다. 시설장이 안전관리를 포함한 시설 운영관리 등의 업무를 담당한다면, 생활복지사는 프로그램 운영, 출결관리, 건강·급식·위생 관리 등을 담당한다. 「아동복지법」 제57조는 '아동복지시설의 장의 의무'에 대해 "아동복지시설의 장은 보호아동의 권리를 최대한 보장하여야 하며, 친권자가 있는 경우 보호아동의 가정 복귀를 위하여 적절한 상담과 지도를 병행하여야 한다"고 규정하고 있다.

　「아동복지법」 제54조는 제1항에서 "아동복지시설에는 필요한 전문인력을 배치하여야 한다"고 규정함에 이어 제2항에서 종사자의 직종과 수, 그 자격 및 배치 기준은 대통령령으로 정하도록 하고 있는바, 동법 시행령 제52조 및 별표14에 따른 지역아동센터 종사자의 직종·수 및 배치 기준은 다음과 같다.

〈표 3-12〉 지역아동센터 배치 기준

| 시설별 | 직종별 | 아동복지<br>시설의 장 | 영양사 | 생활복지사 |
|---|---|---|---|---|
| 지역<br>아동<br>센터 | 아동<br>30명 이상 | 1명 | 1명<br>(아동 50명 이상인<br>경우만 해당함) | 2명<br>(아동 50명 초과시<br>1명 추가) |
| | 아동 30명 미만<br>10명 이상 | 1명 | | 1명 |

주: 「아동복지법 시행령」 별표 14(아동복지시설 종사자의 직종·수 및 배치기준)의 일부임

구체적으로 살펴보면, 전술한 것과 같이 지역아동센터의 주요 인력은 시설장과 생활복지사인데 이들은 각 센터별로 최소 1명 이상 각각 배치되어야 한다. 생활복지사의 경우 수용 아동이 30명 이상일 때는 2명이 배치되어야 하고 이후 아동 50명이 초과될 때마다 1명씩 추가 배치되어야 하며, 수용 아동이 50명 이상 넘으면 이들 외에 영양사 1명이 필요하다. 과거에는 10명 미만의 아동을 수용하는 지역아동센터도 신고가 가능하였는데, 이 경우에는 시설장 1명이 생활복지사 없이 전담하기도 하였지만, 2012년 8월부터는 10인 미만의 수용 센터는 허용되지 않고 있다. 다만 그 이전에 신고된 10명 미만의 지역아동센터는 시설장만이 전담인력으로 배치되어 있기도 한다.

종사자 배치 기준을 충족하지 못하는 경우, 미충족이 발생한 달의 다음 달부터 종사자 배치 기준을 충족하는 달의 전달까지 인건비에 해당하는 보조금 교부를 중지하고 있다. 종사자의 갑작스러운 (질병 등)휴직, 사망, 퇴사로 인한 일시적인 미채용, 지역적 특성 등으로 인한 종사자 미채용 등 부득이한 사유로 일시적으로 채용이 이루어지지 않은 경우는 일정기간(농어촌 3개월, 도시 1개월 내) 보조금 중지의 유예가 가능하다. 다만 일정기간 유예 이후에도 채용이 이루어지지 않은 경우이나 시·군·구청장이 연장이 필요하다고 인정한 경우 농어촌은 3개월 내, 도시는 1개월 내에서 1회 연장 가능하다(보건복지부, 2020b: 141).

2018년 말 기준으로 지역아동센터 종사자는 총 9,495명이며 이들은 시설장 4,138명(43.6%)과 생활복지사 5,357명(56.4%)으로 구성되었는데 남녀 비율을 보면 여자가 84.9%로 압도적으로 많은 것으로 나타나고 있다(보건복지부, 2019: 58-59). 지역별로 보면 경기 1,848명(19.5%), 서울 1,067명(11.2%), 전남 840명(8.8), 광주 688명(7.2%) 순으로 종사자가 많았다. 시설장 중 고용된 시설장인 경우는 2,368명(57.2%), 설치자 겸 시설장은 1,770명(42.8%)으로 조사되었다(보건복지부, 2019: 80). 종사자 외의 기타 인력을 살펴보면, 정부지원 인력은 총 16,897명이며, 그중 아동복지 교사는 6,529명(38.6%), 사회복무요원은 3,178명(18.8%), 기타 일자리 지원은 7,190명(42.6%)으로 조사되었다(보건복지부, 2019: 83-84).

시·도별 정부지원 인력은 경기지역이 3,121명(18.5%)으로 가장 많으며, 다음으로 서울 1,633명(9.7%), 전남 1,483명(8.8%) 순으로 나타났다. 민간기업체 또는 사회복지재단 및 비영리민간단체 등을 통해 지원되는 민간 지원 인력은 총 2,183명으로, 시·도별로는 경기지역이 339명(15.5%), 서울이 267명(12.2%) 순으로 많게 나타났다. 자원봉사자는 총 94,765명으로, 경기지역이 17,564명(18.5%)으로 가장 많으며, 다음으로 서울 10,484명(11.4%), 전남 7,618명(8.0%) 순이다. 프로그램 강사는 총 15,253명으로, 경기지역이 3,007명(19.7%)으로 가장 많았고, 서울 1,843명(12.1%), 전남 1,160명(7.6%) 순으로 나타났으며, 그 외 인력은 3,215명으로 조사되었다(보건복지부, 2019: 83-84).

외부기관의 인력 지원 여부를 좀 더 자세히 살펴보면, 2018년 말 기준으로 전체 4,211개소 중 7.88%에 해당하는 332개소의 센터에서 총 1,534건의 인력을 지원받고 있다(보건복지부, 2019: 33-34). 총 지원된 인력 수는 8,583명으로 1센터당 평균적으로 연간 총 28명 정도이며, 1건당 평균 5.9명을 지원받은 것으로 나타났다. 인력 지원기관의 종류로는 비영리법인(456건, 2,143명 지원), 민간단체(420건, 2,259명 지원), 공공기관(360건, 1,991명 지원), 국가기관(187건, 1,519명), 영리법인(100건, 615명 지원) 등의 순이다. 인력 지원종류별로 보면, 총 1,534건 중 프로그램 강사를 지원받은 센터가 223개소, 726건(47.3%)으로 가장 많았으며, 총 지원된 강사 수는 1,640명으로 연간 평균 7.4명, 건당 2.4명으로 조사되었다. 가장 많은 인력을 지원받은 종류는 자원봉사자로 1센터당 연간 약 29명 정도가 지원된 것으로 나타났으며, 기타 항목에는 학습지원, 급식보조 인력, 돌봄 교사, 심리상담 등과 관련하여 인력을 지원받은 경우가 포함되었다(보건복지부, 2019: 33-34).

〈표 3-13〉 인력 지원 종류별 현황(지역아동센터)                     (단위 : 개소, 건(%), 원)

| 구 분 | | 센터 수 (중복응답) | 지원건수 (%) | 총 지원 인력 수 | 건당 평균 지원 인력 수 | 센터당 연간 지원 인력 수 |
|---|---|---|---|---|---|---|
| 인력 지원 종류 | 전체 | 332 | 1,534 (100.0) | 8,583 | 5.9 | 28.0 |
| | 프로그램 강사 | 223 | 726 (47.3) | 1,640 | 2.4 | 7.4 |
| | 자원봉사자 | 190 | 431 (28.1) | 5,453 | 12.9 | 28.7 |
| | 기타 | 169 | 377 (24.6) | 1,490 | 4.3 | 9.3 |

\* 센터당 최대 30건까지 조사되며, 개인지원은 조사 대상에서 제외됨
\*\* 지원받고 있으나 지원 인력 수 미작성한 경우 평균 산출시 제외됨(센터 수 및 건수 포함)
출처: 보건복지부, 2019: 33.

## 4. 청소년방과후아카데미

청소년방과후아카데미의 관련 인력은 크게 방과후아카데미가 설치된 기관 관련자, 방과후아카데미 전담자, 그리고 기타 지원인력으로 구분할 수 있으며, 이들의 역할을 간단히 살펴보면 다음과 같다.

청소년방과후아카데미에는 기관(아카데미 1개소의 최대 이용인원 60명)당 1명의 운영책임자인 '팀장'을 전담 배치하여 사업 운영의 총괄 및 지원을 담당하도록 하며, 평균 아동 20명 기준인 1개 반에 1명의 '담임'을 배치하여 해당 반의 실무지도자로서 보충학습 지원과 자기개발

〈표 3-14〉 청소년방과후아카데미 인력 구성

| 구 분 | 운영기관 대표자 | 운영기관 실무책임자 |
|---|---|---|
| 기관<br>담당자<br>역할 | • 사업 총괄<br>• 사업 기획 | • 사업 기획<br>• 운영 총괄<br>• 조직 운영<br>• 사업비 총괄<br>• 지역 자원 활용 계획수립 및 연계 |
| | **팀장** | **담임** |
| 전담자<br>역할 | • 안전관리 책임자<br>• 운영방안 및 프로그램 기획<br>• 수요조사·만족도 조사 및 분석<br>• 모집률 제고 방안 마련<br> (지자체 협조)<br>• 운영 방안, 강사관리 및 일정 관리<br> 행정 업무<br>• 자원 활동가 관리<br>• 지역자원 활용·관리<br>• 홍보계획 수립·추진<br>• 업무전반 관리, 보고 | • 반별 청소년지도<br>• 생활면담 및 생활지도<br>• 보충학습 및 체험활동 지원<br>• 부모(보호자) 상담<br>• 청소년 상담 및 개별지도<br>• 프로그램별 자료사진 촬영 및 정리<br>• 문서작성 및 운영지원 |
| | **강사** | **자원봉사자** |
| 기타<br>지원<br>인력<br>역할 | • 지정 프로그램 지도<br>• 개별 기본학습 능력 평가<br>• 교육 내용 협의<br>• 참여 청소년 개인별 관찰일지 작성 | • 사업지원<br>• 생활지도<br>• 학습지도<br>• 보조교사<br>• 주말체험 보조 |

출처: 여성가족부·한국청소년활동진흥원, 2020: 53.

활동, 상담, 생활기록·관리, 급식 지원 등 아이들을 직접 지도·관리하
도록 하고 있다.[12] 담임은 일반청소년의 경우 20명 당 1명 배치를 기
준으로 하지만 농·산·어촌 등 청소년 수가 적은 지역의 경우 청소년
15명 당 담임 1명을 배치하도록 하고 있으며, 특별형은 참가 청소년의
특수성을 고려하여 다문화형 15명, 장애형 10명 당 1명을 배치하도록

12  2018년 기준으로 기존의 PM은 '팀장'으로, SM은 '담임'으로 명칭이 변경되었음.

하고 있다(길은배, 2016a: 207).

이러한 기준에 따라 청소년방과후아카데미에는 일반적으로 1명의 팀장과 2명 내지 3명 정도의 담임이 배치되어 있으며, 2020년 현재 팀장 310명, 담임 595명 등 총 905명의 전담인력이 근무 중이다(여성가족부, 2020). 팀장은 방과후아카데미 총괄, 운영방안 및 프로그램 기획, 수요조사 및 만족도조사 분석, 지역 맞춤형 홍보계획 수립, 모집률 제고 방안 마련, 안전관리 총괄, 일정관리, 운영 지원의 역할을 수행한다. 담임은 운영 방안 및 프로그램 기획지원, 보충학습지원 및 자기개발활동, 상담 및 생활기록·관리, 문자메시지·급식 지원, 문서작성 및 운영지원의 역할을 수행하고 있다. 팀장이 휴직 등으로 인한 공백 시 담임을 팀장 직무대리로 지정 가능하며, 이 직무대리 기간 동안 급여 차액을 직무대리 수당으로 지급하고 있다(여성가족부, 2020).

프로그램에 따라서는 외부 프로그램 강사가 별도로 있기도 하며, 필요할 경우에는 지방자치단체에서 공익근무요원 등 별도의 보조인력을 배치할 수도 있으며, 기타 자원봉사자 등도 활용 가능하다. 직영시설의 경우에 전담인력은 주로 공무직 또는 시간선택제임기제[13] 공무원으로 채용할 수 있다.

2018년 부터 「기간제 및 단시간근로자 보호 등에 관한 법률」 및 「공공기관의 비정규직 근로자 정규직 전환 가이드라인」(고용노동부, '17. 7월)에 따라 단계별로 정규직 전환 추진 중이며(1단계:'18. 지자체 직영, 2단계: '19. 지자체 출연 및 출자기관), 소요예산은 소관 지자체 또는 채용권자가 부담하도록 하고 있다. 위탁기관 종사자의 경우에도 동일 처우 원

---

13  단, 시간선택제임기제의 경우 1일 최소 7시간 미만으로 채용할 수 없음.

칙에 따라 기관별로 정규직 전환을 권고하고 있다(여성가족부, 한국청소년활동진흥원, 2020 : 31).

청소년아카데미의 경우, 많은 프로그램들이 외부 강사인력을 통해 운영되는바, 외부 강사인력의 확보 및 관리가 중요하다(여성가족부·한국청소년활동진흥원, 2020 : 164). 이에 따라 활동 부문에서는 각 분야 전문기능 수행 가능자 인력풀 구성과 함께 지역사회 문화예술인·체육인 등 전문인력 활용에 노력하고 있다. 학습 부문에서는 해당 교과 전공자(대졸, 대학원생 등) 또는 해당 교과목 지도 경력이 있는 자로 지역 내 인력풀을 구성·운영하면서 주부·퇴직교사 등 자원 개발 및 연계를 위해 애쓰고 있다. 강사 채용 시, 성범죄 및 아동학대 관련 범죄경력 조회와 채용시 고용근로계약서, 이력서, 경력증명서, 자격증 등 강사진 현황 작성 비치는 의무사항이다(여성가족부·한국청소년활동진흥원, 2020: 164).

지역사회 자원봉사 인력 발굴 및 연계도 중요한데, 지역 대학교와 연계하여 대학생 자원봉사인력을 발굴·활용하고 있다(여성가족부·한국청소년활동진흥원, 2020: 164). 자원봉사인력에 대해서는 교통비 및 식비 명목으로 일비 수준(1일 금 20,000원 이내)에서 수당을 지급할 수 있으며(단, 행정운영비에서만 지급 가능), 그밖에도 지역 내 기업·공공기관·사회단체·군부대·경찰 등과 협력하여 자원봉사인력 발굴·활용이 가능하다. 자원봉사인력들은 주로 학습, 귀가지도, 급식지도, 상담지원, 건강지원, 특강 분야 등을 담당하는데 보충학습지원(숙제, 독서 등) 등 운영인력이 담당하는 프로그램의 경우는 지역 인프라를 활용하여 운영하되, 필요시 프로그램 운영에 필요한 재료비는 구입이 가능하다(자산취득성 불가, 여성가족부·한국청소년활동진흥원, 2020: 164).

또한 필요시 지방자치단체에서 별도 공익근무요원 등 보조인력 배치가 가능한데(여성가족부·한국청소년활동진흥원, 2020: 164), 이들 자원봉사자들의 경우에는 활동에 참여하기 전에 방과후아카데미 사업의 특성, 봉사활동 담당 업무, 자원봉사자 활동수칙 등 필요한 정보를 제공하는 교육을 실시하거나 다른 기관에서 운영하는 전문가 초청 강연회, 세미나, 연수, 행사 등 다양한 형태의 교육이나 프로그램에 참여할 수 있는 기회를 제공할 수 있다. 또한 성폭력 예방교육, 아동학대 예방교육 등 다양한 교육의 경우 정부부처에서 제공하는 온라인 강의를 활용하여 교육이 가능하다(여성가족부, 한국청소년활동진흥원, 2020: 143).

# 제4장 고용

온종일 돌봄 기관에 종사하는 인력의 채용 방식, 임면보고, 근무시간 및 겸임제한 등 고용 관련 실태를 종합한 결과는 〈표 3-15〉와 같다. 구체적인 내용은 돌봄 기관별로 기술하였다.

〈표 3-15〉 온종일 돌봄 기관별 고용 실태

| 구 분 | 초등 돌봄교실 | 다함께돌봄센터 | 지역아동센터 | 청소년방과후아카데미 |
|---|---|---|---|---|
| 채용 방식 | -시·도교육청 채용 절차에 의한 공개 모집 원칙<br>-단, 기존 돌봄전담사의 특별휴가 등에 의한 대체인력 채용시 교육(지원)청 및 학교 단위의 인력풀 활용 가능 | -공개모집 원칙(서류심사 및 면접 등) | -공개모집(단, 순환직 직원의 경우 예외 가능)<br>cf) 설치·운영자는 계약서 상 종사자와 직접 근로·고용 계약을 맺어야 함. | -공개채용<br>*예외적으로 기존 인력의 재배치 시에도 겸직(중복 업무) 금지 |

| 구 분 | 초등 돌봄교실 | 다함께돌봄센터 | 지역아동센터 | 청소년방과후 아카데미 |
|---|---|---|---|---|
| 임면 보고 | 관련 규정 없음 | 시·군·구청장에게 임면 보고 | 시·군·구청장에게 임면 보고 *사회복지시설정 보시스템에 등록 | 관련 규정 없음 |
| 근무 시간 | -시·도별, 학교별· 근로형태별 상이 (단, 일반적으로 무기계약직은 상 근으로 1일 8시 간 이상 근무이 며, 시간제는 1일 4시간 이내임) | -센터장은 상근으 로 1일 8시간 이 상 근무 -돌봄선생님은 서 비스 제공시간 등 에 따라 1일 8시 간 근무 또는 시 간제 근무 가능 | -시설장 및 국고보 조금으로 인건비 를 지원받는 생 활복지사는 상근 으로 1일 8시간 이상 근무 | -종사자들은 상근 (주 40시간 근무) -계약시 업무시간 주 40시간 준수 (급식 및 귀가지 도 시간 포함) |
| 겸임 제한 | 관련 규정 없음(단, 상근 무기계약직은 겸임 제한) | 전임으로 겸임금지 | 시설장은 상근시간 내에 영리 업무는 불가능하나, 시설 운영에 지장을 주지 않는 경우에 비영리 업무는 겸직 가능 | 전임으로 겸직 (중복 업무) 금지 |

## 1. 초등 돌봄교실

초등 돌봄교실의 전담인력들의 채용은 「근로기준법」, 「시·도교육청별 인사관리규정」, 즉 취업규칙에 기반을 둔 '시·도교육청 계획'에 근거하여 이루어진다. 특히, 돌봄전담사는 시·도교육청 채용절차에 의하여 채용하되, 공개모집과 서류심사 및 면접 절차 등을 강화하여 유능한 인재를 발굴·채용할 수 있도록 노력하여야 한다(17개 시도교육청·한국교육개발원, 2019: 24, 114). 대체인력을 충원함에 있어서도 돌봄전담사 채용은 공개모집이 원칙이나, 기존 돌봄전담사의 특별휴가 등으로 대체인력 채용을 위한 공고 기간 등을 확보할 수 없을 경우에 대비하여, 시·도교육청(교육지원청 포함) 및 학교단위의 인력풀을 구축하고 활용할 수 있다.

초등 돌봄교실의 돌봄전담사들의 경우 근무시간은 지역별·근로형태별로 매우 다양하여 주당 15시간 미만부터 40시간 이상까지 그 분포의 폭이 넓다. 겸임 제한 관련 규정은 별도로 없지만, 상근으로서 1일 8시간 이상 근무해야 하는 무기계약직, 즉 교육공무직의 경우에는 겸임이 제한되는 것으로 보아야 할 것이다. 돌봄전담사 중 무기계약직으로 전환된 경우 외에 외주 위탁과 기간제 계약직의 경우에는 근로계약 시간이 주 15시간 미만이 많아 무기계약직 전환 요건을 처음부터 충족시킬 수 없는 경우도 적지 않은 것으로 나타나고 있다.

## 2. 다함께돌봄센터

다함께돌봄센터의 센터장 및 돌봄선생님의 신규 채용은 공개모집을 원칙으로 하며, 지방자치단체의 자체 규정 등에 따라 서류심사 및 면접 등을 통해 투명하고 공정하게 채용해야 한다. 다만 「사회복지시설관리안내」(2020)의 사회복지시설 종사자 채용 관련 공개모집 원칙 예외사항에 해당하는 경우 예외를 인정하고 있다(보건복지부, 2020a: 49).

센터 운영을 위탁받은 법인 또는 단체가 종사자를 채용한 경우 첨부서류와 함께 사회복지시설정보시스템 등으로 시·군·구청장에게 임면보고하여야 하는바, 그 대상은 대체 종사자를 포함한 종사자 전원이다. 첨부서류로는 공개채용 증빙서류, 인사기록카드, 자격증 사본, 채용신체검사서(공무원채용신체검사서 준용 가능), 결격사유 조회 요청서, 개인정보제공 및 고유식별정보처리 동의서 등 관계된 서류들이다. 종사자의 퇴직, 육아휴직, 출산휴가, 병가 등 사유 발생 시에도 보고하여야 한다(보건복지부, 2020a: 49).

센터장은 상근 의무를 준수하여야 하는바 센터 표준 운영시간을 포함하여 8시간 이상 근무해야 하며, 휴일 기타 근무를 요하지 않은 날을 제외하고 일정한 근무계획 하에 매일 소정의 근무시간 중에 상시 그 직무에 종사하여야 한다. 돌봄선생님은 센터의 돌봄 서비스 제공시간 등에 따라 8시간 근무 또는 시간제 근무가 가능하다. 다함께돌봄센터의 종사자들은 센터장과 돌봄선생님을 가리지 않고 모두 전임으로 채용해야 하며, 사회복지시설을 포함한 다른 시설의 업무를 겸임할 수 없다.

## 3. 지역아동센터

보조금을 지원하는 지역아동센터의 종사자(시설장 및 생활복지사) 신규 채용은 직위에 관계없이 공개모집이 원칙이다. 다수의 사회복지시설을 설치·운영하는 법인에서 각 시설 간에 직원을 순환 배치하는 경우 등 신규 채용이 곤란한 경우에는 공개모집 원칙을 적용하지 않을 수 있다. 지역아동센터의 경우에는 종사자 채용계약 시 준수사항에 따라 사회복지시설을 설치·운영하는 자는 해당 시설에서 근무하는 시설장이나 종사자와 직접 근로·고용계약을 맺어야 한다. 물론 개인인 설치·운영자가 시설장이나 종사자의 지위를 가지는 경우는 예외로 인정한다. 실질적인 채용절차는 시설장이나 법인 관계자 등이 진행을 하는 경우라도 이러한 행위와 계약서 상의 명의는 반드시 시설의 설치·운영자의 명의로 이루어져야 하며, 국가나 지방자치단체로부터 시설의 운영을 수탁한 법인도 해당 시설을 수탁 운영하기 위한 시설장 및 종사자를 직접 고용하는 근로계약을 맺어야 한다. 이와 같이 시설의 설치·운영자와 직접 고용계약을 맺지 않은 종사자에 대해서는 인건비 보조금 교부가 지양된다[14](복지부, 2020b: 65).

종사자 임면보고와 관련하여 지역아동센터의 설치자(대표자)는 대체 종사자를 포함하여 종사자 전원에 대하여 자격조건이 필요한 종사자의 자격 적격성을 확인하고 시·군·구청장에게 임면보고를 하여야 한다. 아울러 친인척 관계인 자의 채용시에 시·군·구에 보고 의무가 있다(복지부, 2020b: 62). 보고 방법은 종사자 채용, 퇴직시에는 근무시작일 또는 퇴사일 이전까지 시·군·구청장에게 보고하고 사회복지시설정보시스템에 등록하는 것이며, 육아휴직, 출산휴가, 병가 등 사유 발생시에는 관할 시·군·구청에게 서면보고한다(복지부, 2020b: 62).

모든 시설장은 상근 의무를 준수해야 하는 바 시설 필수운영 시간을 포함하여 8시간 이상 근무하여야 하며, 국고보조금으로 인건비를 지원받는 생활복지사도 시설의 기본 운영시간인 8시간 동안은 상근해야 한다. 시설장의 상근시간 내 겸직 허용 범위는 공무원에 준하여 관리되는데, 상근시간에 영리 업무는 불가능하며, 비영리 업무는 시설의 운영에 지장을 주지 않는 경우에 한해 겸직 가능하다. 다만 시설장의 경우 공무원과 달리 그 겸직을 허가할 소속기관장이 없으므로 영리 업무 해당 및 시설운영의 지장 여부 등에 대하여 시설장 개인이 그 책임 하에 판단할 사항이지만, 만일 시설장이 판단을 잘못하여 그 겸직 업

---

14  다만, 위의 사항은 현재 시설 관련 고용 실정 등을 고려하여 '21년 6월까지 경과기간을 두어 시정·정비할 수 있도록 지도·감독하고 '21년 7월부터 적용됨(복지부, 2020b: 65).

무가 영리 업무에 해당하거나 시설 운영에 지장이 있는 경우 상근 의무 위반에 해당된다(복지부, 2020b: 63).

종사자들의 근무시간과 관련하여 시설장의 하루 평균 근무시간은 9.5시간으로 나타났으며, 9시간~10시간 미만 근무자가 2,954명 (71.4%)으로 가장 많다. 반면 생활복지사 하루 평균 근무시간은 9.1시간으로, 생활복지사 역시 9시간~10시간 미만 근무자가 4,446명 (83.1%)으로 가장 많으며, 다음으로 8시간~9시간 미만 근무자가 256명(4.8%)으로 조사되었고, 하루 평균 8시간 이상 근무하고 있는 생활복지사는 5,303명(99.1%)으로 나타났다(보건복지부, 2019: 80-81).

## 4. 청소년방과후아카데미

청소년방과후아카데미의 채용은 해당 지방자치단체의 「무기계약 및 기간제근로자 관리 규정」 등에 따르게 되는데, 공개채용이 원칙이다. 운영기관의 기존 인력을 팀장 또는 담임으로 배치할 경우에는 겸직(중복 업무)을 금지하고 팀장 또는 담임 업무만 전담하도록 하여야 한다. 기존 종사자(담임 등)를 팀장으로 바로 배치하거나 특별채용하는 것은 지양해야 하고 공개채용 절차를 경유하여 채용의 공정성을 확보할 것이 요청된다. 팀장의 교체 시에는 사전평가 실시 후 그 결과를 반영함과 함께 업무의 지속성을 감안하여야 한다.

청소년방과후아카데미 종사자들은 상근이 원칙으로서 근무시간을 일일 평균 7~8시간으로 계약 시에 주 40시간의 업무시간을 준수하도록 요구하고 있으며, 관련 근로계약 예시는 다음과 같다(여성가족부, 2020). 외부 기관 업무와의 겸직 또는 중복 업무를 금지함에 더하여 종사자를 외부에서 신규 채용하지 않고 아카데미사업을 위탁 운영하고 있는 청소년 수련시설의 기존 인력을 팀장 또는 담임으로 재배치할 경우에도 겸직이 금지된다.

<br>

〈근로계약 예시〉

- 주말 운영하는 주(주6일) : (일일 7시간 × 5일) + 주말 5시간 = 주 40시간
- 주말 미 운영 주(주5일) : 일일 8시간 × 5일 = 주 40시간

출처: 여성가족부, 2020

<br>

## 제5장 자격·자질

4개 온종일 돌봄 기관별 인력의 자격, 자질에 대한 종합적 정리는 〈표 3-16〉과 같다. 돌봄 기관별 구체적인 내용은 이하에 기술한다.

〈표 3-16〉 온종일 돌봄 기관별 자격·자질 실태

| 구 분 | 초등<br>돌봄교실 | 다함께돌봄센터 | 지역아동센터 | 청소년방과후<br>아카데미 |
|---|---|---|---|---|
| 채용<br>방식 | 유·초·중등 교원 자격증 또는 보육교사 2급 이상 자격 소지자 | -돌봄선생님: 사회복지사(1급, 2급), 보육교사(1급, 2급), 유치원 및 초·중등 학교 교사, 청소년지도사(1급, 2급) 소지자 및 대체 경험자 | -생활복지사: 사회복지사 2급, 유·초·중등 교사 자격증, 보육교사 1급 자격증 소지자 | -담임: 청소년지도사 또는 청소년상담사 자격, 초·중등 교사 자격, 사회복지사 자격, 청소년 육성 관련 학사, 청소년 육성업무 실무경력 1년 이상 |

| 구 분 | 초등 돌봄교실 | 다함께돌봄센터 | 지역아동센터 | 청소년방과후 아카데미 |
|---|---|---|---|---|
|  |  | -센터장: 사회복지사(1급, 2급), 보육교사(1급, 2급), 유치원 및 초·중등학교 교사, 청소년지도사(1급, 2급) 자격증 및 간호사 면허 소지와 함께 사회복지사업·학교 등에서 3년 이상 종사자 | -시설장: 유관분야 자격증(사회복지사 2급 이상, 의사 면허, 정신보건전문요원, 보육교사 1급, 유치원 및 초중학교 교사자격, 직업훈련교사·간호사·영양사 자격) 취득 후 3년 또는 5년의 해당 분야 및 사회복지사업 등 경력자. 그밖에 7급 이상 공무원으로 사회복지사업 행정업무 5년 이상 종사자, 학대아동보호사업기관 3년 이상 근무 경력자 등 | -팀장: 청소년지도사 2급 자격증 소지자, 청소년지도사 3급 자격증 소지 후 청소년 육성 분야 및 방과후 지도 분야 1년 이상 경력 소지자, 초중등 정교사 자격 또는 사회복지사 1급 자격 취득 후 청소년 육성 업무 1년 이상 경력자, 청소년육성 관련 분야 학사학위 이상 소지 후 또는 이와 동등한 수준 이상의 학력이 있다고 인정되는 자로 청소년육성 업무 경력 2년 이상인 자 |
| 결격사유 | -성범죄(아동·청소년의 성보호에 관한 법률 제56조제5항) 경력자<br>-아동학대(아동복지법 제29조의3) 범죄경력자 | -「사회복지사업법」 제35조제2항 및 제35조의2 제2항 등<br>-아동학대범죄 전력 여부 확인 필수 | -「사회복지사업법」 제35조제2항, 제35조의2 제2항 및 「아동복지법」 제17조 및 71조 | -성범죄 및 아동학대 관련 범죄 전력 조회 |
| 자질 | 관련 명문 조건 없음 | 관련 명문 조건 없음 | 관련 명문 조건 없음 | 관련 명문 조건 없음 |
| 모니터링 시스템 | 없음 | 없음 | 없음 | 없음 |

## 1. 초등 돌봄교실

초등 돌봄교실의 경우, 돌봄전담사의 돌봄교실 운영 전문성 확보를 위해 유·초·중등 교원자격증 소지자 또는 보육교사 2급 이상 자격 소지자가 원칙이다. 자격조건에 상당하지 않은 자인 경우 일정 기간 경과 후 자격 취득 또는 소정의 교육이수 등의 조건부 채용이 가능하며, 인력 확보가 어려운 농·어촌 지역 등은 시·도별로 별도의 채용기준 및 절차 마련이 가능하다(17개 시도교육청·한국교육개발원, 2019: 24).

성범죄 및 아동학대 등 범죄경력자의 경우 결격사유가 되며, 관련된 성범죄·아동학대 및 범죄전력 조회의 법적 근거는 다음과 같다. 구체적으로 성범죄의 경우, 「아동·청소년의 성보호에 관한 법률」 제56조 제5항, 「아동·청소년의 성보호에 관한 법률 시행령」 제25조제2항, 「아동·청소년의 성보호에 관한 법률 시행규칙」 제8조가 근거가 되고, 아동학대 관련 범죄의 경우 「아동복지법」 제29조의3, 「아동복지법 시행령」 제26조의5에 법적 근거를 두고 있다(17개 시도교육청·한국교육개발원, 2019: 29).

## 2. 다함께돌봄센터

「아동복지법」 제44조의2제5항은 다함께돌봄센터 종사자의 자격에 관한 사항은 보건복지부령으로 정하도록 하고 있는데, 「아동복지법 시행규칙」은 [별표 1]에서 다함께돌봄센터의 설치 기준 및 운영 기준에 더하여 제3호로 종사자의 자격 기준을 아래와 같이 규정하고 있다.

「아동복지법 시행규칙」 [별표 1]

### '다함께돌봄센터의 설치 · 운영 기준 및 종사자의 자격 기준'

3. 종사자의 자격기준

  가. 다함께돌봄센터의 장은 다음의 어느 하나에 해당할 것

   1) 「사회복지사업법」에 따른 사회복지사로서 1급 또는 2급 자격증을 발급받은 후 사회복지사업에 3년 이상 종사한 경력이 있는 사람

   2) 「영유아보육법」에 따른 보육교사로서 1급 자격증을 발급받은 후 사회복지사업에 3년 이상 종사한 경력이 있는 사람

   3) 「유아교육법」에 따른 유치원교사, 「초 · 중등교육법」에 따른 초등학교 교사 · 중등학교 교사 자격증을 발급받은 후 「교육기본법」 제9조에 따른 학교, 「학원의 설립 · 운영 및 과외교습에 관한 법률」 제2조제1호에 따른 학원에서 3년 이상 근무하거나 사회복지사업에 3년 이상 종사한 경력이 있는 사람

   4) 「청소년 기본법」에 따른 청소년지도사로서 1급 또는 2급 자격증을 발급받은 후 사회복지사업에 3년 이상 종사한 경력이 있는 사람

   5) 「의료법」에 따라 간호사 면허를 취득한 후 사회복지사업에 3년 이상 종사한 경력이 있는 사람

  나. 다함께돌봄센터의 돌봄선생님은 다음의 어느 하나에 해당할 것

   1) 「사회복지사업법」에 따른 사회복지사로서 1급 또는 2급 자격증을 발급받은 사람

   2) 「영유아보육법」에 따른 보육교사로서 1급 또는 2급 자격증을 발급받은 사람

   3) 「유아교육법」에 따른 유치원교사, 「초 · 중등교육법」에 따른 초등학교 교사 · 중등학교 교사 자격증을 발급받은 사람

   4) 「청소년 기본법」에 따른 청소년지도사로서 1급 또는 2급 자격증을 발급받은 사람

   5) 그 밖에 지방자치단체의 장이 관할 지역에서 일정 기간 이상 법 제44조의2제1항 각 호의 돌봄 서비스에 해당하는 활동을 수행했다고 인정한 사람[15]

---

15  단, 개정 아동복지법 및 동법 시행규칙 시행('19.4.16) 3년 후까지 위의 1)부터 4) 중의 한 가지 기준을 갖추어야 하며, 인정 방식의 예시로는 지역 내 아동복지시설, 보육시설, 아이돌봄 서비스 등에서 일정 기간 이상 종사한 경험자를 대상으로 경력증명서, 인우보증서 등 적절한 방식으로 증빙 자료를 제출하게 함.

지방자치단체의 장은 센터장, 돌봄선생님뿐 아니라 강사, 조리사 등 돌봄센터에 사실상 노무를 제공하는 돌봄센터의 모든 종사자를 대상으로 「사회복지사업법」 제35조제2항 및 제35조의2제2항 등 법령에 명시된 결격사유 및 아동학대범죄 전력 여부 확인을 거쳐 채용되도록 하여야 한다. 확인 시 전력이 있는 것으로 드러나면 채용의 결격사유가 되며(복지부, 2020a: 49), 다함께돌봄센터로부터 임면보고를 받은 시·군·구의 업무처리 담당자는 행정정보공동이용시스템을 이용하여 범죄전력이 존재하는지를 우선 확인하여야 한다.

---

**〈시설장의 결격사유〉**

○ 「사회복지사업법」 제35조제2항

1. 제19조제1항제1호, 제1호의2부터 제1호의8까지 및 제2호의2부터 제2호의4까지의 어느 하나에 해당하는 사람
2. 제22조에 따른 해임명령에 따라 해임된 날부터 5년이 지나지 아니한 사람
3. 사회복지분야의 6급 이상 공무원으로 재직하다 퇴직한 지 3년이 경과하지 아니한 사람 중에서 퇴직 전 5년 동안 소속하였던 기초자치단체가 관할하는 시설의 장이 되고자 하는 사람

　• 사회복지사업법 제19조제1항

　1. 미성년자

　1의2. 피성년후견인 또는 피한정후견인

　1의3. 파산선고를 받고 복권되지 아니한 사람

　1의4. 법원의 판결에 따라 자격이 상실되거나 정지된 사람

　1의5. 금고 이상의 실형을 선고받고 그 집행이 끝나거나(집행이 끝난 것으로 보는 경우를 포함한다) 집행이 면제된 날부터 3년이 지나지 아니한 사람

　1의6. 금고 이상의 형의 집행유예를 선고받고 그 유예기간 중에 있는 사람

　1의7. 제1호의5 및 제1호의6에도 불구하고 사회복지사업 또는 그 직무와 관련하여 「아동복지법」 제71조, 「보조금 관리에 관한 법률」 제40조부터 제42조까지 또는 「형법」 제28장·제40장(제360조는 제외한다)의 죄를 범하거나 이 법을 위반하여 다음 각 목의 어느 하나에 해당하는 사람

가. 100만 원 이상의 벌금형을 선고받고 그 형이 확정된 후 5년이 지나지 아니한 사람

나. 형의 집행유예를 선고받고 그 형이 확정된 후 7년이 지나지 아니한 사람

다. 징역형을 선고받고 그 집행이 끝나거나(집행이 끝난 것으로 보는 경우를 포함한다) 집행이 면제된 날부터 7년이 지나지 아니한 사람

1의8. 제1호의5부터 제1호의7까지의 규정에도 불구하고 「성폭력범죄의 처벌 등에 관한 특례법」 제2조의 성폭력범죄 또는 「아동·청소년의 성보호에 관한 법률」 제2조제2호의 아동·청소년 대상 성범죄를 저지른 사람으로서 형 또는 치료감호를 선고받고 확정된 후 그 형 또는 치료감호의 전부 또는 일부의 집행이 끝나거나(집행이 끝난 것으로 보는 경우를 포함한다) 집행이 유예·면제된 날부터 10년이 지나지 아니한 사람

2의2. 제26조에 따라 설립허가가 취소된 사회복지법인의 임원이었던 사람(그 허가의 취소사유 발생에 관하여 직접적인 또는 이에 상응하는 책임이 있는 자로서 대통령령으로 정하는 사람으로 한정한다)으로서 그 설립허가가 취소된 날부터 5년이 지나지 아니한 사람

2의3. 제40조에 따라 시설의 장에서 해임된 사람으로서 해임된 날부터 5년이 지나지 아니한 사람

2의4. 제40조에 따라 폐쇄명령을 받고 3년이 지나지 아니한 사람

〈종사자의 결격사유〉

ㅇ 「사회복지사업법」 제35조의2제2항

1. 제19조제1항제1호의7 또는 제1호의8에 해당하는 사람

2. 제1호에도 불구하고 종사자로 재직하는 동안 시설이용자를 대상으로 「성폭력범죄의 처벌 등에 관한 특례법」 제2조에 따른 성폭력범죄 및 「아동·청소년의 성보호에 관한 법률」 제2조제2호에 따른 아동·청소년 대상 성범죄를 저질러 금고 이상의 형 또는 치료감호를 선고받고 그 형이 확정된 사람

참고로 「사회복지사업법」 제19조, 제35조, 제35조의3 등에 따른 임원 및 시설의 장 및 종사자 등에 대한 결격사유 조회는 「형의 실효 등에 관한 법률」 제6조(범죄경력조회 수사경력조회 및 회보의 제한 등) 각 호에 따라 최소한의 범위에서 가능함에 주의할 필요가 있다.

| 조회 주체 | 목적 |
|---|---|
| 본인<br>운영자<br>지자체장 | 본인 스스로 확인(제3자에게 제출 불가)<br>종사자에 대한 결격사유 확인 및 고용의 합법성 확인<br>(제3자에게 제출 불가)<br>종사자에 대한 결격사유 확인 및 고용의 합법성 확인<br>(제3자에게 제출 불가) |

## 3. 지역아동센터

지역아동센터는 「아동복지법」 상 아동복지시설의 하나로 「아동복지법 시행령」에서 규정하고 있는 아동복지시설 종사자의 자격기준에 따라야 한다(〈표 3-18〉 참조). 이와 관련하여 「아동복지법 시행령」은 아동복지시설별로 종사자의 자격기준을 각각 규정하고 있지 않으며, 모든 아동복지시설의 종사자들을 직종에 따라 동일한 자격기준을 부여하고 있다.

〈표 3-18〉 아동복지시설 종사자의 자격 기준(「아동복지법 시행령」 제52조 관련)

| 직종별 | 자격기준 |
|---|---|
| 아동<br>복지<br>시설의 장 | 1. 「사회복지사업법」에 따른 사회복지사 2급 이상의 자격 취득 후 아동과 관련된 사회복지사업에 3년 이상 또는 사회복지사업에 5년 이상 종사한 경력이 있는 사람<br>2. 학대아동보호사업과 관련된 기관에서 3년 이상 근무한 경력이 있는 사람<br>3. 7급 이상 공무원으로서 국가나 지방자치단체에서 사회복지사업에 관한 행정업무에 5년 이상 종사한 경력이 있는 사람<br>4. 「의료법」에 따른 의사·한의사 또는 치과의사 면허 취득 후 3년 이상 진료 경력이 있는 사람<br>5. 「정신보건법」에 따른 정신보건전문요원 자격 취득 후 사회복지사업에 5년 이상 종사한 경력이 있는 사람<br>6. 「영유아보육법」에 따른 보육교사 1급 자격 취득 후 사회복지사업에 5년 이상 종사한 경력이 있는 사람<br>7. 유치원, 초등학교 또는 중등학교 교사 자격증 취득 후 사회복지사업에 5년 이상 종사한 경력이 있는 사람<br>8. 직업훈련교사, 간호사, 영양사 자격 취득 후 사회복지사업에 5년 이상 종사한 경력이 있는 사람 |

| 직종별 | 자격기준 |
|---|---|
| 생활<br>복지사<br>또는 상담<br>지도원 | 1. 「사회복지사업법」에 따른 사회복지사 2급 이상 자격이 있는 사람<br>2. 유치원, 초등학교 또는 중등학교 교사 자격이 있는 사람<br>3. 「영유아보육법」에 따른 보육교사 1급 자격이 있는 사람 |

한편, 지역아동센터 시설장 및 생활복지사의 결격사유는 다음과 같다.

---

### 〈시설장의 결격사유〉

가) 「사회복지사업법」 제35조제2항 관련

　(1) 미성년자

　(2) 피성년후견인 또는 피한정후견인

　(3) 파산선고를 받고 복권되지 아니한 사람

　(4) 법원의 판결에 따라 자격이 상실되거나 정지된 사람

　(5) 금고 이상의 실형을 선고받고 그 집행이 끝나거나(집행이 끝난 것으로 보는 경우를 포함한다) 집행이 면제된 날부터 3년이 지나지 아니한 사람

　(6) 금고 이상의 형의 집행유예를 선고받고 그 유예기간 중에 있는 사람

　(7) (5) 및 (6)에도 불구하고 사회복지사업 또는 그 직무와 관련하여 「아동복지법」 제71조, 「보조금 관리에 관한 법률」 제40조부터 제42조까지 또는 「형법」 제28장·제40장(제360조는 제외한다)의 죄를 범하거나 이 법을 위반하여 다음 각 목의 어느 하나에 해당하는 사람

　　(가) 100만 원 이상의 벌금형을 선고받고 그 형이 확정된 후 5년이 지나지 아니한 사람

　　(나) 형의 집행유예를 선고받고 그 형이 확정된 후 7년이 지나지 아니한 사람

　　(다) 징역형을 선고받고 그 집행이 끝나거나(집행이 끝난 것으로 보는 경우를 포함한다) 집행이 면제된 날부터 7년이 지나지 아니한 사람

　(8) (5)부터 (7)까지의 규정에도 불구하고 「성폭력범죄의 처벌 등에 관한 특례법」 제2조의 성폭력범죄(「성폭력범죄의 처벌 등에 관한 특례법」 제2조제1항제1호는 제외) 또는 「아동·청소년의 성보호에 관한 법률」 제2조제2호의 아동·청소년 대상 성범죄를 저지른 사람으로서 형 또는 치료감호를 선고받고 확정된 후 그 형 또는 치료감호의 전부 또는 일부의 집행이 끝나거나(집행이 끝난 것으로 보는 경우를 포함) 집행이 유예·면제된 날부터 10년이 지나지 아니한 사람

---

(9) 「사회복지사업법」 제22조(임원의 해임명령)에 따른 해임명령에 따라 해임된 날부터 5년
이 지나지 아니한 사람

(10) 「사회복지사업법」 제26조(설립허가 취소 등)에 따라 설립허가가 취소된 사회복지법인
의 임원이었던 사람(그 허가의 취소사유 발생에 관하여 직접적인 또는 이에 상응하는
책임이 있는 자로서 대통령령으로 정하는 사람으로 한정한다)으로서 그 설립허가가 취
소된 날부터 5년이 지나지 아니한 사람

(11) 「사회복지사업법」 제40조(시설의 개선, 사업의 정지, 시설의 폐쇄 등)에 따라 시설의 장
에서 해임된 사람으로서 해임된 날부터 5년이 지나지 아니한 사람

(12) 「사회복지사업법」 제40조(시설의 개선, 사업의 정지, 시설의 폐쇄 등)에 따라 폐쇄명령
을 받고 3년이 지나지 아니한 사람

(13) 사회복지 분야의 6급 이상 공무원으로 재직하다가 퇴직한 지 3년이 경과하지 아니한
사람 중에서 퇴직 전 5년 동안 소속하였던 기초자치단체가 관할하는 시설의 장이 되고
자 하는 사람

나) 「아동복지법」 제29조의3제1항에 따라 아동학대 관련 범죄로 형 또는 치료감호를 선고받
아 확정된 사람으로서 그 확정된 때부터 형 또는 치료감호의 전부 또는 일부의 집행이 종
료(종료된 것으로 보는 경우 포함)되거나 집행을 받지 아니하기로 확정된 후 취업제한 명
령을 받은 사람

---

### 〈생활복지사의 결격사유〉

가) 「사회복지사업법」 제35조2제2항 관련

(1) 「사회복지사업법」 제19조제1항제1호의5 및 제1호의6에도 불구하고 사회복지사업 또는 그
직무와 관련하여 「아동복지법」 제71조, 「보조금 관리에 관한 법률」 제40조부터 제42조까
지 또는 「형법」 제28장 · 제40장(제360조는 제외한다)의 죄를 범하거나 이 법을 위반하
여 다음 각 목의 어느 하나에 해당하는 사람

(가) 100만 원 이상의 벌금형을 선고받고 그 형이 확정된 후 5년이 지나지 아니한 사람

(나) 형의 집행유예를 선고받고 그 형이 확정된 후 7년이 지나지 아니한 사람

(다) 징역형을 선고받고 그 집행이 끝나거나(집행이 끝난 것으로 보는 경우를 포함한다)
집행이 면제된 날부터 7년이 지나지 아니한 사람

(2) 「사회복지사업법」 제19조제1항제1호의5부터 제1호의7까지의 규정에도 불구하고 「성폭력
범죄의 처벌 등에 관한 특례법」 제2조의 성폭력범죄(「성폭력범죄의 처벌 등에 관한 특례
법」 제2조제1항제1호는 제외) 또는 「아동 · 청소년의 성보호에 관한 법률」 제2조제2호의
아동 · 청소년 대상 성범죄를 저지른 사람으로서 형 또는 치료감호를 선고받고 확정된 후

그 형 또는 치료감호의 전부 또는 일부의 집행이 끝나거나(집행이 끝난 것으로 보는 경우를 포함) 집행이 유예·면제된 날부터 10년이 지나지 아니한 사람

(3) (1)과 (2)에도 불구하고 종사자로 재직하는 동안 시설이용자를 대상으로 「성폭력범죄의 처벌 등에 관한 특례법」 제2조에 따른 성폭력범죄 및 「아동·청소년의 성보호에 관한 법률」 제2조제2호에 따른 아동·청소년 대상 성범죄를 저질러 금고 이상의 형 또는 치료 감호를 선고받고 그 형이 확정된 사람

나) 「아동복지법」제29조의3제1항에 따라 아동학대 관련 범죄로 형 또는 치료감호를 선고받아 확정된 사람으로서 그 확정된 때부터 형 또는 치료감호의 전부 또는 일부의 집행이 종료(종료된 것으로 보는 경우 포함)되거나 집행을 받지 아니하기로 확정된 후 취업제한 명령을 받은 사람

출처: 보건복지부, 2020b: 30-32.

이와 관련하여 지역아동센터의 설치자가 성범죄 전력을 확인하지 아니하는 경우 500만 원 이하의 과태료가 부과되며(「아동·청소년의 성보호에 관한 법률」 제67조제3항), 지역아동센터에 취업하거나 사실상 노무를 제공하는 성범죄 경력자에 대해 지역아동센터의 설치자에게 그의 해임을 요구할 수 있다(동법 제58조제1항). 해임 요구를 정당한 사유 없이 거부하거나 1개월 이내에 이행하지 아니한 지역아동센터의 설치자는 1천만 원 이하의 과태료가 부과되며, 성범죄 경력자가 지역아동센터를 운영 중인 경우 지역아동센터의 폐쇄를 요구할 수 있다(동법 제58조제2항).

2018년 기준으로, 지역아동센터 종사자들의 보유 자격증을 조사한 결과는 〈표 3-19〉와 같다. 〈표 3-19〉의 내용은 중복응답으로, 시설장 중 사회복지사 자격 보유자는 3,985명(65.9%), 보육교사 자격 보유자는 926명(15.3%)이었으며, 생활복지사 중 사회복지사 자격 보유자는 5,074명(77.9%), 보육교사 자격 보유자는 598명(9.2%)으로 나타났다(보건복지부, 2019: 64).

| | 구분 | 인원 | 비율 |
|---|---|---|---|
| 시설장 | 전체 | 6,047 | 100.0 |
| | 사회복지사 | 3,985 | 65.9 |
| | 보육교사 | 926 | 15.3 |
| | 정교사 | 627 | 10.4 |
| | 간호사, 직업훈련교사, 영양사 | 59 | 1.0 |
| | 학대아동보호사업 관련자 | 13 | 0.2 |
| | 7급 이상 공무원 | 9 | 0.1 |
| | 정신보건전문요원 | 6 | 0.1 |
| | 의사 | 1 | 0.0 |
| | 기타 자격 | 421 | 7.0 |
| 생활복지사 | 전체 | 6,510 | 100.0 |
| | 사회복지사 | 5,074 | 77.9 |
| | 보육교사 | 598 | 9.2 |
| | 정교사 | 479 | 7.4 |
| | 기타자격 | 359 | 5.5 |

　* 분석 불가능 시설 73개소 제외됨.
　** 생활복지사 응답 오류 시설 2개소 제외됨.
　*** 기타 자격에는 평생교육사, 청소년지도사, 직업훈련교사, 영양사 등으로 조사됨.
출처: 보건복지부(2019: 64).

## 4. 청소년방과후아카데미

청소년방과후아카데미의 팀장과 담임의 자격요건은 〈표 3-20〉과 같으며, 담임의 경우 자격증 소지가 중심이라면, 팀장은 자격증에 더하여 경력을 요건으로 하고 있다.

청소년방과후아카데미의 경우도 운영 전담인력 및 강사 등에 대한 성범죄·아동학대 범죄전력은 필수 확인 사항이다.[16] 신규 운영인력 및

---

16　(관련법) 「아동·청소년의 성보호에 관한 법률 시행령」 제25조(성범죄의 경력 조회)

〈표 3-20〉 청소년방과후아카데미 종사자 자격요건

| 구분 | 자격요건 |
|---|---|
| 팀장 | ① 「청소년기본법」에 따른 청소년지도사 2급 이상 또는 청소년상담사 3급 이상 자격 취득 후 청소년육성 업무에 1년 이상 종사한 경력이 있는 사람<br>② 「초·중등교육법」에 따른 정교사 자격 취득 후 청소년육성 업무 1년 이상 종사한 경력이 있는 사람<br>③ 「사회복지사업법」에 따른 사회복지사 1급 이상 자격 취득 후 청소년육성 업무에 1년 이상 종사한 경력이 있는 사람<br>④ 청소년육성 관련 분야 학사학위 이상 소지 후 또는 이와 동등한 수준 이상의 학력이 있다고 인정되는 자로 청소년육성 업무 경력이 2년 이상인 자<br>※ 위의 ①~④ 요건에 해당하는 자가 없을 시 재공고를 통해 다음의 자격요건을 갖춘 자를 채용할 수 있음<br>- 그 밖에 지방자치단체의 장이 유사 또는 동등한 자격으로 업무를 2년 이상 수행했다고 인정하는 사람 |
| 담임 | ① 「청소년기본법」에 따른 청소년지도사 2급 이상 또는 청소년상담사 3급 이상 자격 취득 후 청소년육성 업무에 1년 이상 종사한 경력이 있는 사람<br>② 「초·중등교육법」에 따른 정교사 자격 취득 후 청소년육성 업무 1년 이상 종사한 경력이 있는 사람<br>③ 「사회복지사업법」에 따른 사회복지사 1급 이상 자격 취득 후 청소년육성 업무에 1년 이상 종사한 경력이 있는 사람<br>④ 청소년육성 관련 분야 학사학위 이상 소지 후 또는 이와 동등한 수준 이상의 학력이 있다고 인정되는 자로 청소년육성 업무 경력이 2년 이상인 자<br>※ 위의 ①~④ 요건에 해당하는 자가 없을 시 재공고를 통해 다음의 자격요건을 갖춘 자를 채용할 수 있음<br>- 그 밖에 지방자치단체의 장이 유사 또는 동등한 자격으로 업무를 2년 이상 수행했다고 인정하는 사람 |

출처: 여성가족부·한국청소년활동진흥원(2020), 156-157.

「아동·청소년의 성보호에 관한 법률」 제56조(아동·청소년 관련 기관 등에의 취업제한)
「아동·청소년의 성보호에 관한 법률」 제57조(성범지의 경력자 점검·확인)
「아동복지법 시행령」 제26조의3(아동학대관련범죄 전력 조회 절차)
「아동복지법」 제29조의3(아동관련기관의 취업제한 등)

강사 등에 대하여 성범죄 및 아동학대 범죄경력 조회는 필수이며, 2018년 1월의 「아동·청소년의 성보호에 관한 법률」개정에 의해 기존 운영인력 및 강사 등에 대한 성범죄 전력 및 아동학대 범죄전력 조회를 연 최소 1회 이상 실시되어야 한다.

## 제6장 전문성 개발

온종일 돌봄에 종사하는 인력의 전문성 개발은 돌봄의 질을 좌우하는 매우 중요한 요건이다. 각 기관별 전문성 개발과 관련한 내용은 〈표 3-21〉에 종합하였다.

〈표 3-21〉 온종일 돌봄 기관별 전문성 개발 실태

| 구 분 | 초등 돌봄교실 | 다함께돌봄센터 | 지역아동센터 | 청소년방과후 아카데미 |
|---|---|---|---|---|
| 법정 의무 교육·연수 | 없음 | 사회복지사의 경우에 1년 간 8시간의 보수교육 의무 | 사회복지사의 경우에 1년 간 8시간의 보수교육 의무 | 청소년지도사의 경우에 2년마다 15시간 연수 의무 |
| 기타 교육· 연수 | -중앙 차원의 초등 돌봄전담사 온라인 연수(필수과정, 선택과정) <br> -시·도교육청 또는 교육지원청 단위에서 돌봄전담사 대상 교육(연 1회 이상 권장) <br> -그밖에 타 법에 의한 법정 연수 존재 (심폐소생술 연간 3시간, 안전교육 3년 간 15시간 등) | -다함께돌봄사업지원단 주관 <br> ·종사자 필수교육 (직위별, 집합교육, 6시간) <br> ·종사자 선택교육 (온라인교육 또는 집합교육, 20시간) <br> -그밖에 타 법에 의한 법정 연수 존재 | -기존 및 신규 종사자 의무교육(총 25시간: 집합 및 온라인연수) <br> -그밖에 타 법에 의한 법정 연수 존재 | -청소년방과후아카데미 직무연수 및 교육 등에 의무 참석 <br> ·팀장은 직무교육 16시간 이상 의무 <br> ·담임은 상시교육 8시간 이상 <br> ·신규 실무자는 입사 후 1년 이내 교육 의무 참여 <br> -기관별로 기본 직무교육 및 전문역량 강화 직무연수 운영(연 1회 이상) 의무 등 |

## 1. 초등 돌봄교실

초등 돌봄교실은 중앙정부 차원에서 오프라인 교육은 실시하지 않는 대신 전국의 초등 돌봄전담사 대상의 온라인연수 프로그램을 제작하여 제공 중이다. 온라인연수 프로그램의 목적은 초등 돌봄전담사 전문성 신장 기회 제공 및 초등 돌봄전담사 역량 강화를 통한 초등 돌봄교실 운영의 질 제고이며, 온라인연수 프로그램에의 참여는 의무가 아닌 선택 사항이다.

---

**〈2020 초등 돌봄전담사 원격교육〉**

○ 필수과정(총 15차시)

| | | |
|---|---|---|
| –초등 돌봄교실의 이해 | –초등 돌봄전담사의 역할 | –학교 · 지역사회연계 |
| –아동 특성 | –아동 지도방법 | –아동 인권 |
| –가정과의 관계 | –아동 놀이 개론 | –문자는 내 친구 |
| –독서지도 | –창의성과 놀이 | –폭력 예방 및 대처 |
| –갈등 및 스트레스 관리 | –돌봄교실의 환경 구성 | –안전사고 예방 및 대처 |

○ 선택과정(각 6차시)

–아동의 이해와 활동    –안전    –놀이프로그램    –상담

---

출처: 교육부(2020). 내부 자료.

대부분의 초등 돌봄전담사 교육 및 연수는 시·도교육청마다 별도의 연수로 진행 중이다(장명림 외, 2018: 135). 시·도교육청 또는 교육지원청 단위에서 돌봄교실 운영의 체계적 관리 및 만족도 제고를 위해 돌봄전담사 대상의 시·도별 자체 오프라인 연수를 연 1회 이상 권장하고 있

으며, 돌봄교실 운영 전반에 대한 이해도 제고, 돌봄교실 놀이·안전, 학생관리, 관련 업무처리 등이 그 내용이다(17개 시도교육청·한국교육개발원, 2019: 26).

## 2. 다함께돌봄센터

다함께돌봄사업 종사자 직무교육은 "사업에 대한 기본·전문교육으로 실무역량 및 전문성 강화 도모"를 목적으로 크게 필수교육(6시간)과 선택교육(20시간)으로 이루어진다(보건복지부·다함께돌봄사업지원단, 2019: 18). 2019년 기준으로 필수교육은 직위별(센터장, 돌봄선생님) 오프라인 집합교육 형식으로 4회차가 운영(1일 6시간, 총 8회)되어 총 326명이 수료하였다. 공통 내용은 다함께돌봄사업의 이해, 개인정보보호교육, 아동학대예방교육이었으며, 센터장은 사회복지시설 재무회계와 사회복지시설 인사노무 교육이, 돌봄선생님은 아동안전, 아동지도 및 상담교육이 추가로 있었다. 선택교육은 크게 종사자 온라인교육과 신규 종사자 사회복지시설정보시스템 교육으로 이루어졌다.

한편, 다함께돌봄센터 종사자 온라인교육은 한국보건복지인력개발원 사이버교육센터와 연계하여 실시되었는데 세부 영역별 역량 강화교육 11개(성폭력예방교육, 식중독원인조사바로알기, 응급상황대처법, 사회복지시설 안전관리, 아동부모교육, 해결중심상담기법, 사회복지 직무의 정석 등)로 구성된 프로그램을 15시간 이상 수료하도록 하였다. 신규 종사자 사회복지시설정보시스템 교육은 사회보장정보원과 연계하여 다함께돌봄센터 종사자 사회복지시설정보시스템 집합전산실습교육 및 온라인교육 실시 등 5시간짜리로 이루어져 있고, 사회복지시설정보시스템 회계·급여관리 전산실습교육 중심으로 총 3회 운영되어 98명이 수료하였다(보건복지부·다함께돌봄사업지원단, 2019: 18).

다함께돌봄사업지원단 및 협력기관에 의해 운영되는 2020년 교육과 관련된 상세 내용은 〈표 3-22〉와 같다.

- 교육과정 및 내용 : 필수교육(6시간) + 선택교육(20시간)으로 운영

〈표 3-22〉 다함께돌봄센터 종사자 교육과정

| 구 분 | | 필수교육 | 선택교육 |
|---|---|---|---|
| 교육 시기 | | 3~10월(총 16회)<br>* 직위별(센터장, 돌봄선생님) 교육 | 3~11월<br>* 온라인교육은 상시 진행 |
| 교육 시간 | | 총 6시간 이수 | 총 20시간 이수 |
| 교육<br>내용 | 공통 | - 다함께돌봄사업의 이해(1)<br>- 개인정보보호교육(1)<br>- 아동학대예방교육(1) | - 사회복지시설정보시스템 교육<br>(인사, 급여, 시·군·구보고, 회계 등)<br>- 성폭력예방교육<br>- 응급상황 대처법<br>- 식중독 등 식품안전<br>- 사회복지시설 안전관리 등 |
| | 센터장 | - 재무회계(2)<br>- 사회복지시설 인사노무(1) | |
| | 돌봄<br>선생님 | - 아동안전(1)<br>- 아동지도·상담(2) | |
| 교육방식 | | 집합교육 | 집합·온라인 교육 |
| 교육 운영 주체 | | 다함께돌봄사업지원단 | 다함께돌봄사업지원단 |

* 교육 일정, 교육 내용 등은 '20년 교육계획 수립 시 변동될 수 있으며, 추후 별도 공지.

그 밖에 종사자에 대한 안전교육이 있는데 센터 종사자는 안전교육지침 등을 숙지하여야 하며, 시·도 및 시·군·구 등에서 안전 관련 교육을 시행할 때 적극 참여 및 이수해야 한다(신규 교육 대상자 우선 참여 유도). 특히 화재 등 긴급사태에 대비한 계획수립 및 정기적인 점검·훈련을 실시함과 동시에 아동학대예방·안전관리교육 이수 등도 요구된다(보건복지부, 2020a: 69).

## 3. 지역아동센터

「아동복지법」 제55조제1항인 '아동복지시설 종사자의 교육훈련'에서 시·도지사 또는 시장·군수·구청장으로 하여금 아동복지시설 종사자의 양성 및 자질 향상을 위한 교육·훈련을 실시하여야 한다고 규정하면서 제2항에서는 이와 같은 교육훈련을 대학(전문대학 포함) 또는 아동복지단체나 그 밖의 교육훈련시설에 위탁하여 실시할 수 있다고 규정하고 있다. 즉 「아동복지법」은 종사자의 전문성 등 자질 향상을 위한 교육훈련 실시의 의무를 교육훈련을 받아야 하는 종사자가 아닌 실시 주체인 시·도지사 또는 시장·군수·구청장에게 부여한다.

지역아동센터 운영지침에 따라 지역아동센터의 생활복지사는 전문역량 강화 및 직무능력 향상을 위해 총 25시간의 의무교육을 받아야 하는데, 아동학대예방, 아동안전, 아동권리 등의 내용으로 필수과정과 선택과정으로 구성되어 있다(장명림 외, 2018: 135). 구체적으로 살펴보면, 시설장 및 생활복지사의 의무교육 시간은 총 25시간으로 신규 종사자는 집합연수 13시간, 온라인연수 12시간으로 구성되며, 기존 종사자는 집합연수 5시간과 온라인연수 20시간으로 구성된다. 신규시설 시설장의 경우 총 95시간의 교육·연수를 받아야 하는데, 집합교육이 13시간이며 온라인교육이 47시간 그리고 운영컨설팅 35시간으로 구성되어 참여한다.

지역아동센터 종사자들의 전문성 개발을 위한 교육·연수의 교육과정을 구분하면 크게 다음의 세 가지로 나눌 수 있다(복지부, 2020b: 74).
  1) 기존 종사자 교육(총 25시간)은 집합교육(5시간), 선택교육(20시간)으로 구성된다.

〈표 3-23〉 지역아동센터 기존 종사자 교육과정

| 구 분 | | 시설장 | 생활복지사 |
|---|---|---|---|
| 목적 | | 전문 역량 강화 및 직무능력 향상 도모 | |
| 대상 | | 시설장 | 생활복지사 |
| | | 최근 3년('17~'20년 3월) 이내 지역 아동센터 시설장 경력 1년 이상자 | 최근 3년('17~'20년 3월) 이내 지역 아동센터 종사자 경력 1년 이상자 |
| 시기 | | 연중 (시도별 상이) | |
| 시간 | | ○ 총 25시간 (필수* 5시간, 선택** 20시간)<br>* 필수 5시간은 신규 시설장, 생활복지사 교육과 공통 과정임 (신규시설 시설장 제외)<br>** 재무회계 및 사회복지시설정보시스템 교육은 반드시 포함하여 집합교육으로 진행(신규시설장 및 생활복지사 교육과정도 동일) | |
| 과정 | 필수 | ○ 운영지침(필수 1시간 이상, 아동안전 포함), 보조금사용 기준(필수 1시간 이상), 아동학대예방, 아동권리, 개인정보보호 등<br>※ 시도별 필수시간을 포함하여 종사자 욕구 반영에 따른 5시간 구성 | |
| | 선택 | ○ (5년 미만) 직업윤리 및 자기개발, 지역아동센터 재무회계, 아동발달과 행동지도 등 | ○ (3년 미만) 지역아동센터 재무회계, 사회복지정보시스템, 아동발달과 행동지도 등 |
| 과정 | 선택 | ○ (5년 이상~10년 미만) 프로그램 평가, 학습부진아 지도방법, 지역사회자원연계 등 | ○ (5년 이상~10년 미만) 프로그램 평가, 학습부진아 지도방법, 지역사회자원연계 등 |
| | | ○ (10년 이상) 프로그램 개발 슈퍼비전, 슈퍼비전의 실제, 슈퍼바이저교육 등 | |
| 운영 | | ○ 필수·선택 – 시도지원단<br>○ 선택교육의 경우 아동권리보장원 및 시도지원단, 한국보건복지인력개발원, 사회보장정보원, 사회복지사보수교육시간(8시간), 한국 사회복지사협회로부터 사회복지사보수교육 실시 기관으로 승인받은 지역아동센터 관련 단체에서 실시하는 교육시간(최대 8시간 범위내, 사회복지사보수교육으로 받은 교육과 중복산정 불가) | |

출처: 보건복지부, 2020b: 74.


2) 신규 종사자 교육(총 25시간)은 집합교육(13시간), 온라인교육(12시간)으로 구성되어 있다.

| 구분 | | 신규 생활복지사 |
|---|---|---|
| 목적 | | ○ 신규 생활복지사 기초운영역량 강화 대상 |
| 대상 | | ○ 신규 생활복지사 기초운영역량 강화 대상 |
| 시기 | | ○ 연 3회(3월, 6월, 9월)<br>※ 시도지원단 별로 일정 상이할 수 있음 |
| 시간 | | ○ 총 25시간(집합 13시간, 온라인 12시간) |
| 과정 | 집합 | ○ 지역아동센터 지원 사업안내, 아동학대예방, 아동안전, 개인정보보호, 아동지원 발달 및 지도, 프로그램 개발 |
| | 온라인 | ○ 운영실무, 아동권리, 프로그램 개발 등 |
| 운영 | | ○ (집합) 시도지원단<br>○ (온라인) 한국보건복지인력개발원 |

출처: 보건복지부, 2020b: 74.

3) 신규 시설 시설장 교육(총 95시간)은 집합교육(13시간), 온라인교육 (47시간), 운영컨설팅(35시간)으로 구성되어 있다.

〈표 3-25〉 지역아동센터 신규 시설장 교육과정

| 구분 | | 신규 시설장 | |
|---|---|---|---|
| | | 신규 시설(2020년 1월 이후 개소) | 기존 시설 |
| 목적 | | ○ 신규 시설장 기초운영역량 강화 | |
| 대상 | | ○ 최근 3년('17~'20년 3월)이내 지역아동센터 시설장 경력 1년 미만자 | |
| 시기 | | ○ 연 3회(3월, 6월, 9월)<br>※ 시도지원단 별로 일정 상이할 수 있음 | ○ 연 3회(3월, 6월, 9월)<br>※ 시도지원단 별로 일정 상이할 수 있음 |
| 시간 | | ○ 총 60시간(집합 13시간, 온라인 47시간)<br>※ 운영컨설팅(35시간) 포함하여 총95시간 구성 | ○ 총 25시간(집합 13시간, 온라인 12시간) |
| 과정 | 집합 | ○ 지역아동센터 정책 방향, 아동학대예방, 아동안전, 개인정보보호, 재무회계와 시설정보시스템 활용, 지역사회자원 개발과 연계 | ○ 지역아동센터 지원 사업안내, 아동학대예방, 아동안전, 개인정보보호, 재무회계 및 시스템활용, 지역사회자원 개발과 연계 |

| 구분 | | 신규 시설장 | |
|---|---|---|---|
| | | 신규 시설(2020년 1월 이후 개소) | 기존 시설 |
| 과정 | 온라인 | ○ 아동권리, 지역아동센터 재무회계규칙, 부모교육, 프로그램개발 등 | ○ 아동권리, 지역아동센터 재무회계규칙, 사회복지시설의 인사노무 등 |
| | 운영 | ○ (집합) 시도지원단<br>○ (온라인) 한국보건복지인력개발원 | ○ (집합) 시도지원단<br>○ (온라인) 한국보건복지인력개발원 |

출처: 보건복지부, 2020b: 75.

　그 밖에 종사자 권리교육도 있는데 종사자는 아동의 권리보호자로서 권리와 권리보호에 관한 교육을 연 1회 이상 받아야 한다. 여기에는 아동의 권리교육을 위한 프로그램 기획 및 권리교육 실행을 위해 교육방법에 대한 교육도 포함된다. 종사자는 법적으로 아동학대 신고의무자로 의무교육을 받아야 하는데(「아동복지법」 제26조 및 「같은법 시행령」 제26조), 이는 교육을 통해 지역아동센터 내에서 발생할 수 있는 종사자 아동 체벌, 성폭력 등 권리침해 상황을 예방하도록 하는데 목적이 있다. 종사자는 긴급복지지원 신고의무자로서 연 1시간 이상 교육을 받아야 하며(「긴급복지지원법」 제7조 및 「같은법 시행규칙」 제2조의3, 복지부, 2020b: 72), 운영지침(아동안전 포함) 필수 1시간, 보조금사용기준 필수 1시간 등의 교육도 부가된다. 종사자 교육이수 여부는 종사자 개인 단위로 관리되는데, 종사자는 교육이 완료되면 교육이수 여부 확인 증빙서(수료증 등)를 시설에 반드시 제출하여야 하며, 이수시간은 시설의 회계연도에 귀속되고, 연도 이월은 불가능하다(복지부, 2020b: 75).

　2018년 말 기준으로 종사자들의 평균 교육이수시간은 시설장 31시간, 생활복지사 27시간이었다(보건복지부, 2019: 82). 구체적으로 지역아동센터 운영지침에 따라 기존 종사자들은 연간 필수교육 5시간, 선택교육 20시간으로 총 25시간(신규 종사자 별도규정)의 교육을 이수해야 하는데, 실질적으로는 종사자들 중 연간 25시간 이상의 교육을 이수한 시설장은 3,866명(92.4%), 생활복지사는 4,596명(85.9%)으로 나타났다(보건복지부, 2019: 82).

## 4. 청소년방과후아카데미

「청소년기본법」 제24조의2는 '청소년지도사·청소년상담사의 보수교육'이라는 타이틀 아래 제1항에서 청소년시설, 청소년단체 및 학교 등에서 각각 그 업무에 종사하는 청소년지도사와 청소년상담사는 자질 향상을 위하여 정기적으로 보수교육을 받아야 한다고 규정하고 있다. 제2항은 청소년시설, 청소년단체 및 학교 등을 운영하는 자는 해당 시설, 단체 및 학교 등에 종사하는 청소년지도사와 청소년상담사에 대하여 제1항에 따른 보수교육을 이유로 불리한 처우를 하여서는 아니 된다고 규정하고 있다. 이와 관련하여 「청소년기본법 시행규칙」 제10조의2는 다음에 해당하는 자에 대하여 2년마다 15시간 이상의 보수교육을 받을 것을 의무로 하고 있다.

- 「여성가족부 소관 비영리법인의 설립 및 감독에 관한 규칙」 제4조에 따라 여성가족부 장관이 설립 허가한 청소년 법인
- 「행정권한의 위임 및 위탁에 관한 규정」 제40조에 따라 지방자치단체(특별시, 광역시, 특별자치시, 도, 특별자치도)의 장이 설립 허가한 청소년 법인
- 청소년기본법 제40조에 따라 설립한 한국청소년단체협의회 및 회원 단체

- 「청소년활동진흥법」 제6조 및 제40조에 따라 각각 설립된 한국 청소년활동진흥원, 한국청소년수련시설협회
- 「청소년활동진흥법」 제7조에 따른 지방청소년활동진흥센터 및 같은 법 제10조제1호에 따른 청소년수련시설에 종사하는 청소년지도사

제10조의 제5항은 보수교육의 교육과목, 교육방법 및 그 밖에 보수교육을 실시하는 데 필요한 사항은 여성가족부 장관의 승인을 받아 교육을 위탁받아 수행할 한국청소년활동진흥원 또는 청소년육성에 관한 업무를 전문적으로 수행하는 기관·단체의 장이 정하도록 하고 있다.

청소년방과후아카데미 종사자들에 대한 전문성 개발과 관련된 지침은 매뉴얼에 규정되어 있는데, 청소년방과후아카데미 직무연수 및 교육 등에 반드시 참석하도록 하면서 팀장은 직무교육 16시간 이상 의무, 담임은 상시교육 8시간 이상, 신규 실무자는 입사 후 1년 이내 교육 의무 참여를 규정하고 있다(여성가족부·한국청소년활동진흥원, 2020: 24). 업무수행 및 전문성 함양을 위해 필요한 경우, 외부 교육에 참석할 수 있도록 교육비 등을 지원할 것과 타 지역 방과후아카데미 운영자들과의 정보공유·상호방문 등 교류활동을 지원하고, 자체적으로 상근인력(시설장, 팀장, 담임 등)에 대한 직무역량 강화를 위해 기본 직무연수 및 전문역량 강화 직무연수 운영(연 1회 이상), 자원봉사자와 전문강사에 대해서도 직무연수를 운영(연 1회 이상, 온라인강의 가능)할 것을 제시하고 있다(여성가족부·한국청소년활동진흥원, 2020: 24). 아울러 반기 1회 이상 안전대비교육(재난대응요령 등) 및 비상대피훈련을 실시하고, 강사 및 자원봉사자 교육·연수도 연 1회 이상 의무 실시하도록 하고 있으며, 청소

년방과후아카데미 직무연수 및 교육 등에 종사자들의 참석을 의무화하면서 이를 사업평가에 반영하도록 하고 있다.

2020년 4월부터 12월까지 계획되어 있는 '청소년방과후아카데미 종사자 교육' 개요를 제시하면 다음과 같다(여성가족부, 2020).

〈표 3-26〉 청소년방과후아카데미 신규 실무자 직무연수

| 구분 | 내용 |
|---|---|
| 대상 | ○ 2020년 방과후아카데미 신규 입사자(팀장, 담임) |
| 교육 내용 | ○ 청소년방과후아카데미 사업 운영지침 교육<br>○ 실무자 인트라넷 사용 교육<br>○ 현장 사례발표 등 |
| 운영 일시 | ○ (1차) 2020.4.9. (목), 완료<br>○ (2차) 2020.4.10. (금), 완료<br>○ (3차) 2020.10.15. (목), 예정<br>○ (4차) 2020.10.16. (금), 예정<br>※ 코로나19로 인해 1~4차 강의 온라인으로 운영 |
| 수료인원 | ○ 232명 수료(1차 168명, 2차 64명) |
| 교육비 | ○ 무상(온라인강의) |

출처: 여성가족부(2020). 내부 자료.


〈표 3-27〉 청소년방과후아카데미 팀장 전문연수

| 구분 | 내용 |
|---|---|
| 대상 | ○ 2020년 방과후아카데미 팀장 |
| 교육 내용 | ○ 팀장 역량 강화 교육(사업관리, 프로그램 기획 교육 등)<br>○ 진로체험 프로그램 관련 특강<br>○ 현장 사례 공유 등 |
| 운영 일시 | ○ 2020.7.27. (월) ~ 8.28. (금), 완료<br>※ 코로나19로 인해 온라인강의로 전환하여 운영 |
| 수료인원 | ○ 291명 |
| 교육비 | ○ 1인 60,000원 |

출처: 여성가족부(2020). 내부 자료.

<표 3-28> 청소년방과후아카데미 종사자 상시교육

| 구분 | 내용 |
|---|---|
| 대상 | ○ 2020년 방과후아카데미 종사자 |
| 교육 내용 | ○ 방과후아카데미 종사자의 사업 운영 및 청소년 지도 역량 강화 교육<br>(1차) 에듀테크 활용 방법<br>(2차) e나라도움 활용 방법<br>(3차) 창의융합 지도 방법 등 (예정)<br>※ 그 외 시·도청소년활동진흥센터 자체적으로 운영 |
| 운영 일시 | ○ (1차) 2020.4.17. (금), 4.22. (수), 완료<br>○ (2차) 2020.6.1. (월) ~ 6.30. (화), e나라도움 온라인 교육<br>○ (3차) 2020.9.23. (수) ~ 11.27. (금), 한국과학창의재단 연계 교육 |
| 수료인원 | ○ 291명 |
| 교육비 | ○ 1인 60,000원 |

출처: 여성가족부(2020). 내부 자료.


# 제7장 임금 및 복무 등


온종일 돌봄 기관별로 인력의 임금 및 복무와 관련한 실태를 종합한 결과는 〈표 3-29〉와 같다. 구체적인 내용은 이하 기술한다.

<표 3-29> 온종일 돌봄 기관별 임금 및 복무 등 실태

| 구 분 | 초등<br>돌봄교실 | 다함께돌봄센터 | 지역아동센터 | 청소년방과후<br>아카데미 |
|---|---|---|---|---|
| 급여<br>산출<br>근거 | 공무원보수규정<br>(각 학년도 교육공무<br>직원 보수표) | 사업의 인건비 편성<br>기준 | 사업의 인건비 편성<br>기준 | 청소년방과후아카데<br>미<br>운영 매뉴얼(지침) |
| 급여<br>재원 | 단위학교의 수용비 또<br>는 학교운영비(방과<br>후학교 사업 지원비) | 정부(국비 50%, 지<br>방비 50% 단, 서울<br>은 국비 30%, 지방<br>비 70%)<br>*정부(지자체)의 인<br>건비 보조 지급 상<br>한: 시설장 65세, 종<br>사자 60세 | 지역아동센터 사업<br>비(정부보조금)<br>* 정부(지자체)의 인<br>건비 보조 지급 상<br>한: 시설장 65세, 생<br>활복지사 60세 | 청소년방과후아카데<br>미 사업비 |

| 구 분 | 초등<br>돌봄교실 | 다함께돌봄센터 | 지역아동센터 | 청소년방과후<br>아카데미 |
|---|---|---|---|---|
| 급여<br>기준 | 학교별·교육지원청별로 다름(전년도 임금교섭에 따라 지급)<br>* '18년 평균 연봉 27백만 원 | -최저임금 이상(가이드라인에 따른 연봉제) | - 최저임금 이상<br>* 별도 기준 부재(일부 시·도의 경우, 사회복지사협회의 단일임금체제로 전환 중) | 모든 팀장 및 담임 급여체계 동일<br>* 지자체의 예산 상황에 따라 제수당 편성 가능<br>* '19년 평균연봉(팀장 2,028천 원, 담임 1,778천 원) |
| 4대<br>보험 | 적용/미적용 | 적용 | 적용<br>(단, 예외 있음) | 적용 |
| 퇴직금 | 적용<br>(단, 1년 미만 제외) | 적용<br>(단, 1년 미만 제외) | 적용<br>(단, 1년 미만 제외) | 적용<br>(단, 1년 미만 제외) |
| 초과<br>근무<br>수당 | 단위 학교에서 정한 기준에 근거하여 초과근무 수당 지급 | 단위 학교에서 정한 기준에 근거하여 초과근무 수당 지급 | 예산 사정 등에 따라 지급 유·무 결정 | 지자체 및 위탁운영 시설의 예산 사정 등에 따라 지급 유·무 결정 |
| 초과<br>근무<br>수당 | -시·도별, 학교별 상이(4시간 이상 근무 시 30분 이상, 8시간 근무 시 1시간 이상의 휴게시간을 근로시간 중에 부여함이 원칙이지만, 노사협의 등에 의해 교직원과 동일하게 대우하는 경우 있음) | 「근로기준법」에 따라 4시간 이상 근무 시 30분 이상, 8시간 근무 시 1시간 이상의 휴게시간을 근로시간 중에 부여 | 「근로기준법」에 따라 4시간 이상 근무 시 30분 이상, 8시간 근무 시 1시간 이상의 휴게시간을 근로시간 중에 부여 | 「근로기준법」에 따라 4시간 이상 근무 시 30분 이상, 8시간 근무 시 1시간 이상의 휴게시간을 근로시간 중에 부여 |
| 복무<br>관리<br>근거 | 「근로기준법」에 따라 4시간 이상 근무 시 30분 이상, 8시간 근무 시 1시간 이상의 휴게시간을 근로시간 중에 부여 | 「근로기준법」, 「최저임금법」, 「근로자퇴직급여 보장법」, 「남녀 고용평등과 일·가정 양립 지원에 관한 법률」, 「국민연금법」, 「고용보험법」, 「산업재해 보상보험법」 및 센터 자체 복무규정 | 「근로기준법」, 「최저임금법」, 「근로자 퇴직급여 보장법」, 「남녀고용평등과 일·가정 양립지원에 관한 법률」, 「국민건강 보험법」, 「국민연금법」, 「고용보험법」, 「산업재해보상보험법」 등 | 「근로기준법」 및 각 기관 복무규정 |

출처 : 길은배(2016a: 213)을 수정 보완함.

## 1. 초등 돌봄교실

초등 돌봄교실 종사자 인건비는 일반적으로 단위학교의 수용비 또는 학교운영비(방과후학교 사업 지원비) 범위 내에서 계약 및 지급하도록 되어 있다. 돌봄교실을 운영하는 학교별로 돌봄전담사를 무기계약직 또는 일반계약직으로 채용하여 운영함으로써 종사자 간 인건비는 다르게 나타나고 있다(길은배, 2016a: 207). 무기계약직 돌봄전담사들의 경우, 2013년 9월부터 교육공무직으로 전환되면서 교육청의 처우개선 계획에 따라 임금이 지급되고 있다. 기본급에 더하여 점심급식비, 경력기간에 따른 장기근무가산금, 가족수당, 자녀학비 보조수당, 교통보조비, 보육수당이 추가되고 그밖에 복리후생수당으로 명절휴가보전금과 맞춤형복지비 등이 지급되는 등 임금체계가 개선되었다(김현미·신지원, 2016: 156-157).

급여 기준은 다른 교육공무직원들과 달리 전년도 임금교섭 결과에 따라 다른데 이것은 전문상담사 및 특수교육실무사 등도 동일하게 적용받는다(교육부의 2020학년도 교육공무직원 보수표 참고). 시간제 돌봄전담사들은 계약서 상의 고용 형태 및 조건 그리고 위탁업체에 따라 임금의 격차가 매우 크다. 학교에서 직접 고용된 시간제 계약직의 경우는 시간당 2만 원 수준으로서 주 10시간~14시간의 수업프로그램을 운영하게 되면 월 70만 원에서 100만 원 수준의 급여를 받게 되며, 방학 중에는 주 40시간 근무할 경우 월 140만 원에서 150만 원의 급여를 받는다. 민간위탁 형식의 간접고용 시간제 돌봄전담사의 경우는 위탁업체로부터 시간당 7,620원으로 월 70여만 원의 월급이 지급되며, 그 밖에 돌봄보조인력들은 주로 일반계약직으로 계약하여 인건비를 지급받고 있다.

4대보험 가입 가능 여부는 일자리 안정성의 또 다른 하나의 기준으로 적용될 수 있는바(김윤수 외, 2013: 82), 4대 사회보험, 퇴직급여 등은 관련 법령 및 시·도교육청 지침 등에 따라 집행되고 있다. 돌봄 종사자들의 퇴직금과 관련해서는 일반적으로 「근로자퇴직급여 보장법」에 따르고 있는데 학교와 직접 계약한 학교회계직원의 경우에도 무기계약직은 4대 보험과 함께 퇴직금 제도에도 모두 해당되지만, 일반계약직에 해당하는 시간제 돌봄전담사들은 주 15시간 미만 초단시간 노동자로서 사회보험에서 배제되고 퇴직금도 계약 기간에 따라 모두 다르다. 무기계약직이 아닌 돌봄전담사들의 경우, "현실에서 이들은 2년을 초과하여 기간제 근로자로서 사용할 수 있는 예외 대상으로 무기계약직 전환 대상에서도 쉽게 제외됨은 물론 퇴직금과 국민연금, 건강보험, 고용보험 적용에서도 배제되어 있다"(김현미·신지원, 2016: 151).

돌봄전담사들의 급여와 함께 출장, 시간외 근무수당 등도 인건비에 편성·운영되고 있는데 자세한 사항은 해당 시·도교육청 지침에 따라 상이하다. 근무명령에 따라 초과근무를 한 시간에 대해서는 시·도교육청에서 정한 기준에 근거하여 학교 규정에 따라 초과근무 수당을 지급하고, 근무시간 외 교육 등에 대해서는 시·도교육청에서 정한 기준을 적용한다(17개 시도교육청·한국교육개발원, 2019: 26).

초등 돌봄교실의 휴게시간 등 복무관리의 근거는 「근로기준법」, 시·도교육청별 인사관리규정(취업규칙)에 따른다. 휴게시간의 경우, 4시간 이상 근무 시 30분 이상, 8시간 근무 시 1시간 이상을 부여하되, 휴게시간은 근로시간 중에 부여함이 원칙이다. 다만 실제의 경우 이와 다른 경우도 있는데 서울 등 일부 지역의 경우는 노사협의 등에 의해 학교의 교직원과 같이 점심시간 등을 근무시간으로 보면서 휴게시간 없이 8시간 근무를 진행하기도 한다. 사실 돌봄전담사들의 경우, 출근부터 퇴근까지 학생들과 함께 지내는 만큼 별도의 휴게시간은 없으며 될 수 있으면 학생들의 안전을 위하여 교실을 비우지 말 것을 지시받는데(김현미·신지원, 2016: 155), 이와 같은 현상은 상위법 위반의 소지가 없지 않다.

돌봄전담사의 연가, 휴가의 경우, 1년 이상 근무자는 유급연차 15일이 사용 가능하고, 1년 미만 근무자는 월 1일 유급휴가 사용이 가능하다(17개 시도교육청·한국교육개발원, 2019: 27). 연차휴가 사용이 가능한 경우에도 위탁업체에서 개인적 사유로는 쓸 수 없도록 금지해서 연차휴가 신청을 제한한 경우도 있으며(김현미·신지원, 2016: 155), 무기계약직이 아닌 돌봄전담사들의 경우에는 「근로기준법」 제18조[17] 제3항의 적용을 통해 휴일 및 연차유급휴가의 적용 대상에서도 제외된다. 초등 돌봄교실에서 "간접고용 시간제교사의 경우, 특히 위탁업체에서 실시하는 돌봄 관련 직무교육이 자주 있는데 교육시간은 근무시간으로 인정되지 않아 무급으로 처리되며 점심도 제공되지 않는다"(김현미·신지원, 2016: 155).

---

17 「근로기준법」 제18조(단시간근로자의 근로조건) ① 단시간근로자의 근로조건은 그 사업장의 같은 종류의 업무에 종사하는 통상 근로자의 근로시간을 기준으로 산정한 비율에 따라 결정되어야 한다.
② 제1항에 따라 근로조건을 결정할 때에 기준이 되는 사항이나 그밖에 필요한 사항은 대통령령으로 정한다.
③ 4주 동안(4주 미만으로 근로하는 경우에는 그 기간)을 평균하여 1주 동안의 소정근로시간이 15시간 미만인 근로자에 대하여는 제55조와 제60조를 적용하지 아니한다.

## 2. 다함께돌봄센터

다함께돌봄센터의 경우, 지자체 직영·공동운영·위탁운영[18] 등 다양한 방식으로 운영되는데 인건비는 국비·지방비 매칭 지원을 통해 마련하고 있다. 다함께돌봄센터의 인건비는 주로 정부 재원으로 이루어지는데 국비 50%, 지방비 50%(단, 서울은 국비 30%, 지방비 70%)로 분담되며, 국비지원 기준 인건비에는 월 급여, 4대보험 사업자부담금, 퇴직적립금이 포함된다. 인건비 편성 기준에 따라 지급하되, 돌봄선생님 인건비의 경우 센터 운영 상황을 고려하여 예산 범위 내에서 전일제 또는 시간제로 채용하여 집행할 수 있으며, 지역 여건 및 종사자의 경력 등을 고려하여 지자체 별도 예산 확보 등을 통해 추가로 지원할 수도 있다.

아동권리보장원(2020. 4. 10.)의 2019년 12월 말 기준 자료에 의하면, 다함께돌봄센터 종사자 중 급여를 받는 센터장은 162명으로 월 평균 급여 1,997,262원이며, 급여를 받는 돌봄선생님은 295명으로 월평균 급여 1,218,236원이었다. 시·도별 차이를 보면 센터장의 경우 180만 원대가 가장 많으면서 지역별로 최대 40여만 원의 차이가 있었으며, 돌봄선생님의 경우 최대 157여만 원에서 최소 87여만 원으로 최대 70여만 원의 차이를 보이고 있다.

종사자들은 기본급 외에 수당으로 가족수당, 정액급식비, 명절휴가

---

18  지역복지재단 등 지자체 소속 법인 등에 위탁되거나 사회적협동조합 또는 마을 주민협의체(운영위원회) 등을 구성하여 공동운영되고 있음(2018 다함께 돌봄 사업 사례집).

비와 함께 센터장의 경우 관리자수당을 받고 있는데(2020년 서울 중구 기준), 정부(지자체)의 인건비 보조 지급 상한제도에 의해 시설장은 65세, 기타 종사자는 60세까지만 정부의 인건비 보조를 받을 수 있다. 그밖에 지역에 따라 차이가 많이 나는데 서울의 경우에는 급여 체제를 정규직은 '사회복지시설 종사자 인건비 지급기준'에 따른 호봉제로 전환한 바 있으며, 일반계약직은 고시인 '서울시 생활임금체계'에 따라 지급하도록 하고 있다.

종사자의 휴가, 휴일, 휴식 등 근로시간과 관련 있는 사항에 대해서는 「근로기준법」 등 노동 관련 법령에 따르도록 되어있다. 따라서 4시간 이상 근무 시 30분 이상, 8시간 근무 시 1시간 이상의 휴게시간을 근로시간 중에 부여하여야 한다. 산전후휴가, 육아휴직 등과 관련있는 사항에 대해서는 「남녀 고용평등과 일·가정양립지원에 관한 법률」 등 관계 규정을 준용하며, 기타 종사자의 복무, 근로 등과 관련해서는 각 개별법을 준용하고 있다. 센터장은 센터 자체 운영규정에 종사자별 근무시간, 업무분장, 출퇴근 사항, 직무와 관련된 사항 등의 복무규정을 포함해야 하는바, 특별한 사유(교육, 회의 참석 등)로 외출할 경우에는 근무상황부에 기록·관리하여야 하며, 휴가는 돌봄 공백을 최소화할 수 있도록 사전에 대체 인력 확보를 통해 각각 배치할 것을 권장하고 있다.

## 3. 지역아동센터

지역아동센터의 법정종사자인 종사자에 대해서는 「최저임금법」에 따른 최저임금액 이상을 임금으로 지급하여야 하는 것으로 규정되어 있다(보건복지부, 2020b: 139). 여기서 최저임금액[19]이라 함은 국고보조사업의 기본운영비사업에서 최저임금 이상 지급해야 한다는 것으로 지자체 추가 지원수당 등 또는 특수목적형 등 사업에서의 임금과 합쳐 최저임금 이상이라는 것은 아니다. 모든 시설장 및 생활복지사 급여 체계는 동일함이 원칙이며, 일부 시·도의 경우, 사회복지사협회의 단일임금체제로 전환 중이다.

---

**최저임금의 효력에 따라 최저임금에 산입되지 않는 임금(「최저임금법」 제6조)**

(1) 상여금, 그밖에 이에 준하는 것으로서 고용노동부령으로 정하는 임금의 월 지급액 중 해당 연도 시간급 최저임금액을 기준으로 산정된 월 환산액의 100분의 25에 해당하는 부분
(2) 식비, 숙박비, 교통비 등 근로자의 생활 보조 또는 복리후생을 위한 성질의 임금으로서 다음의 어느 하나에 해당하는 것
　(가) 통화 이외의 것으로 지급하는 임금
　(나) 통화로 지급하는 임금의 월 지급액 중 해당 연도 시간급 최저임금액을 기준으로 산정된 월 환산액의 100분의 7에 해당하는 부분

---

　보건복지부(2019)의 2018년 말 기준 자료에 의하면, 지역아동센터 종사자 중 시설장의 월평균 급여(기본급과 처우개선비 포함) 수준은 2,064,401원이었으며, 생활복지사의 경우는 1,858,218원이었다. 시·도별로는 제주가 시설장 약 265만 원과 생활복지사 약 186만 원으로 가장 높으며, 그 다음이 서울로 각각 약 230만 원과 약 209만 원이었고, 대부분의 경우는 시설장은 180만 원대에서 201만 원대 그리고 생활복지사는 170만 원대에서 190만 원대에 분포되어 있다(보건복지부,

---

19 (참고) 2020년 최저임금 : 시간급 8,590원, 월급 1,795,310원(209시간 기준).

2019: 74-75). 그밖에 상여금을 지급받은 시설장은 1,848명(44.7%)으로, 연간 평균 상여금은 약 105만 원 정도로 조사되었으며, 반면 상여금을 지급받은 생활복지사는 2,463명(46.0%)으로 연간 평균 약 69만 원 정도로 조사되었다. 시간외수당을 지급받은 시설장은 559명(13.5%)으로 월평균 시간외수당은 약 23만 원 정도로 조사되었으며, 시간외수당을 지급받은 생활복지사는 748명(14.0%)으로 월평균 약 16만 원 수준으로 나타났다(보건복지부, 2019: 77).

지역아동센터의 경우 시설장과 생활복지사 등 모든 직원들에 대해 국민연금, 건강보험, 산재보험, 고용보험 등 4대보험이 적용되며, 퇴직급여 제도 설정도 의무화되어 있다. 단, 친족만을 사용하는 시설의 경우는 예외적으로 퇴직급여 제도를 갖추지 않아도 무방하며, 시설의 설치자(대표자)는 사용자이므로, 설치자(대표자)가 동 시설의 시설장으로 종사하는 경우 퇴직금 지급과 시설장의 산재보험, 고용보험 가입은 불가능하다(복지부, 2020: 67, 70).

구체적으로 4대보험 종류별 가입 여부를 살펴보면, 국민연금 가입률은 시설장 89.3%, 생활복지사 98.8%로, 건강보험 가입률은 시설장 97.2%, 생활복지사 98.4%로, 산재보험 가입률은 시설장 49.8%, 생활복지사 91.8%로, 그리고 고용보험 가입률은 시설장 48.6%, 생활복지사 92.7%로 나타났다(보건복지부, 2019: 76). 한편, 퇴직금 적립 여부와 관련해서는 퇴직금을 적립하는 시설장은 2,444명(59.1%)으로 나타났으며, 퇴직금을 적립하는 생활복지사는 5,196명(97.0%)으로 조사되었다(보건복지부, 2019: 76).

정부(지자체)의 인건비 보조의 경우 연령에 따른 지급 상한제를 두고 있는데, 시설장은 65세, 생활복지사는 60세를 넘으면 인건비 보조 대상에서 배제되었다. 종사자에 대한 노무관리를 함에 있어 「근로기준법」, 「최저임금법」, 「근로자퇴직급여 보장법」, 「남녀고용평등과 일·가정 양립지원에 관한 법률」, 「국민연금법」, 「국민건강 보험법」, 「고용보험법」, 「산업재해보상보험법」 등 노동관계 법령을 준수하여 종사자의 권리를 존중해야 한다. 상시 4명 이하 고용 사업장에서는 해고 등의 제한, 근로시간, 연장근로제한, 연차 유급휴가, 생리휴가 등이 적용되지 아니할 수 있으며, 그 외 근로계약서 작성, 최저임금, 휴게시간, 휴일, 출산전후휴가, 유사산휴가, 배우자출산휴가·육아휴직, 육아기 근로시간 단축, 가족돌봄휴직, 근로자의 날(5. 1), 산업재해보상, 사회보험, 퇴직급여, 해고예고수당 등은 적용된다.

대표와 동거하는 친족만을 사용하는 시설의 경우에는 「근로기준법」 제11조, 「최저임금법」 제3조, 「근로자퇴직급여 보장법」 제3조, 「남녀고용평등과 일·가정 양립지원에 관한 법률」 제3조에 따라 동 법률들을 적용하지 않고 있다.

「사회복지사업법」 제35조의3 신설에 따라 채용공고와 달리 종사자에게 근로조건 등을 불리하게 적용하는 경우에 500만 원 이하의 과태료가 부가되며, 「아동복지법 시행규칙」 [별표 2] 등에 의해 종사자에 대해 연 1회 건강진단을 실시하여야 한다(복지부, 2020b: 71).

## 4. 청소년방과후아카데미

청소년방과후아카데미 종사 인력의 인건비는 팀장, 담임으로 구분하고, 관련 예산이 종사 인력의 호봉에 근거하여 정해지는 것이 아니라 중앙정부의 관련 예산 확보 규모 등에 따라 연도별로 달리 정해진다. 구체적으로 청소년방과후아카데미 종사자들의 급여는 해당 지자체 및 기관의 임금체계에 따라 편성 가능하다. 즉 사업운영에 필요한 인건비는 지자체별로 예산을 확보하지만, 1) 이에 따른 총임금(기본급·제수당 등)은 정부가 정해놓은 최소수준의 급여 이상이어야 하며, 2) 사업운영비는 운영 유형별 인건비-사업비 예산 비율을 준수하는 범위 내에서만 자율적인 단가 조정이 가능하다(여성가족부, 2020, 내부 자료). 근무시간 외 근무는 가급적 지양하지만, 주말체험활동 등 불가피한 시간 외 근무 발생 시, 해당 지자체 또는 운영법인(단체)에서 별도 예산을 편성하여 근무시간 외 근무수당 지급 가능하다.

〈표 3-30〉 인건비 기준 표

| 구 분 | | | 1개반(30명) | 2개반(40명) | 3개반(60명) |
|---|---|---|---|---|---|
| 인건비 | 급여 | 팀장 | 22,704<br>(1,892천 원×<br>12개월×1명) | 25,020<br>(2,085천 원×<br>12개월×1명) | 27,708<br>(2,309천 원×<br>12개월×1명) |
| | | 담임 | 21,936<br>(1,828천 원×<br>12개월×1명) | 43,872<br>(1,828천 원×<br>12개월×2명) | 65,808<br>(1,828천 원×<br>12개월×3명) |
| | 퇴직<br>적립금 | | 연급여×10%<br>건강보험, 국민연금, 고용 및 산재보험 기관부담액은<br>지자체 및 운영기관에서 부담 | | |

출처: 여성가족부·한국청소년활동진흥원, 2020: 37.

청소년방과후아카데미의 경우, 보조금 매칭 예산 외 별도지자체별로 종사자의 처우개선을 위해 추가 복리후생비 및 각종 수당을 편성할 것을 권고하고 있다(여성가족부, 한국청소년활동진흥원, 2020: 160). 임금 관련 매뉴얼에서는 근무 환경과 관련하여 쾌적한 환경 및 복리후생 지원(제수당, 건강검진 등) 등 안정된 근무 환경 조성을 위해 노력할 것을 규정

하고 있으며, 특히 종사자들이 급식 및 귀가지도를 할 경우 근무시간
으로 산정하도록 하고 있다. 「근로기준법」 제54조에 따라 1일 근로시
간이 8시간 이상인 경우 1시간 이상 휴게시간을 근로시간 도중에 주
어야 하며, 근로시간이 1일 8시간일 경우 근로 8시간 외의 휴게 1시간
으로 9시간을 근무지에 머물러야 한다(여성가족부, 한국청소년활동진흥원,
2020: 160).

휴일과 관련해서는 「근로기준법」 및 「지자체 무기계약 및 기간제
근로자 관리 규정」에 따른다. 운영기관은 「근로기준법」 제60조(연차 유
급휴가)에서 규정하고 있는 소정의 휴가를 유급으로 허가하여야 하는
바, 1년 이상 근무자는 연 15일(8% 이상 출근 시)에 2년 당 1일 가산되는
휴가(최대 25일)를 보장받으며, 1년 미만 근무자는 1개월 개근 시 1일의
유급휴가를 부여받게 된다.

사용하지 않은 유급휴가에 대해서는 연차보상비를 지급하여야 하
며 연차보상비는 지자체 및 기관에서 부담한다. 급여 외의 각종 수당
지급은 운영기관의 규정에 따르고, 운영인력과 관련한 복무 내용은
「근로기준법」에 의거하되, 각 운영기관의 복무규정에 따르며,(여성가족
부, 한국청소년활동진흥원, 2020: 164-5) 심리적 소진방지(힐링) 프로그램도
운영되고 있는바 주목할 필요가 있다.

# 제8장 여성가족부의 아동 돌봄 관련 정책
## - 공동육아나눔터, 돌봄 공동체,
## 아이돌봄 지원사업

문재인 정부의 온종일 돌봄 체계 내에서 소개된 아동 돌봄 관련 정책 외에, 여성가족부의 아동 돌봄 관련 정책은 사각지대를 보완하거나 육아지원의 범위를 넓혀 돌봄 체계의 완성도를 높인다. 〈표 3-31〉의 여성가족부의 아동 돌봄 정책을 보면, 육아부모의 부담 경감을 위한 공간 제공과 육아부모 간 교류와 연대를 목표로 하는 '공동육아나눔터 사업'과 주민이 주도하여 돌봄친화적 지역사회 구축과 돌봄 유관기관과의 연계를 목표로 하는 '돌봄 공동체 지원사업' 그리고 아동의 가정으로 방문하여 서비스를 제공하는 '아이돌봄 지원사업'이 있다.

〈표 3-31〉 여성가족부의 아동 돌봄 정책

| 구분 | 목적 | 법적 근거 | 시작년도 | 대상 | 이용시간 | 서비스 내용 |
|---|---|---|---|---|---|---|
| 공동육아나눔터 | 부모의 육아부담을 경감하고, 지역사회가 참여하는 돌봄 공동체 조성을 통해 양육친화적인 사회 환경을 구축 | 아이돌봄 지원법, 건강가정기본법, 저출산·고령사회기본법 | 2010 | 0~12세까지 취학 전후아동 및 부모 | 주5일 상시개방 원칙, 평일 야간과 주말 연장 운영 권장(휴게시간 제외 주 40시간 이상 개방 및 주말 운영 시 평일 휴무 가능) | - 안전·쾌적 자녀돌봄 장소 제공<br>- 부모들 간 자녀양육 경험 및 정보 교유 기회 제공<br>- 이웃 간 자녀돌봄 품앗이 활동 참여 기회 제공<br>- 장난감 및 도서 이용·대여 지원<br>- 상시 프로그램 지원 |

| 구분 | 목적 | 법적 근거 | 시작년도 | 대상 | 이용시간 | 서비스 내용 |
|---|---|---|---|---|---|---|
| 공동육아나눔터 | 가족의 돌봄을 지원하면서 지역사회 내 돌봄 공동체 조성 및 운영지원, 참여 지역주민의 돌봄 및 자치역량 강화, 돌봄친화적 지역사회 환경 구축 및 기타 돌봄 유관기관과의 연계 | 아이돌봄지원법, 건강가정기본법, 저출산·고령사회기본법 | 2020 | 0~12세 | 주민이 주도적으로 공동체에서 결정 | - 주민들의 주도적 돌봄 공동체의 양성 및 발굴, 그리고 활동지원<br>- 공적 돌봄 사각지대 시간·대상 돌봄 수요 충족<br>- 긴급 상황 시 돌봄 수요 대비<br>- 지역주민의 자발적 참여와 공동체 의식 도모 |
| 아이돌봄서비스 | 아이돌보미가 찾아가는 돌봄 서비스 제공으로 부모의 양육부담 경감하고 저출산 해소에 기여 | 아이돌봄지원법 | 2007 | 영아종일제:생후3개월~만36개월이하 시간제: 생후3개월이상~만12세이하 아동 | 영아종일제:1회 3시간 이상 시간제, 질병아동 지원, 기관연계: 1회 2시간 이상 신청 | - 일시적 돌봄 수요 상황 대응과 가정 개별보육 선호 수요를 충족시키기 위해 시간제 돌봄, 영아종일제 돌봄, 질병감염 아동 돌봄, 기관연계돌봄 제공<br>- 기본형과 종합형 |

## 1. 공동육아나눔터

### 1) 개요

핵가족화로 인해 약화된 가족돌봄 기능을 보완하여 부모의 육아부담을 경감하고, 지역사회가 참여하는 돌봄 공동체 조성을 통해 양육친화적인 사회 환경을 구축하려는 목적으로, 여성가족부는 2010년 5개소에서 '공동육아나눔터 시범사업'을 실시하여 2011년 본 사업으로 확대하였고 2012년 「아이돌봄지원법」에 설치 운영 근거를 마련하였다. 그 후 2015년 109개소, 2020년 331개소 그리고 2021년 391개소로 증설해 2021년 한 해 이용 인원은 연인원으로 1,463,000명에 이르고 있다(〈표 3-32〉).

**〈표 3-32〉 공동육아나눔터의 연도별 운영 실적**  (단위: 백만 원, 개소, 천 명)

| 구 분 | 2011 | 2012 | 2013 | 2014 | 2015 | 2016 |
|---|---|---|---|---|---|---|
| 예 산 액 | 350 | 350 | 648 | 648 | 648 | 1,296 |
| 개소 수 | 60 | 64 | 72 | 84 | 109 | 120 |
| 이용 인원(연인원) | 93 | 147 | 165 | 217 | 298 | 513 |

| 구 분 | 2017 | 2018 | 2019 | 2020 | 2021.11 |
|---|---|---|---|---|---|
| 예 산 액 | 1,688 | 2,956 | 4,431 | 6,336 | 8,548 |
| 개소 수 | 160 | 205 | 279 | 331 | 391 |
| 이용 인원(연인원) | 665 | 951 | 1,441 | 509 | 1,463 |

* 2020년은 코로나19 상황으로 대부분 운영 폐쇄.

〈2010년 시범사업의 성과평가 및 운영개발을 위한 연구〉(차성란·권혜진·조정형, 2011)는 "공동육아나눔터는 공동육아활동을 수행하고자 하는 사람들이 모이는 공간임과 동시에 그 활동을 지원하는 시설이어야 함"을 강조하였다. 이후 공동육아나눔터에 대한 개념은 사업 진행과 더불어 진화하여 "①부모 등 보호자들이 모여 양육과 관련된 정보를 공유하고 자녀를 함께 돌보는 활동을 통해 가족 기능을 강화해 나가는 공간, ② 아이를 키우는 부모 누구나 이용할 수 있으며 품앗이 활동 및 이웃과의 소통을 통해 육아부담을 덜 수 있는 열린 공동체 공간"으로 정의되었다(여성가족부, 2022. 6).

공동육아나눔터 사업의 법적 근거는 「아이돌봄지원법」 제19조(공동육아나눔터), 「건강가정기본법」 제22조제1항(자녀양육지원의 강화), 「저출산·고령사회기본법」 제8조제3항(자녀의 출산과 보육 등)이다.

- 아이돌봄지원법 제19조(공동육아나눔터) ① 국가 및 지방자치단체는 아이양육 관련 정보 교류, 부모교육 등을 위하여 「주택법」 제2조제3호에 따른 공동주택 등에 공동육아나눔터를 설치 · 운영할 수 있다. 〈개정 2020.10.20.〉
  ② 국가 및 지방자치단체는 제1항에 따라 설치한 공동육아나눔터를 법인이나 단체 등 전문 기관에 위탁하여 운영할 수 있다.
  ③ 공동육아나눔터 시설 기준, 위탁 등에 필요한 사항은 여성가족부령으로 정한다. 〈개정 2020. 5. 19.〉

- 건강가정기본법 제22조(자녀양육지원의 강화) ① 국가 및 지방자치단체는 자녀를 양육하는 가정에 대하여 자녀양육으로 인한 부담을 완화하고 아동의 행복추구권을 보장하기 위하여 보육, 방과후서비스, 양성이 평등한 육아휴직제 등의 정책을 적극적으로 확대 시행하여야 한다.

- 저출산 · 고령사회기본법 제8조(자녀의 출산과 보육 등) ③ 국가 및 지방자치단체는 자녀를 양육하려는 자에게 양질의 보육서비스를 제공하기 위한 시책을 강구하여야 한다.

운영원칙은 ① (주민자치) 참여 부모는 돌봄 서비스의 소비자가 아니라 돌봄의 주체이며, 사업수행 기관은 부모들의 주체적이고 능동적인 참여를 독려하고 지원해야 함, ② (공동체성) 돌봄 방식과 내용이 부모 등 보호자가 중심이 되는 운영위원회를 통해 결정되고, 돌봄이 공동체 방식(품앗이돌봄)으로 이루어질 수 있도록 지원, ③ (보편 이용) 이용이 필요한 사람은 누구나 이용할 수 있도록 시설 이용에 제한을 두지 않음의 세 가지이다.

사업의 내용은 자녀돌봄을 위한 안전한 공간 제공, 부모 등 보호자와 자녀가 함께 하는 프로그램 운영, 지역사회 주민이 함께 하는 품앗이 돌봄 공동체를 구성 운영하며 이를 촉진하기 위한 다양한 활동 수행, 아이들의 성장과 발달단계에 맞는 다양한 놀이 프로그램을 개발하고 놀이활동을 촉진할 수 있는 교구 등을 지원하는 것이다.

| 공간 나눔 | 자녀돌봄 나눔 | 정보·자원 나눔 |
|---|---|---|
| – 아동의 놀이 공간<br>– 부모의 소통 공간<br>– 프로그램 운영 공간 | – 돌봄 품앗이 연계<br>– 가족 상담, 부모 교육<br>– 품앗이 리더 교육 등 | – 자녀 양육 정보 나눔<br>– 장난감, 도서, 육아 물품<br>– 봉사 나눔, 지역 활동 연계 |

## 2) 추진체계

공동육아나눔터 추진체계에는 여성가족부가 시·도, 시·군·구 및 한국건강가정진흥원 그리고 사업수행 기관이 포함되어 서비스 이용자에게 서비스를 제공하는 것으로 [그림 3-1] 같다.

[그림 3-1] 공동육아나눔터 추진체계도

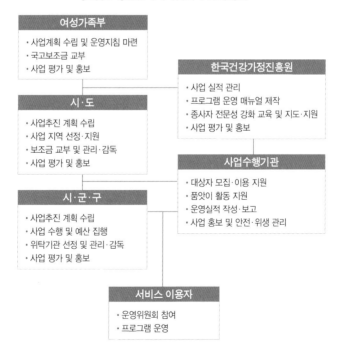

## 3) 사업의 준비와 계획

먼저, 지역별 이용자 특성을 파악하고 수요자 요구를 분석하되 공동육아에 대한 지역사회 요구, 지역 내 아동 수, 맞벌이가구 비율, 부모의 양육 태도 및 양육 방식, 부모의 양육분담 정도를 분석해야 한다.

사업인력으로 1인 이상의 종사자를 배치해야 하는데, 야간·주말·방학 기간 등 확대운영 및 효율적 운영을 위해서는 추가 인력도 배치해야 하며, 원활한 사업을 위해 자원봉사자를 활용하되, 품앗이 활동에 참여하거나 기존에 참여했던 부모 활용을 권장하고 있으며 자원봉사자센터나 노인일자리사업 등을 활용할 수 있다.

공간은 지역 내 수요를 고려하여 위치와 규모를 결정하고 환기가 어려운 지하 공간 지양, 유해물질에 노출되지 않을 쾌적한 공간 확보를 원칙으로 2019년부터는 66㎡ 이상을 확보해야 한다. 가족센터 내부형과 외부형 공동육아나눔터가 혼재하며, 외부형 공동육아나눔터로 활용할 수 있는 공간은 주민센터, 아파트 주민 공동시설, (작은)도서관, 경로당, 문화센터 등 공공·민간 유휴시설과 단독주택, 공동주택의 주거지 내 등이다. '대우건설 아파트, 한국토지주택공사 행복주택·신혼희망타운, 경기도시공사 행복주택'의 주민공동시설 및 '이마트 키즈라이브러리'와는 업무협약을 맺고 설치 예정 건물의 적합한 공간에 공동육아나눔터를 설치하고 있다.

2021년 전국 391개소 공동육아나눔터 중 농촌지역 지자체에 1개소가 설치된 곳도 있는 반면, [그림 3-2]와 같이 세종시는 15개소나 설치되어 지역의 수요와 지자체의 노력 등에 따라 공동육아나눔터 개소수는 차이를 보이고 있다.

내부 공간의 조성은 ①아동과 보호자의 이용편의를 고려하여 수유

## [그림 3-2] 다수의 공동육아나눔터가 있는 세종시 사례

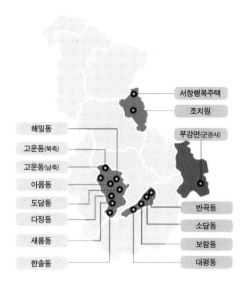

공동육아나눔터 시설현황(12개소 운영)

| 나눔터 | 위치 | 면적(m²) | 개소일 |
|---|---|---|---|
| 도담동 공동육아나눔터 | 도담동복합커뮤니티센터 1층 | 214m²(69평) | 2014. 08. 28 |
| 조치원 공동육아나눔터 | 조치원주차타워 1층 | 185.8m²(56.30평) | 2016. 10. 21 |
| 보람동 공동육아나눔터 | 보람동복합커뮤니티센터 2층 | 258.8m²(78.20평) | 2017. 10. 12 |
| 새롬동 공동육아나눔터 | 새롬동종합복지센터 1층 | 378.3m²(114.4평) | 2017. 10. 12 |
| 고운동북측 공동육아나눔터 | 고운동(북측)복합커뮤니티센터 4층 | 243.5m²(73.60평) | 2017. 10. 18 |
| 아름동 공동육아나눔터 | 아름동복합커뮤니티센터 1층 | 239.3m²(72.30평) | 2017. 10. 18 |
| 대평동 공동육아나눔터 | 대평동복합커뮤니티센터 3층 | 116m²(36평) | 2018. 04. 11 |
| 소담동 공동육아나눔터 | 소담동 공동육아나눔터 | 166.2m²(50평) | 2018. 10. 19 |
| 고운동남측 공동육아나눔터 | 고운동남측 공동육아나눔터 | 189.2m²(57평) | 2018. 10. 19 |
| 서창LH 공동육아나눔터 | 서창LH 행복주택관리동내 1층 | 234.67m²(70.2평) | 2019. 06. 27 |
| 한솔동 공동육아나눔터 | 한솔동복합커뮤니티센터 정음관 1층 | 205.76m²(62.2평) | 2019. 09. 30 |
| 부강면 군관사 공동육아나눔터 | 부강면퇴미로아파트관리동 1층 | 66.11m²(20평) | 2019. 11. 07 |
| 다정동 공동육아나눔터 | 다정동복합커뮤니티센터 2층 | 394m²(119평) | 2020. 11. 30 |
| 해밀동 공동육아나눔터 | 해밀동 공동육아나눔터 | 366.89m²(110.98평) | 2021. 11. 29 |
| 반곡동 공동육아나눔터 | 반곡동복합커뮤니티센터 5층 | 205.78m²(62.24평) | 2021. 12. 28 |

출처: https://www.sejongfamily.co.kr/main/main.php?categoryid=02&menuid=01&group
id=00

시설·기저귀 갈이 공간·위생시설 등을 배치하고, ② 안전사고 가능성을 고려하여 공간을 배치하여 모서리가 뾰족한 가구, 넘어지기 쉽거나 깨지기 쉬운 물품 등에 아동이 다치지 않도록 해야 하고, ③ 아동이 편안하고 안락함을 느낄 수 있는 구조가 되도록 노력할 것을 권장하고 있다. 공간의 설치비용은 지방비 편성 혹은 민간 지원으로 마련하되 그동안 여성가족부와 협약하여 군인관사 공동육아나눔터는 롯데그룹이 21년까지 지원하였고, 신한금융그룹은 2022년 현재도 지속적으로 지원하고 있다.

### 4) 사업 실행

지방자치단체가 수행하는 사업이지만 법인이나 단체 등 전문기관에 위탁이 가능하며 공동육아 업무에 전문성을 가진 기관에 위탁할 수 있다. 2019년부터 범정부 차원에서 생활 SOC복합화사업의 일환으로 시·군·구에 가족센터를 건립하면서 공동육아나눔터를 함께 건립하게 하였다. 따라서 2022년까지 전국 106개소 공동육아나눔터는 가족센터를 따라 생활SOC복합화건물에 입주하게 된다. 전북 익산시·광주 남구와 같이 다함께돌봄센터도 생활 SOC복합화 시설에 포함되는 경우가 있는데, 이 경우 같은 건물에 공동육아나눔터와 다함께돌봄센터가 병존하게 된다.

공동육아나눔터는 주5일 상시 개방 원칙으로 '육아부모와 자녀들의 수시 이용'이 가능한 곳이며, 맞벌이 가구의 수요가 있는 경우 평일 야간과 주말에 연장운영을 권장한다. 이용요금은 무료이며, 이웃 간 소통을 통한 교류 촉진, 부모와 자녀 간 친밀도 제고, 자녀의 사회성 발달 지원, 양육 스트레스 해소 및 자녀의 건강한 성장 지원을 위해 부모가 주체로 참여하는 '주 2회 이상 프로그램'을 ― 강사 섭외 곤란 이용자 수 적은 농촌은 1회 가능 ― 운영해야 한다. 이 두 가지 외에 공동육아나눔터의 세 번째 주요 사업은 '자녀돌봄 품앗이 지원'인데 연간 운영 절차는 [그림 3-3]과 같고 시설별로 5개 이상 운영하도록 한다.

[그림 3-3] 자녀돌봄 품앗이 연간 운영 절차

자녀돌봄 품앗이 활동은 등·하원 지원 및 긴급·일시돌봄과 같은 '돌봄', 체험·놀이·취미·독서·봉사 등 '공동활동', 반찬·육아·교육·생활용품 등 '나눔', 육아·생활정보·가족교육·상담 등 '소통'을 예시로 들 수 있다. 품앗이별로 자율적 계획을 수립하고 연2회는 전체가 모여 참여자 및 지역 주민 간 친밀감 형성을 위해 전체 모임을 실시한다. 각 품앗이에게 월 30,000원을 지원하되 맞벌이가구가 30% 이상 포함되면 50,000원을 지급한다.

공동육아나눔터는 안전관리 계획을 수립하고 안전점검 실시 및 반기별로 결과 보고를 하도록 원칙을 세우고, ①어린이시설 상해보험 또는 영업배상책임보험과 건물화재보험 가입, 아동 활동공간의 위해요소 제거, CCTV설치, ②맞벌이가구 자녀돌봄시설의 실외활동에서 돌봄인력의 동행과 보호자 비상연락망 확보, 아동별 응급처치동의서, 귀가동의서 및 일일 현황 작성, ③소화기와 피난안내도, 계단, 실내 안전관리 등 재난 안전관리, ④위생 질병 등 안전관리 지침을 세우고 있다.

끝으로 사업 예산은 2022년 1년 간 개소별 54,846천 원이며, 전담인력과 추가 관리인력의 인건비와 사업비 그리고 운영비로 구성하며 국고보조율은 서울은 30% ,지방은 50%를 차지한다. 설치 현황에 변동이 있을 때 시·군·구는 시·도로, 시·도는 여성가족부로 그리고 월별 실적은 사업수행 기관이 지자체와 한국건강가정진흥원에 제출하여 최종적으로 여성가족부가 받는다.

### 5) 맞벌이 가구 자녀돌봄시설

여성가족부에서 2018년부터 공동육아나눔터의 일부로 맞벌이 가구 자녀돌봄시설로 운영하기 시작하였다. 부모가 아동을 동반하는 것이 원칙인 공동육아나눔터에 전담인력이 돌봄 서비스를 제공하는 공동육아나눔터를 운영하게 된 것이다. 맞벌이 가구 자녀돌봄시설인 공동육아나눔터는 초등 돌봄 기관으로도 부르는데 70%까지 맞벌이 가구 자녀를 우선 모집하며 1인당 3.3m²를 사용 면적으로 한다. 그러나 공동육아나눔터 취지에 맞게 맞벌이 가정일지라도 공동체 활동 참여를 전제로 하여 보호자가 운영위원회에 참여하고, 분기별 1회 이상 자녀와 함께 하는 공동체 활동에 참여하여 형식적 차원의 참여가 아니라 아동의 심리·정서적 발달에 긍정적 영향을 미치도록 하고, 맞벌이 가정 부모교육을 병행하도록 권장하고 있다.

돌봄인력은 사업담당자 외에 전담인력 1인 이상을 배치하고 '아동돌봄, 안전한 보호, 입·퇴실 및 귀가 관리업무'를 수행하며 지역 여건에 따라 다음과 같이 자율적으로 운영할 수 있다. 1) 오후~저녁 종일 돌봄: 돌봄 서비스 수요가 크고, 돌봄인력 자원이 충분한 경우, 2) 오전 개방, 오후 돌봄 : 오전에는 시설을 외부에 개방, 3) 혼합형 : 공간 규모가 크고 인력이 충분하여 동시간대에 일부 공간을 외부에 개방할 수 있다. 운영시간은 주40시간 이상 운영하되, 주중에는 하루 4시간 이상 돌봄 서비스를 제공하도록 하고 있다. 맞벌이가구 자녀돌봄시설의 경우 야외활동 공간에 인접할 것 그리고 아파트 등 공동주택의 주민공동시설의 경우 아파트단지 외에 인근주민이 이용할 수 있도록 「공동주택관리법 시행령」 제29조의2에 따라 아파트 주민의 동의를 받을 것을 전제로 하고 있다.

2020년에는 코로나19에 대응하기 위하여 전국의 공동육아나눔터를 긴급돌봄시설로 전환하고, 만 2세~12세 이하 자녀가 있는 가정에 무상으로 돌봄을 지원하고 있다(여성가족부 공식블로그). 2021년 기준 공동육아나눔터 운영 현황은 총 391개소로 군인관사 공동육아나눔터 45개를 포함하고 있다. 그 가운데 영유아와 초등학생을 함께 돌보는 '혼합형' 공동육아나눔터는 총 263개소이며, 초등 돌봄 기관은 123개소로 '신한꿈도담터'라는 부제를 사용한다.

## 6) 운영의 문제점과 개선 방안

여성가족부가 발주한 연구용역(김선미·이승미·구혜령, 2020)에서는 전국 8개 지역의 공동육아나눔터를 선정하여 현장 조사한 결과 공동육아나눔터의 기능과 운영상 어려움 그리고 활성화 방안을 제시하였다. 먼저, 공동육아나눔터는 ① 주민의 소통과 교류 및 가족품앗이를 통한 연대, ② 육아부담과 스트레스를 해소하고 공간을 제공하는 등 육아부모 지원, ③ 맞벌이 가정 자녀돌봄 지원 및 돌봄 공동체를 통한 간접지원 등 돌봄지원 및 ④ 가족센터의 축소판과 분소 역할을 하고 있다.

그러나 운영상의 문제로 ① 일손 부족·경력직 부재·부가 업무 과중·실무자의 가족센터 내 낮은 위치 등 '인력문제', ② 내부 및 외부 '공간문제', ③ 혼자 오는 아이들의 문제, 운영 시간 연장에 대한 민원, 예산, 실적 산출, 명칭, 홈페이지 등 '관리문제', ④ 주민과 실무자가 부담으로 느끼는 '주민주도형 공동육아나눔터 지향 문제'를 확인하였다.

연구결과 및 여성가족부 그리고 한국건강가정진흥원은 다음과 같은 활성화 방안을 도출하였다. ① '공간과 시간' 측면에서, 충분히 넓은 쾌적한 내부 공간을 확보하고, 놀이공간과 프로그램실 및 가족품앗이 활동공간을 구분하여 조성해야 하며, 놀이공간도 영유아와 초등학생의 발달단계가 고려되어야 한다. 내부 공간은 양육가정이 밀집한 곳에 위치하여 접근이 쉽고, 주민센터나 문화복지센터 등 복합건물 그리고 어린이 관련 공공기관 — 도서관, 어린이집, 장난감 대여점 등— 과 근접 설치하되 복합건물의 경우, 건물 입구에 그러나 안전을 고려하여 대로변을 피하여 설치하여야 한다. 1시~9시까지 운영되는 경우에는 평일 오전 운영 요구가 있고, 6시에 문을 닫는 경우에는 저녁시간 연장 요구가 있는데 특히 맞벌이 부모의 출장과 야근시 돌봄을 지원하기 위한 저녁 운영이 필요하다. 또 수요가 있는 모든 공동육아나눔터에서 주말 운영도 가능하도록 시간 조정과 인력 보강이 요구된다. ② 젊은 부부 밀집 지역에서 공동육아나눔터가 가족센터 축소판으로 기능하도록 하고, 새 아파트의 초등 돌봄요구 증가에 대비하기 위해 '증설'하되 주민 접근성이 좋은 공공기관에 증설하는 것을 추천한다. ③ '인력을 확충하고 질관리'를 위해 보조인력을 충원하고 프로그램을 기획·운영할 수 있는 우수 직원을 채용하며, 가족센터에서의 위치와 복리후생 개선 및 회의 참여 등 실무자 처우를 개선해야 한다. ④ '운영방안 개선'으로 민간 혹은 공공의 경쟁기관과의 차별성과 확장성 확보, 조례 마련과 별도의 홈페이지 개설, 복수 공동육아나눔터 운영시 통합예산 및 재량권 부여, 가족센터 브랜드사업으로 삼아 홍보하고 부모교육·문화· 상담 등 사업과 연계할 수 있도록 한다.

## 2. 돌봄 공동체

### 1) 개요

주민주도형 돌봄 공동체는 0세~12세 이하 아동을 대상으로 하여 2020년부터 여성가족부에서 한국건강가정진흥원 및 시·군·구 가족센터를 통해 시범사업으로 실시하고 있다. 2020년 10개 지역사회를 근거로 한 33개 돌봄활동그룹을 시작으로 2021년에는 2개 지역을 추가해 총 12개 지역사회를 근거로 44개 돌봄활동그룹을 그리고 2022년에는 동일한 12개 지역에서 총 84개 돌봄활동그룹으로 증가하여 시범사업을 실시하고 2023년에 본 사업으로 확정하였다. 주민주도형 돌봄 공동체 사업은 기존 돌봄 체계의 틈새 — 학교 방과후 돌봄 종료 후 부모 퇴근 전까지 시간과 하교 후 여러 기관과 시설을 옮겨다니는 초등학생의 자투리 이동 시간, 맞벌이·저소득·한부모 가정은 아니지만 입원·출장·취업준비 등의 사유로 일상의 공백이 발생하는 가정의 경우 — 를 매우는 역할을 할 수 있다. 돌봄교실 이용 자격이 없는 초등학교 고학년도 사각지대이다.

주민주도형 돌봄 공동체사업은 이렇게 시각지대에서 가족의 돌봄을 지원하면서 지역사회 내 돌봄 공동체 조성 및 운영지원, 참여 지역주민의 돌봄 및 자치역량 강화, 돌봄친화적 지역사회 환경 구축 및 기타 돌봄 유관기관과의 연계를 목적으로 하는 "돌봄 당사자가 돌봄의 질과 내용을 결정하여 제공하는 지역사회 내 돌봄 공동체이며 돌봄 공동체 활동을 통해 가족 내 소통이 증가하고 함께 보내는 시간이 증가함에 따라 가족관계 개선 및 다른 가족과의 상호발전적 교류가 가능한 것"으로 정의한다(정가원외, 2021, 사업안내지침으로 작성한 부록 참조).

법적 근거는 공동육아나눔터와 마찬가지로 「건강가정기본법」 제22조제1항(자녀양육지원의 강화)과 「저출산·고령사회기본법」 제8조제3항(자녀의 출산과 보육 등)이다. 운영 원칙은 ① (주민주도) 돌봄 당사자는 돌봄 서비스의 소비자가 아니라 돌봄의 주체이며 사업수행 기관은 돌봄 당사자들의 자발성과 자율성을 독려하고 지지해야 함, ② (책무성) 국가 예산이 투입되는 정부지원 돌봄사업이므로 구성원은 사업의 요구 조건을 숙지하고 이행해야 함, ③ (지역사회 환원) 사업운영기관과 돌봄 공동체 구성원은 해당 돌봄 공동체의 존속뿐 아니라 지역사회 내 다양한 공동체의 공존과 지속가능성 제고를 위해 노력해야 함의 세 가지가 될 수 있다. 사업의 내용은 신규 돌봄 공동체 발굴 및 조성 지원, 돌봄 공동체 운영 및 구성원 역량 강화 지원, 그리고 지역사회 내 다양한 돌봄 공동체의 공존 및 지속가능성 제고로 할 수 있다.

시범사업의 성과에 대한 보고서(정가원·최유진·김효주·권도연,2021)를 통해 돌봄이 지역사회가 함께 하는 것이라는 인식을 확산하고 다른 돌봄 유관기관과 협력적 네트워크를 구축한 것 그리고 구성원들의 돌봄역량이 강화된 점과 무엇보다도 수요자 중심의 돌봄이 이루어진 점을 확인하였다.

## 2) 사업 준비와 계획(안)

한국건강가정진흥원은 2년에 걸친 시범사업에 참여한 중간지원조직의 센터장과 사업담당자인 돌봄코디네이터의 의견을 수렴하는 한편, 돌봄 공동체 사업 참여 경험이 있는 돌봄그룹 사례 분석 및 전문가 자문회의를 거쳐 주민주도형 돌봄 공동체 운영모델을 제시하였다(정가원·최유진·김효주·권도연, 2021).

돌봄 공동체 사업은 지역별 기존 돌봄 공동체 및 그 가능성이 높은 주민모임과 조직을 발굴하고, 돌봄 공동체를 조성하고, 안정적 운영을 위한 지원수요를 분석하는 것으로 시작한다. 그 후 사업수행 기관의 여건에 맞는 실천 가능한 계획을 수립하고 사업수행 기관의 역량과 서비스 질을 지속적으로 높일 수 있도록 운영계획을 수립하며, 돌봄 공동체 구성원의 여건·역량·참여 수준에 맞는 계획 수립과 지속 성장을 지원한다.

사업담당자는 다수의 돌봄활동그룹을 관리하는 돌봄코디네이터로 1인의 전담 종사자를 배치하되 공동육아나눔터 사업운영 경험이 있는 종사자를 우선 배치하고, 주간·야간·주말·방학 기간 등 사업의 효율적 운영을 위하여 자원봉사자를 활용할 수 있다.

지역사회 주요 돌봄자원을 발굴하고 돌봄 공동체 사업에 연계하기 위해 지역사회 돌봄자원 DB를 구축하는 일이 중요한데 지역사회 주요

〈표 3-33〉 지역사회 주요 돌봄지원 자원

| 구 분 | 자 원 |
|---|---|
| 종합사회복지관 | 지역사회주민을 대상, 가족기능 강화, 주민 상호간 연대감 조성 등 서비스 |
| 육아종합지원센터 | 육아지원을 위한 거점기관으로, 어린이집 지원, 보육 컨설팅, 상담 등 제공 |
| 청소년 수련관 | 진로프로그램, 학교폭력 치료 프로그램, 위기청소년 구제 프로그램 등의 활동 |
| 청소년문화의집 | 청소년을 위한 다양한 정보 문화 예술활동 지원 |
| 소방서 | 재난 안전교육 |
| 공공체육시설 | 도시관리공단, 생활체육과 관리시설 |
| 보건소 | 건강검진 |
| 정신보건지원센터 | 부모교육 등 |
| 청소년상담복지센터 | 심리검사, 상담, 개입을 통해 청소년 문제를 해결하는데 도움 |
| 노인일자리지원기관 | 노인 일자리를 공급하여 노인에게 소득창출 및 사회참여 기회 제공 |
| 여성새로일하기센터 | 직업상담, 구인/구직 관리, 직업교육, 인턴십, 취·창업지원, 취업 후 사후관리 |
| 주민자치센터 | 주민센터의 공간에 설치·운영하는 편익시설 및 문화프로그램 제공 |
| 가로녹지 | 소공원, 녹지로 활용할 수 있는 나대지 등 |
| 주민공동이용시설 | 다목적 커뮤니티시설, 공동체주택이나 마을공방, 공동작업장 등 공동시설 |
| 협동조합 | 소생산자, 소비자가 협력하여 공동출자에 의해 형성된 기업 |
| 사회적기업 | 사회적 목표달성을 목적으로 하는 기업 |

출처: 정가원 외(2021: 120)

돌봄지원 자원의 예는 〈표 3-33〉와 같다. 느슨한 연계 기관으로 연 1회이상 교류하고 구축한 DB 중 프로그램이나 공간을 제공해 줄 수 있는 기관 또는 상시돌봄에 필요한 급·간식 활동지원 그룹들과 우선협약하는 '함께 돌봄협약'과 상설 돌봄 마을협의체를 구축하고 강사협동조합과 같은 사회적 경제그룹들과 같은 지역사회 중간지원기관과 협조체제를 갖추는 것도 준비의 일환이다.

### 3) 사업의 실행(안)

사업의 실행은 첫째, '신규 돌봄 공동체 참여자 모집과 육성 및 돌봄 공동체 발굴'이 있다. 둘째, '주민주도형 돌봄 공동체 사업 관련 교육'으로 직무교육을 통해 주민주도형 돌봄 공동체 사업을 이해하는 것을 주민주도형 돌봄 공동체 구성원을 대상으로 한 기본교육, 리더 대상 양성교육, 잠재적 구성원인 지역주민 대상 교육의 네 가지를 포함한다.

셋째 '주민주도형 돌봄 공동체 구성원과 리더교육'을 실시한다. '주민이 주도'란 계획·수립·실행·사후관리 등 사업의 전 과정을 주민들이 주도하는 것과 지역사회 돌봄 이슈에 대응하고 공동체를 형성하기 위해 직접 결정하고 실천하며 의사소통에 참여하고 개방적인 네트워크를 형성하도록 자원을 연결하고 조정한다는 의미이다. '주민이 주도'하는 돌봄 공동체 활동 준비 교육과정에는 ① 공동체 놀이과정, ② 품앗이 운영자 과정, ③ 공동체 운영 예비과정, ④ 돌봄 공동체 운영 기본과정, ⑤ 마을돌봄 경영자과정, ⑥ 돌봄네트워크 조성 및 운영이 포함된다.

넷째, '돌봄 공동체의 사업 운영'에는 ① 돌봄을 위한 '학습동아리 활동', ② 부모품앗이나 어르신 품앗이 등 '품앗이 활동', ③ 서로돌봄 모임, ④ 함께 돌봄 공동체, ⑤ 동네 어른모임, ⑥ 우리동네 돌봄친구 지정이 있다.

다섯째, 행정을 지원하고 돌봄코디네이티가 컨설팅을 지원하며 운영관리 및 사업관리 측면에서 현안 애로사항 및 개선 의견을 수렴하는 모니터링과 피드백을 실시한다.

끝으로 안전사고 예방지침교육 및 안전보호활동 모니터링, 의료기관과 비상연락체계 구축, 구성원 간 비상연락망 작성, 응급처치동의서와 귀가동의서 등 양식 공유, 사업담당자의 방문과 위험요소 제거, 보험가입 등을 골자로 하는 안전관리 및 위생 질병 등의 안전관리도 사업실행에서 중요하다.

### 4) 추진체계(안)

돌봄 공동체 추진체계에는 [그림 3-3]에서 제시한 것처럼, 공동육아나눔터의 추진체계와 유사하며 여성가족부가 시·도 시·군·구 및 한국건강가정진흥원 그리고 사업수행기관이 포함되어 돌봄 공동체를 지원하는 것으로 [그림 3-4, 3-5]와 같다. 단, 여성가족부의 아동 돌봄 정책으로 공동육아나눔터사업과 돌봄 공동체사업은 [그림 3-4]의 우측과 같이 가족센터를 통하여 추진될 수 있다.

가족센터는 내부에 설치한 공동육아나눔터뿐 아니라 아동이 밀집된 지역의 외부 공동육아나눔터를 통하여 직접 자녀를 돌보는 부모의 양육을 지원하거나 일부 '맞벌이 가정 초등전담돌봄 서비스'를 실시할 수 있다. 또한 지역의 다양한 공간을 활용하여 활동하는 주민이 주도하는 돌봄 공동체는 공동육아나눔터를 운영하는 가족센터가 사업수행기관이 되어 활동을 지원할 수 있다. 가족센터를 통한 돌봄활동은 단순한 돌봄을 넘어 다양한 가족을 단위로 하여 부모교육과 문화·상담 등 통합적 서비스를 제공하여 아동의 성장 발달을 다각도로 지원하는 장점을 지닌다.

**[그림 3-4] 돌봄 공동체 추진체계도와 가족센터 및 공동육아나눔터와의 관계**

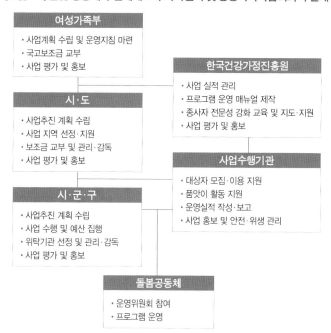

**여성가족부**
- 사업계획 수립 및 운영지침 마련
- 국고보조금 교부
- 사업 평가 및 홍보

**한국건강가정진흥원**
- 사업 실적 관리
- 프로그램 운영 매뉴얼 제작
- 종사자 전문성 강화 교육 및 지도·지원
- 사업 평가 및 홍보

**시·도**
- 사업추진 계획 수립
- 사업 지역 선정·지원
- 보조금 교부 및 관리·감독
- 사업 평가 및 홍보

**사업수행기관**
- 대상자 모집·이용 지원
- 품앗이 활동 지원
- 운영실적 작성·보고
- 사업 홍보 및 안전·위생 관리

**시·군·구**
- 사업추진 계획 수립
- 사업 수행 및 예산 집행
- 위탁기관 선정 및 관리·감독
- 사업 평가 및 홍보

**돌봄공동체**
- 운영위원회 참여
- 프로그램 운영

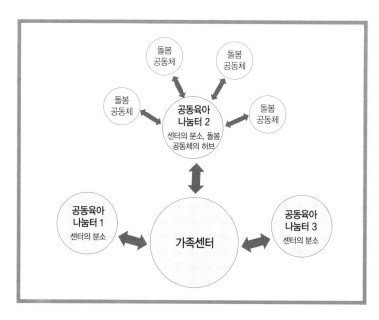

## [그림 3-5] 돌봄 공동체 시범사업 추진체계도(여성가족부, 2021)

| 여성가족부 | • 사업 총괄 |
|---|---|
| 총괄 관리 · 운영 기관<br>(現 한국건강가정진흥원) | • 컨설팅·교육지원, 네트워크 연계 지원, 모니터링<br>• 돌봄 공동체 모델 개발·확산, 각종 매뉴얼 개발 등 |
| 지자체 | • 사업 운영 집행 정산<br>• 돌봄공동체 발굴 및 운영 지원, 지역 돌봄자원 연계 등 |
| 운영 기관(건강가정.<br>다문화가족지원센터) | • 돌봄공동체 발굴·육성<br>• 돌봄활동운영지원, 돌봄장소발굴연계, 지역맞춤형활동연계 등 |
| ┃협업 | |
| 돌봄공동체 | • 공동체 운영 및 돌봄 활동 실시 |

## 5) 돌봄 공동체 이용 현황

2020년 돌봄 주체는 22,235명, 돌봄 아동은 78,061명, 2021년 돌봄 주체는 44,088명, 돌봄 아동은 165,264명이며 시범사업 수행기관인 한국건강가정진흥원은 이용 아동의 90%가 초등학생으로 추산하고 있다.

〈표 3-6〉 돌봄 공동체 지원 시범사업 실적 -돌봄 주체와 돌봄 아동 수

| 연 도 | 돌봄 주체 | 돌봄 아동 | 비고 |
|---|---|---|---|
| 2020 | 22,235명 | 78,061명 | |
| 2021 | 44,088명 | 165,264명 | 초등학생비율<br>90% |

출처: 한국건강가정진흥원(2022. 3)

[그림 3-6]에는 2020년부터 시범사업에 참여해온 광주광역시 남구의 사례를 보여준다. 모두 5개 돌봄그룹의 돌봄 주체와 돌봄 아동수 및 연령, 그리고 돌봄 장소와 돌봄 시간을 알 수 있다.

[그림 3-6] 광주 남구 돌봄 공동체 사례

| 이름 | 돌봄 주체 수와<br>돌봄 아동 수 | 돌봄 장소와<br>돌봄 시간 | 사진 |
|---|---|---|---|
| 놀아조 | 10명(남5, 여5)<br>10명(영유아와<br>초등생) | 공동육아나눔터 2호점<br>월~금 : 9시~18시,<br>토요일 : 9시~13시 |  |
| 십시일반 | 5명<br>20명(5세~12세) | 봉다리사랑방<br>월~금 : 오후 4시~8시 | |
| 에코시티 | 5명(여4, 남1)<br>10명(3세~12세) | 작은도서관<br>월~금 : 16시~18시<br>토요일 : 10~13시 | |
| 우리꿀단지 | 10명(남5, 여5)<br>10명(4세~12세) | 공동육아나눔터2호점<br>월~금 : 16시~20<br>토요일 : 13~18 | |
| 주민회의 | 5명<br>12명(5세~12세) | 효천중앙교회 1층 전관<br>월~금 : 14시~18시<br>주말·휴교일·방학<br>12시~16시 | |

# 3. 아이돌봄 지원사업

## 1) 개요

아이돌봄 지원사업은 가정의 아이돌봄을 지원하여 아이의 복지 증진 및 보호자의 일·가정 양립을 통한 가족구성원의 삶의 질 향상과 양육친화적인 사회 환경을 조성(「아이돌봄 지원법」 제1조)하는 것을 목적으로 한다. 부모의 출장, 야근 또는 아동의 질병 등으로 발생하는 일시적 양육 공백에 따른 돌봄 수요에 탄력적으로 대응하여 시설보육의 사각지대를 보완하는 한편, 자녀의 안전과 건강한 양육을 위해 1:1 개별보육을 선호하는 취업부모에게 가정 내 2세 이하 영아 돌봄 서비스를 제공하는 사업이다.

| 가족 구성원의 삶의 질 향상 | | |
|---|---|---|
| **아동의 안전한 보호·복지증진** | **부모의 일·가정 양립** | **돌봄 자원 창출** |
| ⬆ | ⬆ | ⬆ |
| (영아 및 방과 후 아동) 개별 가정 특성 및 아동발달을 고려하여 아동의 집에서 돌봄 서비스 제공 | (취업 부모) 야간·주말 등 틈새 시간 '일시 돌봄' 및 '영아 종일 돌봄' 등 수요자가 원하는 서비스 확충 | (아이돌보미) 육아·돌봄 의사가 있는 자에게 교육지원과 능력개발을 제공하여, 사회서비스 수요와 연계 활성화 |

그동안의 추진 경과를 보면, 2007년 '아이돌보미 지원 사업 및 장애아가족 아동 양육 지원 사업'을 신규 실시하여 2008년에 아이돌보미 지원 사업을 65개소로 확대한 후 2009년 아이돌보미 지원사업을 전국으로 확대하였으며, 장애아 양육 지원 사업을 분리 운영하였다. 2010년에는 0세아 영아종일제 돌봄 서비스 사업을 신규 실시하였는데 2011년에는 월 최소 이용시간을 160시간에서 120시간으로 변경하였다. 2012년에는 영아종일제 돌봄 지원 대상을 영유아가구 소득 하위 70%이하에서 모든 취업부모 대상으로 확대하였으며, 「아이돌봄 지원법」을 제정하고 '아이돌봄 지원사업'으로 명칭을 변경하였다.

2013년에는 시간제 돌봄 지원예산을 확대하고 취약계층 자녀 등에 대한 '아이돌봄 서비스 우선 제공' 근거 조항을 신설하였다. 2014년에 영아종일제 돌봄 지원 연령을 만 12개월까지에서 만 24개월까지로 확대하였는데 2017년에 만 36개월로 확대하여 지금에 이르고 있다. 2015년에는 영아종일제 대기관리 시스템 운영과 아이돌보미 휴일 및 야간활동수당 지급을 시작하였고, 2016년에는 이용가정 소득유형 판정 기준을 전국가구 평균소득에서 기준 중위소득으로 변경하였다.

2018년에는 본인이 전액 부담하는 〈라〉형을 제외한 〈가·나·다〉형에 대하여 영아종일제·시간제 돌봄에 대한 정부지원율을 5%p 상향하고 시간제 돌봄 정부 지원 시간을 연 480시간에서 600시간으로 확대하였다. 2019년에는 정부 지원의 범위를 중위소득 120%에서 150%로 상향하였고, 영아종일제·시간제 돌봄 정부지원율(기존 지원) 각 5%p 증가, (신규지원) 15~20% 증가하였으며, 시간제 돌봄 지원 시간을 연 600시간에서 720시간으로 그리고 중증장애 부·모의 자녀 대상 정부 지원 시간 특례를 연 720시간에서 960시간으로 확대하였다. 아이돌보미에게 주휴 등 법정수당을 지급하여 처우를 개선하였다. 가장 최근의 변화로는 2021년 시간제 돌봄 정부 지원 시간을 다시 연 720시간에서 840시간으로 확대한 것을 들 수 있다. 2022년 아이돌봄 지원 사업의 예산은 총 423,337,498천 원이며 국비 276,005,311천 원, 지방비 156,332,187원으로 국비보조율은 서울은 30%, 지방은 70%이다.

## 2) 추진체계

추진체계는 [그림 3-7]과 같이 여성가족부는 주무부처로서 사업 계획과 지침 마련·예산 확보 및 지원 사업 평가 및 홍보를 담당하고, 중앙지원센터는 연구 및 교재 개발·광역지원센터 지원·아이돌보미 교육기관 관리·사업활성화 업무를 담당하여 여성가족부에 사업실적과 평가 결과를 보고한다. 아이돌보미 수급계획 및 조정·서비스 제공 현황 모니터링·아이돌보미 교육관리는 광역지원센터가 담당하며, 양성교육 및 보수교육을 운영하고 결과를 보고하는 교육기관을 지정한다. 서비스제공기관은 이용자와 아이돌보미 간 서비스 연계 지원·지원 대상자 가구 확인·지원실적 통계 등 작성과 보고를 맡는다.

## [그림 3-7] 아이돌봄지원사업 추진체계도 및 업무흐름도

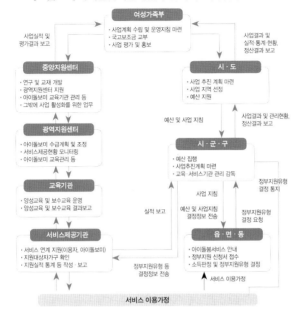

* (공통)아이돌봄서비스 이용을 위해서는 신청인 명의의 국민행복카드 필요
* '가~다'형 가구는 ①번부터, '라'형 가구는 ④번부터 진행

| 절 차 | 내 용 |
|---|---|
| ① 아이돌봄서비스 정부<br>지원 결정 신청<br>(읍·면·동) | ▶ 신청권자 : 아동의 부모, 양육권자<br>▶ 신청장소 : 읍·면사무소 및 동주민센터<br>▶ 신청서식<br>　1) 사회보장급여 신청(변경)서<br>　2) 정부지원 대상 입증서류(취업증빙 서류 등)<br>▶ 신청 후 처리기한 : 14일 이내 |
| ② 소득 조사<br>(읍·면·동) | ▶ 소득유형 판정 기준 : 건강보험료 본인부담금 부과액<br>▶ 맞벌이 소득감경 : 합산소득의 25% 감경 |
| ③ 지원대상자 결정 및<br>통지(시·군·구) | ▶ 정부지원 결정 대상<br>　- (영아종일제) 생후 3개월~36개월 이하 아동, 기준 중위소득 150% 이하<br>　 가구에 유형별 정부지원(가~다) * 지원비율은 요금표 참조<br>　- (시간제) 만 12세 이하 아동, 기준 중위소득 150% 이하 가구에 유형별정부지원<br>　 (가~다) * 지원비율은 요금표 참조<br>▶ 정부지원 결정 통지 : 시·군·구 담당자가 서비스 신청자에게 통지 |
| ④ 서비스 제공<br>(서비스제공기관) | ▶ 서비스 이용신청<br>　- 홈페이지를 통해(해당 지역 서비스제공기관) 신청<br>　- 서비스제공기관은 정회원 처리 및 서비스 이용자 준수사항 등 안내<br>　- 1달 전 신청 권장<br>　- 서비스 신청시 국민행복카드를 조회하여 선택하고 진행<br>　- 국민행복카드 이용시 본인부담금은 카드사로 납부<br>　 * 가상계좌 이용자는 본인부담금 선입금 후 이용가능(서비스 이용 1일 전까지)<br>▶ 정부지원 시간<br>　- (영아종일제) 월 60시간~200시간 이내<br>　- (시간제) 연 840시간 이내<br>　 * 정부지원 시간 초과 시 전액 본인부담으로 서비스 이용 가능<br>▶ 서비스 내용 : 아이돌보미가 아동의 집으로 찾아가 돌봄 서비스 제공<br>　- (영아종일제) 이유식 먹이기, 젖병 소독, 기저귀 갈기, 목욕 등<br>　- (시간제) 놀이활동, 준비된 식사 및 간식, 보육시설(초등학교) 등·하원(교) 동행 등<br>▶ 서비스제공기관은 이용가정과 아이돌보미 간 서비스 연계 지원 |
| ⑤ 사후관리<br>(시·군·구, 서비스기관) | ▶ 정부지원 대상자 변동처리<br>　- 사망, 말소, 전출입, 연령초과, 중증장애인 판정(변동정보 자동 처리)<br>　- 서비스 본인포기, 이용제한, 부정사용 등의 서비스 중지는 서비스제공기관이<br>　 본인에게서 통보받은 후 변경신청서 생성 및 처리 |

출처: 아이돌봄 지원사업 안내(2022: 14)

서비스 이용 가정은 서비스 제공 기관에 연계신청을 하여 아이돌보미와 연결된다. 읍·면·동에 서비스 이용가정은 정부지원을 신청하여 지원유형 결정을 통지 받는다. 읍·면·동은 아이돌봄 서비스 안내·정부지원 신청서 접수·소득 판정과 정부지원 유형 결정을 맡는다. 읍·면·동은 시·군·구에 정부지원유형결정을 요청하며 시·군·구는 예산집행·사업추진계획 마련·교육/서비스기관 관리 감독 업무를 하고 읍·면·동에 사업지침과 예산을 내린다. 시·군·구는 시·도에 사업결과 및 관리 현황과 정산결과를 보고하고 시·도는 사업추진계획을 마련하고 사업 지역을 선정하며 예산을 지원하는 한편 여성가족부에 사업결과·실적/통계/현황/정산/결과를 보고한다.

아이돌봄 서비스 이용 절차를 보면, '가~다'형은 정부지원 결정을 받은 후 아이돌봄 서비스 이용하는데 읍·면·동에서 사회보장급여 신청을 하여 '가·나·다' 유형 중의 하나로 정부지원 결정을 받은 후 지역 서비스제공기관에 서비스 신청 및 이용하고, '라'형은 정부지원 결정 절차 없이 관내 서비스제공기관에 서비스 신청 및 이용한다([그림 3-7]의 아래 그림 참조]).

### 3) 사업의 내용

아이돌봄 서비스의 종류와 돌봄 대상은 네 가지이다. ① 영아종일제서비스 : 생후 3개월 이상~만 36개월 이하 영아, ② 시간제서비스 : 생후 3개월 이상~만 12세 이하 아동(기본형, 종합형)에게 1회 2시간 이상 신청, ③ 질병감염아동지원서비스 : 법정 전염성 및 유행성 질병에 감염된 만 12세 이하의 시설 이용 아동, ④ 기관연계서비스 : 사회복지시설, 학교, 유치원, 보육시설 등의 만 0세~12세 아동이다. 기본 이용

시간은 ① 영아종일제서비스는 1회 3시간 이상 신청해야 하며, ② 시간제서비스, 질병감염아동지원서비스, 기관연계서비스는 1회 2시간 이상 신청해야 한다. 정부의 지원은 영아종일제는 월 60시간에서 200시간이내, 시간제는 연 840시간 이내이다.

기본 이용요금은 영아종일제는 10,550원, 시간제 기본형은 10,550원, 종합형은 13,720원이며 질병감염아동은 12,660원, 기관연계는 16,870원을 부과한다. 동일시간대 형제·자매 추가 시 아동별로 요금 총액의 (2명) 25% 감액, (3명) 33.3% 감액하며, 야간 또는 일요일, 「관공서의 공휴일에 관한 규정」에 따른 공휴일, 근로자의 날 이용 시에는 서비스 종류별 시간당 기본요금에서 50%를 증액한다.

영아종일제와 시간제 서비스 내용은 차이가 있다. 먼저, 영아종일제 아이돌봄 서비스는 생후 3~36개월 영아 대상 이유식먹이기, 젖병 소독, 기저귀 갈기, 목욕 등 종일 돌봄을 제공하되, 아이가 생후 3개월이 경과하지 않더라도 이용가정과 협의한 경우 서비스 이용이 가능하다. 시간제 아이돌봄 서비스는 만 12세 이하 아동에게 아이돌보미가 집으로 찾아가 임시보육, 놀이활동, 준비된 식사 및 간식 챙겨주기, 등·하원 동행 등 돌봄을 제공하는 것을 '기본형'으로 하고, 기본형 돌봄에 아동과 관련한 가사를 추가하여 돌봄을 제공하는 것을 '종합형'으로 하여 각기 요금을 다르게 부과한다.

돌봄을 제공하는 아이돌보미는 「아이돌봄 지원법」 제6조에서 규정하는 결격 사유 해당 여부에 대한 확인 절차를 거치고 동법에 따른 소정의 교육과정과 현장실습을 수료해야 하며, 매년 보수교육 이수와 건강진단서 제출 의무가 있고 서비스 제공 중 발생하는 안전사고 보상 등에 필요한 금액을 지급하기 위한 손해배상보험에 가입해야 한다.

소득기준에 따른 가구 유형별로 차등하여 정부지원율 적용하는데 '가~다'형은 맞벌이가정, 한부모가정, 장애부모가정, 다자녀가정, 기타 양육부담 가정 등 양육공백이 발생하는 가정 중에서 기준 중위소득이 150% 이하인 가구이며, '라'형은 양육공백이 발생하지 않는 가정 (전업주부 등) 또는 기준 중위소득이 150%를 초과하는 가구로 노인장기요양보험료를 제외한 건강보험료 본인부담금 부과액을 기준으로 월평균 가구소득 금액을 산정한다.

1. 취업, 한 부모, 맞벌이 가정
2. 가정에서 아동을 양육하는 부 또는 모가 '장애인복지법 제2조'의 규정에 의한 장애인인 가정 또는 부모 모두 동법에 따른 장애인인 가정에 해당
3. 다자녀 가정 (단, 부모 모두 비취업 등으로 아동 양육이 가능한 경우는 제외)
   – 만 12세 이하 아동 3명 이상
   – 만 36개월 이하 아동 1명 이상을 포함하여 만 12세 이하 아동 2명 이상인 가정
   – 장애의 정도가 심한 장애인(중증) 자녀를 포함하여 만 12세 이하 아동 2명 이상
   – 건강보험 산정특례 대상(중증질환, 희귀난치질환) 자녀 포함하여 만 12세 이하 아동 2명 이상
4. 기타 양육부담 가정 (단, 부모 모두 비취업 등으로 아동 양육이 가능한 경우 제외)
   – 부 또는 모의 입증 가능한 장기 입원 등의 질병 및 상해에 의한 양육공백
   – 부 또는 모가 학교에 재학 중이거나 취업준비(학원 수강 등 입증에 한함) 중인 경우
   – 모의 출산으로 출생 아동의 형제·자매에 돌봄 공백이 발생한 경우
   – 부 또는 모의 군복무, 재감 등

<표 3-35> 시간제서비스 소득유형별 정부지원금 및 본인부담금('22년 기준)

| 유형 | 소득기준 (기준중위 소득) | 일반가정 | | | | | | | |
| | | 기본형(시간당 10,550원) | | | | 종합형(시간당 13,720원) | | | |
| | | A | | B | | A | | B | |
| | | 정부지원 | | 본인부담 | | 정부지원 | | 본인부담 | |
| 가 | 75% 이하 | 8,968 | 1,582 | 7,913 | 2,637 | 8,968 | 4,752 | 7,913 | 5,807 |
| 나 | 120% 이하 | 6,330 | 4,220 | 2,110 | 8,440 | 6,330 | 7,390 | 2,110 | 11,610 |
| 다 | 150% 이하 | 1,583 | 8,967 | 1,583 | 8,967 | 1,583 | 12,137 | 1,583 | 12,137 |
| 라 | 150% 초과 | – | 10,550 | – | 10,550 | – | 13,720 | – | 13,720 |

| 유형 | 소득기준 (기준중위 소득) | 한부모가정, 장애부모가정, 장애아동가정, 청소년부모가정 | | | | | | | |
| | | 기본형(시간당 10,550원) | | | | 종합형(시간당 13,720원) | | | |
| | | A | | B | | A | | B | |
| | | 정부지원 | | 본인부담 | | 정부지원 | | 본인부담 | |
| 가 | 75% 이하 | 9,495 | 1,055 | 8,440 | 2,110 | 9,495 | 4,225 | 8,440 | 5,280 |
| 나 | 120% 이하 | 6,330 | 7,390 | 2,110 | 11,610 | 6,330 | 7,390 | 2,110 | 11,610 |
| 다 | 150% 이하 | 1,583 | 12,137 | 1,583 | 12,137 | 1,583 | 12,137 | 1,583 | 12,137 |
| 라 | 150% 초과 | – | 13,720 | – | 13,720 | – | 13,720 | – | 13,720 |

- (A형) '15.1.1. 이후 출생 아동, (B형) '14.12.31. 이전 출생 아동
- 야간(오후10시~오전6시) 또는 일요일, 「관공서의 공휴일에 관한 규정」에 따른 공휴일, 근로자의 날 이용 시 기본요금 50% 증액


<표 3-36> 영아종일제 소득유형별 정부지원금 및 본인부담금('22년 기준)

| 유형 | 기준중위 소득 | 일반가정 영아종일제서비스 (시간당10,550원) | | 한부모가정, 장애부모가정, 청소년부모가정(시간당10,550원) | |
| | | 정부지원 | 본인부담 | 정부지원 | 본인부담 |
| 가 | 75% 이하 | 8,968 | 1,582 | 9,495 | 1,055 |
| 나 | 120% 이하 | 6,330 | 4,220 | 6,330 | 4,220 |
| 다 | 150% 이하 | 1,583 | 8,967 | 1,583 | 8,967 |
| 라 | 150% 초과 | – | 10,550 | – | 10,550 |

## 4) 사업 현황

　[그림 3-8]에서 사업 현황을 보면, 2022년 1월 현재 총 221개 서비스제공기관, 17개 광역거점기관 및 52개 양성교육기관이 있으며, 아이돌보미는 2021년 25.917명이 활동하고 있다. 2021년 이용가구는 71,789가구로 가구별 월평균 이용시간은 96.7시간이다. 시간제 이용가구는 57,454가구, 영아종일제 이용가구는 2,617가구이다. 최근 5년간 시간제 서비스를 이용하는 만 6세~12세 이용인원은 2017년 24,919명, 2018년 26,680명, 2019년 29,720명, 2020년 23,937명, 2021년 27,149명이다.

### [그림 3-8] 아이돌봄 지원사업 현황

| 2017년 | 2018년 | 2019년 | 2020년 | 2021년 |
|--------|--------|--------|--------|--------|
| 20,878 | 23,675 | 24,677 | 24,469 | 25,917 |

▌이용자 현황

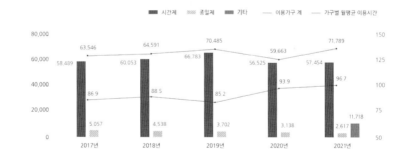

### 만 6세-12세 이용 인원 　　　　　　　　　　(단위 : 명)

| 구분 | '17년 | '18년 | '19년 | '20년 | '21년 |
|------|-------|-------|-------|-------|-------|
| 취학아동 | 24,919 | 26,680 | 29,720 | 23,937 | 27,149 |

출처: 여성가족부(2022. 3).

## 5) 아이돌봄 서비스 효과와 이용자의 어려움 및 개선 노력

2007년 도입 후 3년차에 조사한 연구(김선미·이기영·이승미·김은정, 2010)는 아이돌봄 서비스사업의 효과를 ① 맞벌이 취업주부의 양육 틈새를 보완하고, ② 다양한 상황별 맞춤형 돌봄 서비스와 '일시 긴급' 지원을 제공하며, ③ 아이돌보미의 신분보장과 정기 모니터링으로 신뢰받는 공적 서비스로 자리잡아가고 있고, ④ 소규모 관리 단위가 개별 가정의 섬세한 요구를 효과적으로 충족하고 있음을 확인하였다. 그러나 같은 연구는 이용자 가정의 어려움도, ① 소득과 취업증빙이 어려워 배제되는 점, ②취업준비와 같이 다양한 상황에 동일하게 직면할 수 있는 전업주부가정을 위한 개방성의 부족, ③ 연년생이나 쌍둥이 및 영유아 다자녀 양육가정 등이 고려되지 못한 점, ④ 총 이용시간의 부족으로 인해 자녀양육 지원이 제한되고 아동이 방치되는 상황이 발생하며 추가 비용을 전액 부담해야 하는 어려움, ⑤ 농촌 특수성에 맞지 않는 특성 — 월 단위 정기 사용이나 이동 거리와 교통수단 부재 등 —, ⑥ 아이돌보미의 고용불안과 소득 부족, 이용자 가정의 가사노동에 대한 요구, ⑦ 업무부담과 인력부족 및 낮은 처우, 관리방식과 보고체계 미흡, 잦은 지침 변경으로 이용자에게 설명하고 양해를 구해야 하는 부담, 이용대상 가정 발굴 곤란과 예산 소진의 어려움, 0세아 정기돌봄 사업의 어려움 등 관리자의 어려움을 파악하였다.

그에 따라 사업 개선방안으로 ① 이용시간 증가 및 차별화로 우선순위가 높은 이용자 가정에 대해 월 40시간의 제한은 최소 60시간에서 80시간까지 완화될 필요성이 있다는 점, ② 서비스 품질관리를 위해 인력교육과 관리가 필요하여 양성교육과 보수교육을 강화할 것, ③ 산재한 농촌 지역의 소수 어린이들의 돌봄 수요를 충족하기 위해 사업

기관에서 의무적으로 파견할 수 있는 아이돌보미의 확보가 필요하고 돌봄 수요가 집중되는 농번기에 시간사용 방식을 재조정해야 한다는 점, ④ 안정된 서비스공급과 관리를 위해 아이돌보미의 이탈과 관리자의 이직을 막기 위해 소득을 보장하는 방법을 강구할 것을 제안하였다.

개요에서 살펴본 추진 경과에 이러한 개선 사항이 하나씩 이루어졌음을 확인할 수 있다. 그러나 아이돌봄 지원사업 시작 7년 후 나온 아이돌봄 서비스 이용 가정의 어려움과 대처 방식에 대한 연구(장참샘·김선미·구혜령·황덕순, 2015)를 보면, 어린아이를 맡겨야 하고 좋은 아이돌보미를 안정적으로 이용하기 어렵다는 데서 느끼는 '불안감'과, 연계가 신속하게 이루어지지 않고 이용 중에도 상세한 요청을 할 수 없고 불만을 처리하는 과정에서 느끼는 '무력감'이 이용자 가정이 체감하는 어려움의 주된 감정이다. 연계지연·비자발적 중도변경·아이돌보미에 대한 정보부족과 강제배정·희망시간대와 시간량 제한과 같은 제도결함과 아이돌보미에 대한 양육자의 주도권 상실로 인한 구속력의 불균등과 서비스 품질에 대한 기대 불일치 그리고 서비스 경험 후에도 평가가 불가능한 신뢰재적 특성이 원인으로 작용한다. 따라서 이용자 가정의 어려움을 해소하기 위해 제도 결합을 시정하고 신뢰재 제공자의 질관리를 위한 지속적인 노력이 필요하다.

여성가족부는(2022. 1) 2017년 이후 '아이돌봄지원서비스의 지원 확대 및 내실화 성과'로 세 가지를 자평하고 있다. 첫째, 저소득 자녀 돌봄 비용부담 완화와 아이돌보미 처우 개선을 위한 예산 증가로 2017년대비 2021년 186%가 증가한 안정적 재원을 확보한 점, 둘째, 아이돌보미 활동 인원이 증가한 점(2017년 20,878명→2021년 25,917), 대기 완화를 위한 수급조정과 아이돌봄 서비스 품질 개선 등 중앙·광역 거점 및 서비스 제공 기관 간 역할분담 효율화를 도모하여 서비스 인력 및 인프라를 확충한 점, 셋째, 코로나19로 인한 돌봄시설의 운영 제한으로 인한 돌봄공백에 대응하여, 신청절차를 증빙서류 제출 후 이용하던 데에서 이용 후 서류 보완으로, 정부 지원 시간을 840시간 한도에서 한도 차감에서 제외로 법·제도를 개선한 점이다. 이러한 평가는 외부 평가위원들로부터 객관적 자료 제시로 인정을 받고 있다.

또한 '아이돌봄플랫폼 예산 확보 및 서비스품질제고 및 간편결제 도입의 노력'을 하였다. ① 돌봄플랫폼 추진 예산 확보: 공공 아이돌보미와 민간 육아도우미 신원확인 DB 구축을 통해 공공·민간 돌봄 체계를 통합·관리하고 서비스를 제공함으로써 안전한 양육 환경 조성을 위한 예산 84억 원을 확보하였다. ② 서비스 품질 제고 : 긴급 돌봄 활성화 등을 위한 앱 기능 개선 및 유튜브 영상 제작 등을 통한 아이돌보미 비대면 교육 활성화 추진의 일환으로 이용자가 아이돌보미에게 1:N 방식으로 돌봄 요청 및 돌봄 의사를 확인할 수 있는 채팅서비스 '돌봄톡톡' 운영과 일시연계서비스 확산 등을 위한 유튜브 영상 제작 등을 통해 이용률을 제고(돌보미용 4개, 이용자용 3개)하고 있다. ③ 정부서비스 최초로 앱 기능에 간편결제서비스 '돌봄페이'를 도입하여 실시간 결제 및 현금 영수증 처리를 지원('21. 9. 17~)한다. 특히 20~30대 이용이 82%를 차지하고 있으며 이용이 증가하고 있다.

# | 참고문헌 |

▶ 제1장~제7장

17개 시·도교육청 및 한국교육개발원. 2019. 초등돌봄교실 운영 길라잡이
　　　(개정판 2020).
관계부처 합동. 2019. 온종일돌봄 정책 2019년 주요 성과 및 2020년 업무
　　　추진계획(안).
교육부. 2019. 2020학년도 신학기 초등돌봄교실 운영방안(안).
교육부. 2020. 초등돌봄교실 전담사 현황. 내부 자료.
교육부·보건복지부. 2018. '학교 내 돌봄시설 및 어린이집 설치' 관련 시설
　　　및 안전 관리 가이드라인(안).
교육부·보건복지부·여성가족부·한국교육개발원. 부처통합 방과후돌봄서
　　　비스 연계 체제 구축 및 운영매뉴얼(안).
교육부·보건복지부·여성가족부·행정안전부·한국교육개발원(2013). 방과
　　　후 돌봄서비스 연계 체제 구축·운영 매뉴얼(안).

구슬이. 2014. 방과후돌봄서비스 평가. 서울: 국회예산처.
길은배. 2016. "청소년 방과후돌봄 운영 공간의 시설·설비 기준 개선 방안
　　　연구", 청소년복지연구, 18(3). 99-122.
김광혁. 2014. "방과후돌봄 서비스 범정부 통합지원(안)의 결정과정 및 내
　　　용 분석", 사회과학논총, 29(1). 131-150.
김민희·박소영·이지혜·이희현. 2020. 지자체-학교 간 협업을 통한 돌봄모
　　　델 발굴 및 확산. 대구: 대학대학교.
김민희·김성기·황준성. 2021. 온종일돌봄 프로그램 내실화를 위한 가이드
　　　라인 개발 연구. 교육부·대구대학교 산학협력단.

김윤수·이대영·김경준·김원정·정세희·박민아·조현승·박광동·염영배. 2013. 돌봄서비스 제공기준 표준화 방안 연구. 보건복지부·한국보건복지정보개발원.

김진석·백선희·정영모·김소영. 2018. 온종일 돌봄 체계 구축·운영을 위한 표준모델 개발 및 제도화 방안. 세종·서울: 범정부공동추진단·서울여자대학교.

김현미·신지원. 2016. "초등돌봄교사의 고용형태와 노동경험에 관한 연구: 광주광역시 사례를 중심으로", 한국 사회정책, 23(2), 141-172.

다함께돌봄사업지원단. 2020. 4. 10. 2019년 12월말 기준 다함께돌봄센터 통계조사 결과보고.

박선권. 2019. 지역아동센터 지원사업의 현황과 과제. 서울: 국회입법조사처.

박혜준·이재림·김영선·이보람. 2018. 서울시 초등방과후 돌봄 체계 구축을 위한 기본계획 수립. 서울: 서울특별시.

배상훈. 2014. 초등돌봄교실 서비스 질 제고를 위한 표준화 방안. 이슈페이퍼 8호, 서울: 한국교육개발원.

보건복지부. 2018, 다함께 돌봄 사업 사례집 2018.

보건복지부. 2018. 2018년말 지역아동센터 이용 통계조사보고서.

보건복지부. 2018. 한 아이를 키우기 위해서는 온 마을이 필요하다: 다함께 돌봄 사업 사례집 2018.

보건복지부. 2019. 2020 다함께돌봄사업 안내.

보건복지부. 2020. 2020년 지역아동센터 지원사업 안내.

보건복지부. 2020a. 2020 다함께 돌봄 사업 안내.

보건복지부. 2020a. 2020년 지역아동센터 지원 사업안내.

보건복지부. 2020b. 2020 다함께돌봄사업 안내.

보건복지부. 2020c. 2019년 12월말 기준 전국지역아동센터 통계자료보고서.

보건복지부·다함께돌봄사업지원단. 2019. 온 마을이 함께 키우는 아이 다함께 돌봄(소식지).

서영숙·서혜전·박진옥·노성향. 2012. 돌봄강사의 자격 표준화 및 신분보장 방안 연구. 서울: 한국교육개발원.

서울특별시·서울시여성가족재단. 2020. 2020 서울특별시 우리동네티움센터 일반·융합형 운영 매뉴얼.

여성가족부. 2019. 2019 청소년방과후아카데미 운영 지침.

여성가족부. 2019. 2020년도 청소년방과후아카데미 운영 지침

여성가족부·한국청소년활동진흥원. 2019. 2019년 청소년방과후아카데미 운영실무자 업무매뉴얼.

여성가족부·한국청소년활동진흥원. 2020. 2020년도 청소년방과후아카데미 운영실무자 업무매뉴얼.

이여진. 2015. 호주 블루카드, 입법조사회답. 서울: 국회 입법조사처.

이혜숙 외. 2019. 서울시 방과후돌봄 활성화방안. 정책리포트 제280호. 서울연구원.

이희현 외. 2019. 온종일 돌봄 체계 구축 실태 및 개선과제: 우수사례 분석을 중심으로. 수탁연구 CR 2019-10. 한국교육개발원.

인천일보. "오산 온종일 돌봄은 모범 답안" 2020년 8월 14일 접속, URL : http://www.incheonilbo.com/news/articleView.html?idxno= 1001534.

임연기. 2009. 농산어촌 연중돌봄학교 육성 사업의 성격과 성과 관리, 교육과학기술부·공주대농산어촌교육발전센터. 1-7.

장명림 외. 2018. 학생-학부모 요구에 부응하는 초등돌봄서비스 내실화방안. 경제인문사회연구회.

전미양. 2018. 온종일돌봄을 위한 '키움센터' 운영 매뉴얼(안) 개발 연구. 2018-이슈분석-20. 서울시여성가족재단.

정현주. 2016. 호주의 블루카드제 운영 현황 및 시사점. 서울: 한국교육개발원.

지역아동센터중앙지원단. 2017. 2015-2017 지역아동센터 우수사례집.

하봉운·박경호·심학경. 2012. 지자체와 연계한 방과후학교 활성화 방안 연구. 서울: 한국교육개발원·경기대학교.

한국교육개발원. 2019. 초등돌봄교실 운영 우수사례집.

한국교육개발원. 2019. 17개 시·도교육청 공동개발 초등돌봄교실 운영 길라잡이(개정판 2020).

한국청소년활동진흥원. 2019, 2019년 청소년방과후아카데미 우수사례 공모전.

한국청소년활동진흥원. 2020, 2020년도 청소년방과후아카데미 운영실무자 업무매뉴얼.

행복한 교육 "마을돌봄 사례② 경기 오산 온종일 돌봄 '함께자람' 지역공동체 똘똘 뭉쳐 '돌봄 공백' 없앤다" 2020년 8월 15일 접속, URL : http://happyedu.moe.go.kr/happy/bbs/selectHappyArticleImg.do?nttId=9101&bbsId=BBSMSTR_000000000191.

▶ **제8장**

광주 남구 가족센터. 2022. 1.『돌봄공동체 운영회의 자료집』.

김선미·이기영·이승미·김은정. 2010.『자녀양육 지원사업 개선방안– 아이돌보미 지원사업을 중심으로』. 여성가족부.

김선미·이승미·구혜령. 2020.『돌봄공동체 활성화를 위한 공동육아나눔터 발전 방안』. 여성가족부 한국건강가정진흥원.

여성가족부. 2020.『2021년 돌봄공동체 지원사업 운영기관 공모계획』.

_____ . 2022. 1.『2021년도 자체평가 주요정책 분야 추진 실적–가족정책 분야』.

_____ . 2022.『가족사업안내 Ⅱ. 제6장 공동육아나눔터 사업안내』. pp. 3~57.

_____ . 2022.『아이돌봄 지원사업 안내』.

여성가족부홈페이지 http://www.mogef.go.kr/sp/fam/sp_fam_f005.do

장참샘·김선미·구혜령·황덕순. 2015. "아이돌봄서비스 이용의 어려움과 대처방식 및 이용가정 유형화연구".『한국가족자원경영학회지』19(3), pp. 17~40.

정가원·최유진·김효주·권도연. 2021.『지역 밀착형 돌봄공동체를 활용한 돌봄 사각지대 해소방안 연구- 가족센터 중심의 주민주도형 돌봄공동체 확대 방안』. 한국건강가정진흥원.

차성란·권혜진·조정현. 2011.『가족품앗이 및 공동육아나눔터 성과 발굴 및 운영모델개발 연구』. 여성가족부.

| 제4부 |

변화하는 아동 돌봄

## 제1장 들어가며

사회적 돌봄에 대한 요구와 필요성이 강조됨에 따라 부처별로 추진되어 오던 초등 돌봄교실, 지역아동센터, 다함께돌봄센터 등의 공적 돌봄 서비스 확대와 함께, 지역의 상황과 여건에 맞는 다양한 형태의 돌봄 운영 모델을 발굴하고 확산하려는 움직임이 강조되고 있다. 특히 그간에 아동 돌봄이 학교의 초등 돌봄교실 중심으로 이루어진 반면 지방자치단체의 관심과 참여가 미흡했던 한계를 극복하고자 온종일 돌봄 정책에서는 '학교와 마을이 함께하는 아동 돌봄'을 슬로건으로 강조한 바 있다. 이를 계기로 지방자치단체가 중심이 되어 그 지역사회의 인적·물적 자원을 활용하고 학교와 마을의 공간을 활용하여 촘촘하고 빈틈없는 돌봄 체계를 구축하기 위한 실천이 이루어지고 있다.

이 글에서는 지방자치단체가 중심이 되어서 학교와 마을이 함께 지역의 돌봄 생태계를 구축한 우수사례의 출발점으로 충남 홍성군의 아동 돌봄을 살펴보고자 한다. 특히 지방자치단체가 학교 공간을 활용하여 직접 초등 돌봄교실을 운영하는 사례는 서울 중구와 경기 오산시에서 찾아볼 수 있다. 또한 마을의 다양한 공간을 활용하여 맞춤형 돌봄 서비스를 제공하는 서울 노원구 사례, 공간을 넘어선 이웃 돌봄을 실천하는 서울 성동구와 전남 광양시 사례, 지역의 마을교육공동체를 중심으로 이루어지는 전북 완주군과 전남 순천시는 대표적인 마을 돌봄 사례이다. 한편, 교육청 차원에서 학교와 마을 공간을 활용하여 돌봄 서비스와 방과후학교를 통합하여 운영하는 대표적 사례로 부산광역시 교육청과 경상남도교육청을 눈여겨 볼만하다.


## 제2장 학교와 마을이 함께하는 돌봄 생태계 구축의 출발, 충남 홍성군의 '아이들세상'[1]

충남 홍성군은 2013년 충남도청의 홍성군 이전과 내포신도시 건설로 인해 도농복합형 지역 특성을 가진 지역이다. 신도시 조성으로 인한 인구 유입과 농어촌 맞벌이 가정의 증가에도 아동 돌봄 인프라가 현저히 부족한 실정이었고, 이를 극복하기 위해 홍성군은 학교와 마을, 지역사회가 함께하는 돌봄 생태계를 구축하고자 「아이들세상 만들기 종합계획」을 수립하고 관련 조례를 제정하였다. 홍성군 '아이들세상'은 맞벌이 가정이 겪는 아동 돌봄의 어려움을 해소하고자 교육부, 행정안전부, 보건복지부 등 정부 부처와 홍성군, 그리고 학교가 힘을 모아 설립한 홍성군 직영의 초등 방과후 돌봄센터이다.

구체적으로 홍성군의 아동 돌봄 운영 모델은 1) 학교와 함께 돌봄, 2) 마을과 함께 돌봄, 3) 틈새 돌봄으로 구성된다. a) 학교와 함께 돌봄은 학교 내 활용 가능한 교실을 확보하는 것이 가능한 홍성읍 지역을 중심으로 지자체와 교육지원청, 그리고 학교가 협업하여 초등학교 내에 아이들세상을 설치하고 홍성군에서 직영하는 것이다. 2) 마을과 함

---

1 '한국교육개발원(2019a). 온종일 돌봄 생태계 구축 선도사업 사례집. pp. 102~115.' 의 내용을 발췌하여 정리함.

께 돌봄은 신도시 조성으로 인한 초등학교 과밀 현상으로 학교 내 활용 가능 공간의 확보가 불가능한 홍북읍 지역에 지자체와 LH대전본부, LH입주자대표가 협약하여 아파트단지 내에 아동통합지원센터를 설치하고 아이들세상을 홍성군에서 직영하는 방식이다. 그리고 3) 홍성군 틈새 돌봄은 일시적이고 긴급한 돌봄 수요에 탄력적으로 대응하기 위해 아이돌봄 서비스 자부담 비용을 군비에서 자체적으로 50% 지원해주는 방식으로 운영하는 것이다. 충남 홍성군의 아동 돌봄 운영모델은 지역 여건에 맞게 학교와 마을의 활용 가능한 공간을 적극적으로 발굴하여 지자체가 직접 운영하는 돌봄 서비스를 제공한다는 측면에서 모범적인 우수사례로 평가받고 있다.

학교와 함께 돌봄   홍성군은 학교와 함께 돌봄으로 학교의 활용 가능 교실을 이용한 아이들세상을 운영하기 위해 홍성읍 내 홍성초등학교와 홍주초등학교와 협약을 맺고 총 3개 교실을 리모델링하였다. 특히 2018년 12월 3일에 개소한 홍성초등학교의 아이들세상은 충남교육청이 제공한 활용 가능한 교실을 KB금융그룹의 기부금으로 리모델링하고 홍성군이 운영하는 방식으로 만들어진 전국 최초의 학교·지자체 협업 운영 돌봄 모델이다. 기존의 초등 돌봄교실은 초등 1~2학년 대상을 중심으로 17시까지 운영되는 것에 반해, 홍성초등학교와 홍주초등학교의 아이들세상은 초등 전 학년을 대상으로 19시 30분까지 운영되고 저녁급식이 제공되는 것이 특징이다. 늦은 시간까지 머무르는 공간이기 때문에 디자인 설계부터 학생과 선생님들의 의견을 반영하여 놀이와 학습을 동시에 고려한 공간으로 구성하고 창의력과 감성을 동시에 키울 수 있도록 하였다. 또한 외부업체를 통해 건강한 급식과 간식을 무료로 제공하고 있으며 아동의 눈높이에 맞춘 다양한 활동 중심 교육 프로그램을 실시하고 있다.

[그림 4-1] 홍성초등학교 내 '아이들세상' 공간

출처: 한국교육개발원(2019a), p. 105.

마을과 함께 돌봄  홍성군은 과밀학급 현상으로 학교 내 공간 확보가 어려운 홍북읍 지역에는 아파트단지의 활용 가능 공간을 무상으로 임대하여 아동통합지원센터를 설치하였다. 이 아동통합지원센터는 아파트커뮤니티센터의 개방된 공간으로 공동육아나눔터, 방과후 돌봄센터(아이들세상), 작은도서관, 독서실, 가족카페 등 총 7개의 시설이 설치되어 있으며, 소득 수준과 무관하게 돌봄이 필요한 초등학생이면 누구든 이용할 수 있는 공간이다. 아동통합지원센터 내에 위치한 아이들세상의 운영시간은 13시부터 19시 30분까지이며 방학에는 8시 30분부터 15시 30분까지 탄력적으로 운영된다. 총 아동 정원은 60명이고, 돌봄교사 4명이 안전한 돌봄을 제공하고 있으며, 단순한 돌봄을 넘어 작은도서관을 활용한 책 읽기와 창의 프로그램 운영, 다양한 놀이와 활동 중심의 질 높은 프로그램을 제공하는 것에 더해 급·간식을 무료로 제공하고 있어 학부모와 아동의 만족도가 높다.

**[그림 4-2] 흥북읍 아파트단지 내 아동통합지원센터**

아동통합지원센터 설치·운영
- 위치: 흥북읍 흥예로 213 LH주공단지
- 근린시설 내 공간
- 면적: 총 1,112m²
- 총 사업비: 417백만 원
  (국 46, 도 13, 군 358)
- 시설 현황: 공동육아나눔터(85m²),
  아이들세상(400m², 급식소 포함),
  청소년동아리방(200m²),
  도서관·독서실(336m²) 등

출처: 한국교육개발원(2019a), p. 105.

**[그림 4-3] 아이들세상에서의 돌봄활동**

출처: 한국교육개발원(2019a), p. 106, p. 108.

# 제3장 지방자치단체와 함께하는 초등 돌봄교실, 중구형 초등 돌봄교실[2]과 오산형 함께자람교실[3]

초등 돌봄교실은 2004년부터 전국의 초등학교에 전면적으로 도입된 이후 현재 초등 돌봄 수요의 70% 가량을 담당하고 있는 대표적 공적 돌봄 서비스이다. 학부모가 원하고 선호하는 안전한 공간에서 이루어지는 돌봄이기 때문에 초등 돌봄교실에 대한 수요는 지속적으로 높지만, 초등 돌봄교실 운영으로 인한 학교의 업무 부담과 아침과 저녁 돌봄 수요에 대응하지 못하는 제한된 운영 시간(방과후~17시) 등의 한계가 있는 것도 사실이다. 한편으로 지방자치단체에서는 도심지역의 높은 부동산 가격으로 인해 아동 돌봄을 위한 학교 밖 공간을 확보하는 일에 어려움을 겪고 있기도 하다. 이러한 상황에서 '학교는 교육을, 지자체는 돌봄을'이라는 방향성과 역할 분담으로 초등학교에서 운영하던 초등 돌봄교실을 지자체 직영으로 전환하려는 시도가 이루어지고 있으며 선도적인 사례가 바로 서울 중구청의 중구형 초등 돌봄교실이다.

한편, 중구청과 같이 학교에서 운영하는 상시 돌봄인 초등 돌봄교실을 지자체 직영으로 전환하는 것이 아니라 기존에 학교에서 운영하던 초등 돌봄교실은 그대로 운영하되, 초등 돌봄교실 운영 시간이 아닌 아침시간과 저녁시간, 방학 등 돌봄 공급이 절대적으로 부족한 틈새 시간대에 학교 내 공간인 돌봄교실, 도서관 등을 활용하여 지자체

---

2 '한국교육개발원(2019b). 온종일 돌봄 체계 구축 실태 및 개선과제 확산·공유 간담회 자료집'의 pp. 55-67의 내용을 발췌하여 정리함.
3 '협성대학교(2020). 온종일 돌봄 생태계 구축 선도사업 사례집'의 p. 100의 내용을 발췌하여 정리함.

가 틈새 돌봄을 제공하고 있는 대표적 사례가 오산시의 함께자람교실이다.

중구형 초등 돌봄교실　서울시 중구청은 지자체가 학교 내 활용가능 교실을 이용하여 초등 돌봄교실을 직접 운영하는 이른바 '중구형 초등 돌봄교실'을 통해 학부모가 원하는 양질의 돌봄 서비스 제공을 실현하고자 하였다. 그 첫 번째가 중구 직영 1호인 흥인초등학교 운영 사례이다.

기존의 초등 돌봄교실과 중구형 초등 돌봄교실의 차이점은 1) 방과후부터 오후 5시까지였던 운영시간을 아침 7시 30분부터 저녁 8시까지 확대하고 2) 1일 1회 제공되던 프로그램을 1일 2회로 확대하고 전문 강사의 문·예·체 프로그램으로 제공하며, 3) 자부담으로 제공하던 급·간식을 비용부담 없이 우수한 공급업체를 통해 완제품으로 제공하는 것과 4) 1실 당 1명의 돌봄전담사 배치에서 1실 당 2명의 돌봄전담사 배치와 함께 돌봄 보안관을 배치하는 것이다. 또한 5) 기존 초등 돌봄교실에서는 학원 이용이 불가능했었으나 학원 이용이 가능하며 입·출입 시 문자 알림서비스를 제공하는 등 부모와 아동 모두가 만족하는 돌봄 서비스를 제공하는 것이다.

특히 학생과 학부모의 요구를 반영하여 전문 강사와 함께하는 놀이 학습 프로그램을 매일 2개씩 운영하고 있으며 방학 중에는 지역 자원을 연계하여 문화예술 프로그램(동국대 영상예술대학원과 함께하는 영화 제작 등)을 운영하여 단순한 돌봄을 넘어서서 아동의 전인적 성장을 위한 문·예·체 맞춤형 지원을 하고 있다.

또한 안전한 초등 돌봄교실 운영을 위해 돌봄교실 전용 출입구와

[그림 4-4] 흥인초 초등 돌봄교실에서의 놀이학습 프로그램

메이커로봇

오카리나

성장요가

3D 펜

출처: 한국교육개발원(2019b), p. 60.

돌봄 보안관실을 설치하고, 아동이 입·퇴실 시 보호자에게 문자전송 서비스를 제공하는 것은 물론 돌봄 시간 중에 학원을 이용하는 경우에도 돌봄전담사가 학원 차량 등에 인솔하는 등 학부모가 안심하고 아동 돌봄을 맡길 수 있는 최적의 환경을 조성하여 제공하고 있는 것이 특징이다.

2019년 3월에 시작된 중구청 직영 1호 초등 돌봄교실의 흥인초등학교 운영 사례는 2개 교실 49명을 시작으로 3개 교실 77명으로 확대되었으며 참여 학부모의 99%가 만족해하는 운영 성과를 보였다. 이러한 성과는 중구청 직영 2호인 봉래초등학교를 넘어 광희초등학교, 남산초등학교, 청구초등학교로 지속적으로 확대되고 있다. 한편, 지방자

[그림 4-5] 흥인초의 돌봄 보안관실 및 돌봄 보안관 배치

출처: 한국교육개발원(2019b), p. 59와 p. 61.

치단체가 안정적으로 자체 재원을 확보하는 것에 한계가 있는 것이 사실이나 봉래초등학교의 경우에는 기업의 사회적 책임(Corporate Social Responsibility: CSR)을 적극 활용하여 프로그램 운영비, 교재비 등의 운영비를 확보하고 있다.

오산형 틈새 돌봄, 함께자람교실　경기도 오산시는 아동이 생활권역 내에서 돌봄 서비스를 이용할 수 있도록 아파트단지와 공동주택 주민 공동시설, 작은도서관 등 마을 공간에 함께자람센터를 설치하여 상시적인 돌봄 인프라를 적극적으로 구축하고 있다. 이에 더하여 돌봄이 필요한 아동은 있으나 함께자람센터를 설치할 수 없는 여건인 경우, 돌봄이 절대적으로 필요한 틈새시간대에 돌봄을 제공하여 돌봄 공백을 완화하고 실질적인 돌봄 수요에 대응하기 위해 오산형 틈새 돌봄인 함께자람교실을 운영하고 있다. 보호자의 출근시간과 학교 등교시간 사이의 돌봄 공백이 발생하는 오전 7시 30분부터 9시, 방과 후에 학원 이용 종료시간과 보호자 퇴근시간 사이의 돌봄 공백이 발생하는 16시 부터 19시, 방학기간 동안에 학원이용 시간 이전에 돌봄 공백이 발생

하는 9시부터 14시까지를 틈새 돌봄이 필요한 시간으로 보고, 학교 내 공간을 함께자람교실 전용 공간으로 리모델링하여 안전하고 편안한 돌봄을 제공하고 있다. 현재 오산고현초와 원당초, 세미초에 함께자람 교실이 설치되어 있으며 지속적으로 학교와 교육지원청, 지자체가 연계·협력하여 확대할 예정이다. 특히 오산고현초는 2021년에 학교 안 틈새 돌봄인 함께자람교실을 보건복지부와 교육부 협업 돌봄 사업인 '학교돌봄터'로 전환하여 운영하고 있다.

[그림 4-6] 오산고현초의 함께자람교실 및 틈새 돌봄 활동

출처: 오산시청 내부 자료(2020).

오산시의 함께돌봄교실에 틈새 돌봄 선생님으로 참여하는 강사들은 오산교육재단의 돌봄스터디에 참여하거나 마을 강사로 양성된 시민과 학부모로서, 틈새 돌봄 프로그램을 기획하고 추진하고 있다. 뿐만 아니라 오산시사회적경제협의회 컨소시엄으로 마을단위 로컬 농산물이나 유기농 식품을 급·간식으로 제공함으로써 아동들은 건강한 급·간식 이용이 가능한 동시에 사회적경제기업들은 아동 돌봄에 관심을 가지고 사회공헌에 참여함으로써 마을이 함께 성장하는 발판을 마련하고 있다.

# 제4장 지방자치단체가 주도하는 마을 돌봄, 노원구의 아이휴센터[4]와 성동구·광양시의 이웃 돌봄[5]

맞벌이 가정의 초등학생 자녀를 대상으로 돌봄 서비스를 제공하기 위한 지방자치단체의 노력은 마을에 활용 가능한 공간을 적극적으로 발굴하여 이용 접근성이 높은 돌봄 센터를 설치하는 것으로 실천되고 있다. 일반적으로 학교와 주거지 근처에 아파트 1층과 관리동을 임대하여 활용하는 방법과 지역아동센터, 작은도서관, 마을커뮤니티, 경로당 등의 기존 공공시설의 공간을 나누는 방법 등으로 지방자치단체의 여건과 특성에 맞는 돌봄 센터를 운영하는 것이다. 서울시 노원구의 '아이휴센터'가 지방자치단체가 주도하는 마을 돌봄의 대표적 사례이다. '아이휴센터'는 노원형 돌봄 운영 모델로서 2018년 10월에 첫 탄생한 이후 2021년 현재 27개소가 설치되어 생활밀착형 돌봄 서비스를 제공하고 있다. 특히 일상적인 돌봄 활동에 더하여 아픈 아이 돌봄과 밥상 돌봄을 결합한 노원형 돌봄으로 거듭나고 있다.

돌봄과 건강, 그리고 먹거리가 결합된 노원형 돌봄 　노원구는 2020년 10월, 노원형 돌봄의 완성형이라 칭하는 '노원아이돌봄센터'를 개소하였다. 기존에 아파트나 주택의 주거공간을 활용하는 아이휴센터와는

---

4 　'협성대학교(2020). 온종일 돌봄 생태계 구축 선도사업 사례집'의 pp. 29-35의 내용을 발췌하여 정리함.
5 　'한국교육개발원(2019a). 온종일 돌봄 생태계 구축 선도사업 사례집'의 p. 39와 p. 123의 내용을 발췌하여 정리함.

[그림 4-7] 노원아이돌봄센터

노원아이돌봄센터 전경

마당의 놀이 공간

지하 1층 아동식당

1층 공동육아방

2층 아이휴센터

3층 아픈아이돌봄센터

출처: 노원구청 내부 자료(2021).

달리 중계성당에서 기부채납 받은 약 129.92m²의 넓은 부지를 활용
하여 지하 1층에는 아동식당, 지상 1층에는 공동육아방, 2층에는 노원
융합형 아이휴센터, 3층에는 아픈아이돌봄센터를 두고 뒷마당에는 아
동들이 마음껏 뛰어놀 수 있는 놀이 공간도 갖추고 있다.

'아이휴센터'에서는 13시부터 19시까지 쉼, 놀이, 독서 등의 기본 돌봄과 함께 문·예·체 특별활동이 운영된다. 또한 방학 및 휴일 중 아동의 식사 해결을 통해 부모의 고충을 해소하고 아동의 건강을 챙기는 밥상 돌봄 사업의 일환으로 아동식당을 운영한다. 영양사와 조리사가 균형 잡힌 식단을 계획하여 건강한 식사를 제공하고 아이휴센터 이용 아동은 물론 인근 지역의 아이들은 누구나 이용할 수 있도록 개방하고 있다. 여기에 아픈 아이 돌봄을 위해 아픈 아이 병원 동행 서비스와 함께 '아픈아이돌봄센터'에서 병상 돌봄을 제공하고 있다. 아픈 아이 병원 동행 서비스는 맞벌이 등으로 아이의 병원 진료 동행에 어려움을 겪는 부모를 위한 노원구의 지역 맞춤형 돌봄 사업으로 만 4세 이상의 아동부터 초등학교 전 학년을 대상으로 평일 오전 9시부터 오후 6시까지 운영된다. 부모의 전화 한 통이면 간호지식을 갖춘 돌봄 선생님이 아이가 있는 곳으로 직접 찾아가 전용 차량으로 아이와 병원까지 동행하고, 의사 처방에 맞는 내복약 복용 내용을 확인하고 부모가 지정한 곳으로 아동 귀가를 도와주는 것으로 마무리한다. 여기에 더해 아픈아이돌봄센터에서는 간호사 1인과 환아돌봄사 4인을 전담인력과 6개의 병상을 두고 감기, 몸살, 장염 등 가벼운 질병으로 가정에서 치료가 필요한 아픈 아이에게 복약지도, 식사 제공, 병원진료 동행 등의 간병서비스를 제공하고 있다. 아픈 아이 병원 동행 서비스는 회원제로 운영되며 병원비는 자부담을 원칙으로 하고 있으며, 아픈아이돌봄 센터의 이용료는 무료이고 식비는 자부담을 원칙으로 운영하고 있다.

한편에서는 공간과 시설단위로 제공하는 돌봄 서비스의 한계를 보완하여 시간과 공간의 제약 없이 이웃 간 돌봄이 이루어지는 자발적인 돌봄 생태계 조성을 위한 지자체의 노력이 펼쳐지고 있다. 서울 성동구

[그림 4-8] 노원구 아픈 아이 병원 동행 서비스

출처: 노원구 내부 자료(2021).

에서의 '이웃 돌봄'과 전남 광양시의 '초등 돌봄 이웃 히어로(HERO)'가
대표적이다. 이들은 자발적이고 자율적인 돌봄 공동체 활동으로 지역
의 돌봄 생태계를 채워나가고 있다.

　성동구의 이웃 돌봄과 광양시의 초등 돌봄 이웃 히어로(HERO)　성동구
의 '이웃 돌봄'은 아동과 학부모가 함께 참여하는 '돌봄 가구', 아동만
참여하는 '돌봄 아동', 자녀를 양육한 경험이 있는 '돌봄 이웃'이 함께
모여 인근 지역을 중심으로 '돌봄 그룹'이라는 새로운 가족을 만들고,
그룹 내 자율적인 돌봄 활동을 기반으로 이루어진다. 성동구는 2018
년 10월부터 지역 내 공동육아 커뮤니티 모임 참여자를 중심으로 이
웃 돌봄에 대한 의견을 나누고 주민의 의견을 적극적으로 반영하여
이웃 돌봄 사업을 시작하였다. 성동구의 의지와 노력에 함께 동참할
수 있는 지역 주민을 공개모집한 결과 2019년에는 21가구, 2020년에
는 52가구가 이웃 돌봄의 참여자로 활발하게 활동하고 있다. 초등학
교 자녀를 양육하며 이웃 돌봄 사업에 참여자로 활동 중인 학부모A는
"맞벌이 가구가 초등 자녀를 키우기에 너무 힘든 상황인데 자녀와 또

래 아동을 함께 돌봄으로써 돌봄이 필요한 맞벌이 가구에 도움을 줄 수 있고, 함께 참여하고 있는 돌봄 가구와는 자녀 양육에 대한 정보와 의견을 나눌 수 있어 큰 힘이 되고 있다"면서 이웃 돌봄 사업에 남다른 애정을 보이고 있다.

[그림 4-9] 성동구의 이웃 돌봄

출처: 성동구 내부 자료(2020).

또한 광양시에서는 2019년 6월부터 경력단절 여성을 선발하여 이웃집 아이들에게 방과후 돌봄과 간단한 학습도움을 제공하는 '초등 돌봄 이웃 히어로(HERO)' 사업을 시작하였다. 이는 이웃집 1~2학년 초등학생 3명을 대상으로 방과후부터 19시까지 히어로의 집에서 돌봄 서비스를 제공하는 방식으로 운영하며, 경력단절 여성들이 히어로로 활동하면서 풍부한 육아 경험을 바탕으로 돌봄을 제공하고 있다. 학부모 입장에서는 같은 마을, 이웃집에서 아동을 돌보기 때문에 서로 신뢰가 높으며, 아동 입장에서는 또래 친구들과 함께 놀고 배울 수 있어 사회성 발달과 정서 발달에도 긍정적 효과가 있다. 광양시는 이웃 히어로를 30여 명 선발하여 이들의 양성교육을 실시하고 있으며, 매월 모니터링을 통해 서비스 질을 개선해 나가고 있다. 특히 이웃 돌봄 히어로 사업에 참여하는 1일 평균 아동이 60여 명이라고 할 때, 돌봄시설 3개소를 운영하는 것과 동일한 효과가 있으며, 코로나19로 인한 집합교육 제한 등의 상황에서 학부모의 불안감 없이 지속적 돌봄이 가능하다는 강점을 지닌다.

[그림 4-1] 광양시의 이웃 돌봄 히어로(HERO)

출처: 광양시 내부 자료(2020).

## 제5장 마을교육공동체를 중심으로 한 마을 돌봄, 전북 완주군의 풀뿌리지원센터[6]와 순천풀뿌리교육자치협력센터[7]

앞서 노원구와 오산시 등과 같이 지방자치단체인 관(官)이 주도적으로 지역의 돌봄 생태계를 조성하고 마을 돌봄을 확장하는 사례가 있

---

6 '이희현 외(2019). 온종일 돌봄 체계 구축 실태 및 개선과제'의 pp. 172~197의 내용을 발췌하여 정리함.
7 '교육부(2021). 미래교육지구 9월 아카데미 사례 나눔 자료집'의 내용을 발췌하여 정리함.

는 반면, 지역사회 구성원인 주민을 중심으로 자생적으로 구성된 자조모임, 사회적 협동조합 등의 마을교육공동체가 그 지역의 마을 돌봄을 펼치는 사례가 있다. 이들은 자발적인 주민 모임을 토대로 한 공동체 활동으로 마을 돌봄을 주도하고 있으며, 교육청 및 지방자치단체로부터 풀뿌리교육지원센터 혹은 풀뿌리교육자치협력센터로서의 역할을 위탁받아 마을 돌봄 생태계를 조성하고 있다. 이들의 대표적 사례가 전북 완주군의 고산풀뿌리교육지원센터, 소양풀뿌리교육지원센터와 전남 순천시의 순천풀뿌리교육자치협력센터의 마을 돌봄이다.

전북 완주군 풀뿌리교육지원센터의 마을 돌봄　완주군과 완주교육지원청은 지역사회 주민을 중심으로 자생적으로 활동해오던 '고산 온누리살이 사회적 협동조합'과 소양면의 학부모단체인 '소양의 꿈을 키우는 사람들 협동조합'을 각각 고산풀뿌리교육지원센터, 소양풀뿌리교육지원센터로 위탁운영하고 있다. 완주군의 풀뿌리교육지원센터는 지역의 방과 후 학교와 돌봄을 마을이 담당함으로써 마을은 교육공동체로서의 자치역량을 키워가고, 학교는 본연의 교육활동에 충실할 수 있는 기반을 마련하고 있으며, 특히 학부모와 주민, 학생이 풀뿌리지원센터에 적극적으로 참여하도록 제도화하여 마을이 지역교육의 주체로서 지속적으로 활동할 수 있는 장을 마련하고 있다.

우선 고산풀뿌리교육지원센터는 2017년부터 고산초와 삼우초의 방과후학교와 초등 돌봄교실을 운영하고 있으며 주로 배드민턴, 미술, 서각, 재봉틀 등의 특기 적성 프로그램을 운영하고 있다. 또한 여름방학과 겨울방학에는 지역살이와 관련한 자기주도활동을 중심으로 풀뿌리 마을학교를 운영하고 있으며, 토요일에는 완주지역경제순환센터

[그림 4-11] 완주군 풀뿌리지원센터와 놀이창고의 돌봄 활동

출처: 완주군 내부 자료(2019).

및 고산지역 자연휴양림 등에서 취학 전 아동부터 어르신까지 마을이
모두 참여하는 지역의 통합적 활동으로 풀뿌리 마을학교를 운영하고
있다. 한편 소양풀뿌리교육지원센터는 소양초등학교의 방과후 돌봄
프로그램으로 미술, 목공예, 로봇과학, 요리 등의 프로그램을 마을 강
사가 운영하고 있으며, 공식적 프로그램 외에도 2014년부터 지금까지
소양면의 초등학생과 중학생을 대상으로 저녁 돌봄을 제공하고 있다.
이밖에도 학부모 자조모임인 '숟가락 동동육아나눔터'에서는 초등학
교 방과 후 돌봄의 일환으로 2019년부터 고산지역 외 인근 6개 면 초

등학생을 대상으로 놀이창고와 고산동네 탐험대 프로그램을 운영하면서 아지트 만들기, 자유놀이, 밧줄놀이 등 야외에서 자유롭게 놀고 배우면서 성장할 수 있는 활동을 제공하고 있다.

순천풀뿌리교육자치협력센터의 마을 돌봄  순천시는 마을교육공동체를 중심으로 다양한 마을 돌봄이 이루어지고 있는 대표적 지역이다. 그 중심에 순천풀뿌리교육자치협력센터가 있으며 1) 마을학교 품앗이 돌봄, 2) 센터형 돌봄, 3) 마을교육공동체 유형 돌봄, 4) 긴급 돌봄, 5) 통합 돌봄 등을 순천형 마을 돌봄으로 실천하고 있다.

먼저, 마을학교 품앗이 돌봄은 마을의 학부모로 구성되어 있는 마을학교(향림씨앗, 호두마을학교)가 동네의 아이들을 돌보는 방식으로, 텃밭을 가꾸거나 다문화 자녀들과 동네 어르신이 요리교실로 만나는 활동이 이루어진다. 센터형 돌봄은 마을학교가 중심이 되어 지자체 또는 교육청의 예산지원으로 운영되는 정기적인 돌봄으로, 지역의 공공건물을 이용하여 종이접기, 옥상텃밭, 보드게임, 전래놀이 등의 프로그램을 통해 정기적으로 이루어지는 돌봄 활동(두루미마을학교)과 아파트의 유휴공간에서 마을과 아파트 주민으로 구성된 공동체가 매일 다양한 프로그램을 준비하여 아이들을 함께 돌보는 방식(생태회랑 보육스테이션)이다. 또한 마을교육공동체의 일상적 활동이 자연스럽게 돌봄으로 이어지며(송산놀빛마을학교, 낙안마을교육공동체), 아파트 단지를 중심으로 엄마들이 작은 도서관에서 아이들을 돌보고 아빠들이 풋살장에서 축구를 하는 마을교육공동체의 활동(금강마을학교)이 곧 돌봄이 된다. 코로나19로 인해 예상치 못한 돌봄 공백이 발생하면서 시골 깊숙이 외롭게 있는 아이들을 돌보기 위해 생태놀이, 전래놀이를 하는 마을학교에

[그림 4-12] 순천형 마을 돌봄

향림씨앗

거점형자람터 온라인수업

두루미마을학교

두루미마을학교

금강마을학교

재미난마을학교

출처: 순천풀뿌리교육자치협력센터 내부 자료(2021).

서 돌봄(황전초등학교 회덕분교)을 제공하기도 한다. 마지막으로 어르신과 아이들이 서로에게 배움과 즐거움의 대상으로 만나 따뜻한 품으로 품어주는 돌봄 활동(재미난마을학교)은 물론 자신을 돌보는 자기 돌봄의 장소와 쉼터로서의 마을을 만드는 활동(온마을온종일케어)을 통해 마을 돌봄을 실현하고 있다.

## 제6장 교육청 중심의 방과후학교와 돌봄의 통합 운영, 부산교육청의 우리동네자람터[8]와 경남교육청의 거점통합돌봄센터 늘봄[9]

17개 시·도교육청은 점차 증가하는 돌봄 수요에 대응하기 위해 각 초등학교에 초등 돌봄교실을 확대하기 위한 노력을 기울이고 있다. 신설 초등학교에는 초등 돌봄교실을 우선 확보하여 운영하도록 하고, 노후된 초등 돌봄교실은 리모델링 지원을 통해 지속적으로 안전하고 쾌적한 환경을 조성하는데 힘쓰고 있다. 한편에서는 초등 돌봄교실 운영의 내실화를 위해 1일 1개의 특기 적성 활동 프로그램을 운영하고 돌봄전담사의 전문성을 제고하기 위한 지원과 함께 돌봄 수요에 맞게 저녁 돌봄을 탄력적으로 운영할 수 있도록 제도를 개선해 나가고 있다. 그러나 지속적인 돌봄 수요의 증가에도 과밀학급의 학교인 경우에는

---

8  '한국교육개발원(2020). 방과후학교·돌봄 활성화 지원 사업 컨설팅 자료집'의 pp. 9~ 14의 내용을 발췌하여 정리함.

9  '교육부(2021). 미래교육지구 9월 아카데미 사례 나눔 자료집'의 내용을 발췌하여 정리함.

학교에 더 이상 초등 돌봄교실을 증축할 수 없는 상황이며, 한편에서는 초등 돌봄교실 운영으로 인한 교사의 업무 부담 문제를 안고 있기도 하다. 이에 교육청에서는 공적 돌봄의 확대와 안전하고 질 높은 학생 맞춤형 돌봄 서비스 제공을 위해 학교 안팎의 공간을 발굴하고 방과후학교와 돌봄 서비스를 통합하여 운영하는 등 다양한 시도를 하고 있다.

먼저 부산교육청은 돌봄 수요가 많은 신도시 지역의 아파트와 공공기관 내에 '우리동네 자람터'를 설치하여 초등 돌봄교실 입급 대기자가 있는 학교와 이를 연계 운영하여 돌봄 공백을 최소화하고 있다. 또한 교육청과 연계 운영하는 통합방과후학교 내에는 '거점형자람터'를 운영하여 인근의 초등학교 학생들이 방과후학교와 돌봄이 통합된 형태의 프로그램에 참여할 수 있는 기회를 제공하고 있다. 최근에는 경남교육청이 한 초등학교 별관을 활용하여 양질의 돌봄 서비스와 방과후학교 프로그램을 통합적으로 제공하는 거점돌봄 기관인 '늘봄'을 개관하고 운영을 시작하였다. 이는 학교와 마을을 연계하고 방과후학교와 돌봄을 통합한 교육청 중심 거점형돌봄센터의 우수 사례로 꼽히고 있다.

부산교육청의 우리동네자람터와 거점형자람터　부산시교육청은 증가하는 초등 돌봄교실 수요에 적극적으로 대응하기 위한 방안으로 마을의 공공기관인 노인회관, 사회복지관, 도서관 등의 공간을 활용하여 '우리동네자람터'를 설치하여 지역주민 자녀 중심의 상시 돌봄과 방학중 집중 돌봄을 제공하고 있다. 2020년 현재 우리동네자람터는 초등 돌봄교실 입급 대기자가 많은 신도시를 중심으로 7개소가 운영되고

[그림 4-13] 부산교육청의 우리동네자람터와 거점형자람터

우리동네자람터 요리수업

우리동네자람터 강당체육

거점형자람터 과학체험

거점형자람터 온라인수업

출처: 부산교육청 내부 자료(2020).

있으며, 특히 지역사회 인적 자원의 재능기부 프로그램을 활용하여 방과후학교 프로그램을 제공하고 있다. 한편으로는 교육청과 연계 운영하는 통합방과후교육센터를 이용하고 있는 학생이나 돌봄을 희망하는 학생을 대상으로 하는 '거점형자람터'를 운영한다. 2020년 현재 2개소가 운영되며 거점형자람터 인근의 8~9개 초등학교의 1~3학년 중 희망학생이 참여하고 있다. 방과후부터 19시까지 돌봄 수요에 맞게 탄력적으로 운영하고 있으며 켈리그라피, 토탈공예, 푸드테라피, 과학

탐구 등 지역 연계 특색 프로그램을 비롯하여 다양한 창의·오감·예 체능·놀이 활동 프로그램을 통해 질 높은 학생 맞춤형 돌봄 서비스를 제공하고 있다.

경남교육청의 거점통합돌봄센터 늘봄  경남교육청은 2021년 4월 "초등학교 1~4학년까지 우리 아이의 돌봄 평일 20시까지 책임지겠습니다"라는 슬로건으로 거점통합형돌봄센터 늘봄을 시작하였다. 거점통합돌봄센터 늘봄은 명서초등학교 인근 10개교 학생을 대상으로 돌봄 서비스와 방과후학교 프로그램을 통합 제공하는 거점돌봄 기관으로 쉼·놀이·창의성이 어우러진 공간을 표방하고 있다. 명서초등학교 별관 2층에서 4층까지를 활용하여 돌봄교실 6실, 방과후학교 프로그램실 8실, 놀이실 4실, 독서계단 1실 등을 비롯해 외부 테라스, 상담실 및 보건실 등 아동의 쉼과 놀이, 그리고 건강한 성장을 위한 안전하고 쾌적한 환경을 조성하고 있다.

**[그림 4-14] 경남교육청 늘봄의 시설 환경**

출처: 경남교육청 내부 자료(2021).

특히 늘봄이 탄생하기 전까지 학생과 학부모, 돌봄전담사, 관계 전문가의 의견 수렴은 물론 경상남도 도민을 대상으로 명칭을 공모하여 선정하는 등 지역사회와 함께 만들어나간 과정도 주목받고 있다. 늘봄의 운영시간은 평일 방과후부터 저녁 8시까지, 토요일은 아침 8시부터 오후 1시까지, 방학 중에는 아침 8시부터 저녁 8시까지 상시적으로 운영하고 수시돌봄과 틈새돌봄이 필요한 경우 언제든지 이용이 가능하다. 2021년 9월 현재, 평일 돌봄은 120여 명, 저녁 돌봄은 20여 명, 방학 중 돌봄은 106명, 토요 돌봄은 10명 내외의 학생이 참여하고 있다. 또한 통학차량 3대 운행, 입·출입 알림서비스, 안전 지킴이와 사각지대 없는 CCTV 설치 등 안전한 돌봄 시스템을 마련하고 있다. 무엇보다 방과후학교 프로그램과 돌봄 서비스를 통합적으로 제공한다는 점에서 아동의 전인적 성장에 기여하고 있는 모습이다. 돌봄교실에서는 신체활동, 종이접기, 독서 등의 기본활동과 매일 다른 주제의 단체 프로그램이 주 5회 운영되고 있으며, 방과후학교 프로그램은 11개 영역의 24개 프로그램이 운영된다.

**[그림 4-15] 경남교육청 늘봄의 돌봄·방과 후 프로그램 활동**

출처: 경남교육청 내부 자료(2021).

# 제7장 나오며

아동 돌봄은 그야말로 '변화'하고 있다. 사적인 영역에서의 가정 돌봄이 공적인 영역에서의 공적 돌봄으로, 또 사회적 돌봄으로 변화하고 있으며, 취약한 아동을 대상으로 한 돌봄에서 모든 아동을 대상으로 하는 보편적 돌봄으로 변화하고 있다. 이 과정에서 학교와 마을이 함께 변화하고 있다. 학교는 아동의 건강하고 행복한 성장을 위한 과정에서 교육적 돌봄을 실현하고 있으며, 마을은 지역의 지속가능한 발전과 상생을 위한 과정에서 아동 돌봄을 실현하고 있다. 더 나아가 학교와 마을은 아동의 삶을 중심으로 하여 경계를 허물고 서로 넘나들며 지역의 돌봄 생태계, 교육 생태계를 함께 만들어 나가고 있다. 이러한 변화 과정에서 아동은 물론 학교와 마을, 지역주민, 지역사회가 함께 변화하고 성장하고 있는 것이다.

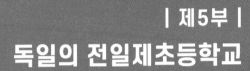

| 제5부 |
독일의 전일제초등학교

# 독일 전일제학교: 형성과 확대, 향후 전망

독일의 전일제학교(Ganztagsschule: GTS)는 사회정책 영역에 속하는 하나의 제도(Institution)로서 이해할 수 있다. 사회정책은 사회문제를 해결하고 계층 간 격차를 감소시키면서 사회통합을 추구하는 특징을 갖는다. 그렇다면 독일에서는 전일제학교를 통해 어떤 사회문제의 해결을 시도하는가? 어떤 차원의 계층 간 격차를 해소하는 수단으로서 전일제학교는 기능하는가? 전일제학교는 어떤 차원의 사회통합을 목표로 하는 정책인가?

## 제1장 사회정책으로서 전일제학교

사회정책으로서 전일제학교의 정책 영역은 다음과 같이 구성할 수 있다. 교육정책, 돌봄정책, 가족정책, 노동정책이다.

교육정책 영역으로서 전일제학교는 부모의 소득, 사회적 지위, 출신 계층·계급에 의존하지 않는 교육서비스를 아동에게 제공하는 정책이다. 특히 이주배경가족이나 저소득층 자녀들이 방과 후 방치되지 않고 좀 더 많이 배울 수 있는 시간을 확보해 줌으로써 학력 저하를 예방하고 더 나아가 학력 수준 향상에 기여하는 기회를 전일제학교가 제공한다.

돌봄정책으로서 전일제학교는 취업활동 등을 이유로 하여 자녀돌봄 시간을 확보하기 어려운 부모를 대신하여 학교 공간을 활용한 돌봄 서비스를 제공하는 정책이다. 영유아기에 집중된 사회적 돌봄이 학령기 아동으로 대상이 확대되는 과정에서 전일제학교라는 새로운 사회적 돌봄 공간이 등장하게 된 것이다.

전일제학교는 가족 구성을 가능케 하는 촉매제로서 역할을 한다는 의미에서 가족정책 영역의 하나로 볼 수 있다. 1980년대 이후 증가한 여성의 사회 진출은 여성 당사자에게 '경력과 가족'이라는 선택을 강요하게 되었다. 그 결과 여성의 출산 기피가 확대되면서 저출산 현상이 가속화되었다. 학령기 아동을 둔 부모, 특히 여성의 일·가정양립을 가능케 함으로써 출산율과 출생률 향상을 통한 가족 구성 가능성을 높였다는 의미에서 매우 중요한 가족정책 영역 중 하나로 볼 수 있다.

전일제학교는 중요한 노동정책 중 하나로서 역할을 갖고 있다. 돌봄 부담으로 인한 부모의 경력단절을 예방함으로써 기업의 입장에서 노동력 활용의 연속성을 보장받고 결국 기업이 원하는 양질의 전문 노동력을 지속적으로 확보함으로써 기업 경쟁력을 확보할 수 있는 수단이 된다. 부모 입장에서도 경력단절 없이 노동력으로서 자신의 자질과 전문성을 향상시킬 수 있는 지원을 전일제학교를 통해 받을 수 있다.

[그림 5-1] 거시 사회정책 영역으로서 전일제학교

## 제2장 전일제학교 확대의 역사적 과정

### 1. 주변 주제로서 전일제학교

2차 세계대전 패전은 독일 사회에 완전히 새로운 토대에서 재건하는 시간을 가져다주었다. 이렇게 완전히 과거와 다르게 시작하는 '0의 시간(Stunde Null)'이 있었지만 '새로운 출발'은 절반의 변화에 그쳤다고 볼 수 있다. 나치 시대 교육과의 결별이라는 의미에서는 새로운 출발이었지만 독일 학교에 남아 있던 반일제학교의 전통, 즉 오전 수업만 하고 집에 오는 양상은 그대로 지속되었다. 물론 새로운 시도가 없지는 않았다.

함부르크(Hamburg)에서 6명의 아버지들이 주도하여 만든 '생활공간으로서 학교(Schule als Lebensraum)'가 전후 전일제학교의 모델이 될 수 있었다. 1959년 개교한 에니쉬 김나지움(Ganztagsgymnasium Jenisch)

이다. 사립학교로서 오전과 오후에 걸친 교육 과정을 통해 학생 눈높이에 맞는(kindgerechter) 학교를 지향하는 시도를 하였다.[1]

부모들이 교육적 관심에서가 아니라 사회 변화 차원에서 전일제학교를 요구하는 움직임도 1960년대에 일어났다. 노동운동의 결과 노동시간 단축이 이루어지면서 토요일 학교 수업이 없어졌기 때문이다. 독일노동조합총연맹이 "토요일에 아빠는 나와 함께(Samstags gehört Vati mir)"라는 구호를 내걸면서 주5일 40시간 노동을 본격적으로 요구하였다. 이후 주5일 노동이 정착되기 시작하면서 학교의 토요일 수업도 없어지기 시작한 것이다. 1957년 9월 1일부터 카셀(Kassel)의 칼-숌부르크 레알슐레(Carl-Schomburg Realschule)에서 주5일 수업을 실시하기 시작하면서 줄어든 교육시간을 보충하기 위하여 주중 오후수업 시간 모델을 만들었다. 언어, 문학, 역사 등 전통적 교과목이 아니라 체육, 놀이, 독서, 조립(Basteln), 기타 취미활동 등으로 새로운 교과 과정을 구성한 것이다. 아동에게 생활공간으로서 학교를 제공한다는 하루생활학교(Tagesheimschule)의 시작으로 볼 수 있다.

그러나 전후 동독과의 체제 경쟁 속에서 전일제학교는 전통적인 가족생활을 위협하는 요소로서 받아들여지는 경향이 있었다. 사회주의 동독체제가 아동보육(Kindererziehung)을 중요한 국가적 과제(Staatsaufgabe)로 규정하면서 영유아기에서 아동·청소년기에 걸쳐 사회적 돌봄과 교육의 중요한 주체로서 국가 역할을 강조하였기 때문이다. 동독과의 체제 경쟁 가운데, 자녀양육 및 교육을 가족이 아닌 국가가 책임지는 동독 사회주의의 보호독재(Fürsorgediktatur)의 그림자

1  에이쉬 김나지움 홈페이지. https://www.ppg-schulen.de/jenisch/chronik

를 전일제학교에서 찾는 경향이 서독 사회에서 지배적이었다(Jarausch, 1998). 결국 전일제학교는 서독 사회에서 정치적으로 볼 때 주변 주제에 머물렀으며, 1969년을 기준으로 할 때 서독 지역 3만5천여 개 학교 중 54개의 전일제학교가 있을 뿐이었다. 전일제학교에 대한 사회적 관심을 보편적 현상으로 보기 어려웠던 점이다(Mattes, 2015: 82).

## 2. 중심 주제로 떠오른 전일제학교

역사적으로 주변 주제에 머물렀던 전일제학교가 독일 사회의 관심을 받게 된 계기는 교육적, 사회적, 정치적 차원에서 찾아볼 수 있다.

먼저 교육적 차원에서 각국 아동·청소년의 학력 수준을 평가하는 피사(Programme for International Student Assessment: PISA) 조사 결과가 가져온 충격이 있다. 2000년 피사 조사 결과 독일 학생의 문해력 수준이 경제개발협력기구(OECD) 회원국 평균 이하에도 못미칠 뿐 아니라 뒤에서 5등을 하였다. 학생들의 학력 수준이 낮을 뿐 아니라 계층 간 격차가 학력 수준으로 이어지는 현상이 더 독일 사회에 충격을 주었다. 부모의 소득수준 및 경제사회적 지위가 학생들의 학력 수준에 반영되어 독일 학생들 사이에서도 극심한 학력 격차 현상을 확인한 것이다(Opielka, 2004: 203). 중간 수준의 문장을 이해하는 능력에 있어서 고소득층과 저소득층 자녀 간 이해 능력 차이가 조사 대상국가 중 독일이 가장 크게 나타난 것이다. 반면 학력 수준이 높게 나온 한국 등 국가들에서는 전일제학교가 보편화되어 있다는 점이 독일 사회에서 주목받기 시작하였다.[2]

이와 비슷한 시기에 시작된 교육과정 개편도 전일제학교 도입 관런 계기가 되었다. 5학년부터 시작하여 김나지움(Gymnasium)을 13학년에 졸업하고 아비투어(Abitur)[3]를 치뤄서 대학교에 진학하는 과정을 12학년 졸업으로 1년 단축하는 변화가 시작된 것이다. 2002~ 2003학년 함부르크에서 시작하여 다음 해부터 바덴-뷔르템베르크(Baden-Württemberg), 바이에른(Bayern), 브레멘(Bremen), 헤센(Hessen), 메클렌부르크-포어포메른(Mecklenburg-Vorpommern), 니더작센(Niedersachsen) 등에서 김나지움 졸업을 12학년에 하도록 하였다. 김나지움 재학 기간이 9년에서 8년으로 줄어든 것이다. 1년 줄어든 만큼 교육과정 내용을 보완할 수 있는 대안으로서 전일제학교에 대한 관심이 높아졌다.[4] 전일제학교 재학생들의 학력 수준이 상대적으로 높다는 연구결과들에 대한 사회적 관심도 동시에 생겨나기 시작하였다(Klemm, 2014: 4).

사회적 차원에서 전일제학교는 저소득층 및 이주배경가족 아동의 학력 수준 향상 수단으로 주목받기 시작하였다. 특히 도시 지역의 이른바 사회 취약지역(sozialer Brennpunk) 소재 학교의 이주배경 아동들이 낮은 학력 수준을 보이는 현상에 대한 조속한 지원 프로그램(Förderprogramme)에 대한 요구가 거세졌다(Smolka, 2002: 7). 피사(PISA) 연구결과에서 나타난 아동 학력의 계층 간 격차는 전후 독일 사회가 지향해 온 '민주적 교육을 토대로 한 공평한 교육기회 보장'이라는 목표를 달성하지 못했음을 드러냈다. 전반적으로 낮아진 학력 수준, 그

---

2  Der Spiegel(2002), "Hier ist immer was los", Nr.24, S.68.
3  김나지움의 졸업 시험.
4  Der Spiegel(2001), "Schulen – Offensive am Nachmittag", Nr.11, S.90.

안에서 더욱 심하게 나타나는 계층 간 학력 격차 문제를 해결하기 위하여 '학교가 제공하는 종일서비스(schulische Ganztagsangebote, Smolka, 2002: 9)'라는 개념도 생겨났다. 특히 저소득층·이주배경 자녀들이 방과 후에 중산층 자녀들은 가질 수 있는 교육 기회를 갖지 못하는 현실에 대한 대응인 셈이다. 다양하고도 지속적인 배움의 기회를 갖기 어려운 저소득층·이주배경 아동을 대상으로 지역사회의 다양한 파트너들과 함께 학교가 배움과 사회화 및 사회통합의 기회를 제공하는 역할을 해야 한다는 차원에서 나온 개념이다.

사회적 차원에서 생겨난 전일제학교에 대한 또 다른 관심의 토대는 지속적 저출산 현상이다. 독일은 1970년대부터 대체출산율 2.1 이하의 저출산 현상을 경험하기 시작한 국가이다. 1970년 2.03이던 합계출산율은 1975년 1.48로 하락한 후 1980년 1.56까지 올라가기도 하였다. 그러나 1980년대에는 지속적으로 1.5 이하를 유지하였다. 1990년 통일 이후 합계출산율은 동독 지역에서의 초저출산 현상으로 인하여 더욱 하락하였다. 통일 이후 대량실업 등 경제불안이 급습한 동독 지역에서는 1991년 0.98, 1994년 0.77, 1995년 0.84 등으로 이어지는 초저출산 현상이 나타났다(정재훈·정창호, 2018: 17).

이미 복지국가 체제를 구축하여 소득, 주거, 의료 등 여러 차원에서 자녀돌봄 비용이나 주거 불안이 상대적으로 해소된 상태에서 지속적으로 나타난 저출산 현상의 주요인은 여성 취업활동 확대에서 찾을 수 있다. 여성 고용이 증가하면 할수록 출산율은 낮아지는 현상이 1970년대 이후 독일 사회에서 나타난 것이다. 출산율이 특히 낮아졌던 1990년대에 여성 고용률은 1990년 52.2%, 1995년 55.3%, 1999년 57.4%로 꾸준히 증가하였다. 결국 '가족이냐 경력이냐'의 갈림길에서 취업활동을 선택하는 여성들이 많아지는 반면 사회적 돌봄 인프라 확대가 따라주지 않는다면 저출산 현상은 반등하기 어려울 것이라는 인식이 확대되었다. 이에 따라 1996년부터 3세 이상 어린이의 어린이집(Kindergarten) 자리를 법적으로 보장하는 조치를 토대로 사회적 돌봄 인프라 구축을 본격적으로 시작하였다. 그리고 2013년부터는 1~2세 아동의 어린이집 자리에 대한 법적 권리 보장을 이미 2007년부터 결정하는 움직임도 있었다. 전일제학교는 영유아에서 시작한 사회적 돌봄 인프라 구축을 완성하는 과정의 결과로서도 이해할 수 있다(정재훈, 2020: 55).

사회적 돌봄 인프라 확대에 대한 독일 사회의 요구는 결국 정치적 관심사로 이어졌다. 2001년 라인란트-팔츠(Rheinland-Pfalz) 주 선거와 2002년 연방의회(Bundestag) 선거를 계기로 전일제학교가 주요 선거 공약이 된 것이다. 2001년 당시 라인란트-팔츠 사회민주당(SPD) 대표이면서 주지사였던 쿠르트 벡(Kurt Beck)은 재선을 위한 선거 과정에서 주요 공약으로 전일제학교 확대를 내놓았다. "아이에게는 더 좋은 교육 기회를, 엄마에게는 더 많은 취업 기회를 통한 행복한 가족(glückliche Familie)"이 선거 구호로 나왔다.

라인란트-팔츠 주에서는 이미 1997년부터 '완전반일제학교(Volle Halbtagsschule)' 형태의 오후 방과후 돌봄 사업을 하고 있었다. 오전 수업 종료 후 부모가 원할 경우 오후에도 학교 공간에서 돌봄 서비스를 제공하는 사업이었다. 쿠르트 벡 지사는 만약 재선한다면 해마다 약 5천만 유로의 예산을 투자하여 선거 당시 6개였던 방과후 돌봄학교를 전일제학교 형태로 하여 2006년까지 300개까지 늘리겠다는 공약을 내걸었다. 쿠르트 벡은 재선에 성공하였으며, 라인란트-팔츠 주 사회

민주당의 정치적 성공은 연방정부 선거에도 그대로 반영되었다.

1998년부터 녹색당과 함께 연정을 만들어 집권했던 사민당의 슈뢰더(Schröder) 총리는 주요 재선 공약으로 40억 유로를 투자한 전일제학교 확대를 제시하였다. 학생 10명 중 1명이 전일제학교를 다니던 시기에 내걸었던 공약이었다. 슈뢰더의 사민당·녹색당 연립정부는 2002년 재집권 이후 '교육과 돌봄의 미래'(Das Investitionsprogramm 'Zukunft Bildung und Betreuung: IZBB)' 프로젝트를 2003년부터 시작하여 전일제학교 확대의 본격적 시동을 걸었다.

전일제학교를 확대할 경우 아동 돌봄에 있어서 가족의 책임 의식을 약화시킬 것이라고 보았던 보수적 인식은 2002년 연방정부 총선을 계기로 큰 변화를 하였다. 전일제학교가 초당적 합의를 볼 수 있는 학력 수준 향상, 계층 간 격차 해소, 저출산 대응의 중요한 수단으로 자리잡은 것이다. 전일제학교가 "유행이 되었다(en vogue)"고 말할 수 있는 변화가 생겨났다. 기독교민주·사회연합(CDU/CSU)도 전일제학교 확대 청사진을 제시하기 시작하였다.[5] 2018년 3월 출범한 기독민주·사회연합(CDU·CSU)과 사회민주당(SPD) 연립정부는 2018년부터 2021년까지 20억 유로[6]를 투자하였다.[7]

---

5 Der Spiegel(2002), "Hier ist immer was los", Nr.24, S.68.

6 1유로 1,350원 기준 = 2조7천억 원.

7 Koalitionsvertrag(2018.2.7), Zwischen CDU, CSU und SPD.

## 제3장 전일제학교

## 1. 전일제학교의 개념

전일제학교(Ganztagsschule)가 무엇인지에 대하여 논쟁이 분분할 수 있다. 하루 종일 학교에 학생들이 머무는 학교인가? 단순히 머물기만 하면 되는가? 어떤 내용의 교육과 돌봄 서비스를 제공해야 하는가? 이러한 내용과 관련하여 독일의 16개 주정부 교육부장관 회의(Kultusministerkonferenz: KMK)[8]는 전일제학교가 충족해야 할 다음과 같은 기준을 제시하였다(Klemm, 2014: 9).

○ 하루 7시간 이상 학교에 머무는 날이 1주일에 최소 3일 이상
○ 점심 제공
○ 관리와 운영 주체로서 학교
○ 개인 역량을 강화하는 취미활동, 활동적인 참여 또는 휴식 프로그램 외에도 공동체 형성 활동, 사교활동, 만남 등 공동체 지향적 프로그램 운영

앞서 제시한 기준이 절대적이지 않다. 다만 전일제학교로 지정받을 수 있는 최소한의 기준이며 자세한 운영 프로그램은 자치 주별로, 또한 학교 상황에 따라 자율적으로 결정할 수 있다. 전일제학교로서 충족해야 할 기본조건을 이미 1995년 전일제학교협회(Ganztagsschulver-band)가 〈전일제학교란 무엇인가? 전일제학교의 구조와 개념적 특징〉

---

8  Koalitionsvertrag(2018.2.7), Zwischen CDU, CSU und SPD.

이라는 문건을 통해 제시한 바 있다. 다음은 그 내용이다.[9]

다음과 같은 조건들이 갖추어졌을 때만 전일제학교라고 말할 수 있다.
- 지속적이고 구조화된 학교생활이 모든 학생에게 주당 최소 4일, 매일 7시간(여기서 1시간
  은 60분을 뜻함) 제공된다.
- 학교는 원하는 모든 학생에게 제대로 된 점심식사를 제공한다.
- 학생의 오전활동과 오후활동이 하나의 통합적인 연관 속에서 진행된다.
- 전일제학교는 대안적인 수업 형태, 예를 들면 프로젝트 수업 등을 요구하며 또 가능하
  게 한다.
- 통상적인 과제와 교육적 촉진 조치들의 내용과 기능이 전일제학교 구상과 긴밀하게 결부
  되어 이루어진다.
- 공동체를 지향하면서도 개별적인 욕구를 존중하는 여가활동 교육은 전일제 교육 개념에
  서 본질적인 과제에 속한다.
- 전일제학교 활동을 위한 독자적 공간을 확보하고 있어야 한다.
- 위에서 말한 학교일과 시간 내에서 이루어지는 모든 활동의 조직은 학교 당국의 관할 아
  래 있는 상시적인 조직에서 담당해야 한다.
- 학생을 보살피는 인원의 연속성이 오전과 오후에 걸쳐 확보되어야 한다. 단, 부가적으로
  특별한 영역이나 목적을 위해서는 학교 외부의 전문가들이 투입될 수 있다.
- 전일제학교 도입 및 운영 프로그램 조직은 학교에 영향을 미치는 여러 조직들(특수학교
  에서는 특히 학부모회)의 참여를 통해 개발되어야 한다.

## 2. 전일제학교의 유형

전일제학교는 크게 의무형(gebundene Form)과 개방형(offene Form)
으로 분류할 수 있다. 학교 전 과정 자체를 전일제를 기준으로 구성함
으로써 학교에 출석하는 학생은 모두 예외 없이 전일제 과정에 참여해
야 하는 의무형 전일제학교가 있다. 반면 오전 수업까지는 모두 함께

9  정재훈·정창호(2020: 62)에서 내용을 그대로 가져왔음.

하지만 오후 교육 및 돌봄 프로그램 참여는 부모와 학생의 선택으로 이루어지는 개방형 전일제학교가 있다. 개방형 전일제 과정 참가를 희망할 경우 한 학기 단위로 신청할 수 있다(Klemm, 2014: 10).

개방형 전일제학교는 모든 학부모가 전일제를 선호하지는 않기 때문에 혹은 재정적 이유로 전체 학급을 전일제로 편성하기 어려운 이유로 인하여 생겨났다. 기존의 반일제학교 틀을 유지하여 오전 수업을 마치고 집으로 돌아가는 학생을 제외하고 학교에 남는 학생들로 오후 전일제학급을 재편성하는 것이다.

〈표 5-1〉 개방형과 의무형 전일제학교 운영 예시

| 연 도 | 개방형 | 의무형 |
|---|---|---|
| 학교 수업 | 08:00~12:00 교과형 의무 수업<br>13:00~16:00 참가형 신청 수업 | 8:00~16:00 수업 |
| 과정 구성 | 오후: 자발적 참가형 신청수업<br>- 학교 과제<br>- 집단활동<br>- 교육적 상담 및 지도<br>- 개별 취미~여가 활동 | 교과형 수업과 여가 프로그램의 균형적 배분 |
| | | 신체리듬을 반영한 시간 편성<br>- 배움과 휴식시간 균형 배치 |
| | | 필기 과제 없음 |
| 점심식사 | 신청급식 | 의무급식 |

출처: Der Spiegel(2001: 87)을 재구성.

## 3. 전일제학교 확대 추세

전일제학교에 대한 본격적 투자는 2003년 사민·녹색당 연립정부가 시작한 「투자 프로그램 '교육과 돌봄의 미래'(Das Investitions-programm 'Zukunft Bildung und Betreuung: IZBB)'」에서 찾을 수 있다. 전일제학교로의 전환을 위해 2003년부터 2009년까지 7년 동안 40억 유로를 투자

하여 독일 전국적으로 8,262개의 학교를 지원하는 프로그램이다. 연방정부는 재정 지원을 하고 주정부가 다음과 같은 구체적인 프로그램을 구성하는 식으로 전일제학교 확대가 이루어졌다.[10]

ㅇ 새로운 전일제학교 설립

ㅇ 기존 전일제학교에 대한 지원을 통해 학생 수용 능력 증가

ㅇ 전일제학교 운영 프로그램 확대 지원

프로그램 '교육과 돌봄의 미래(IZBB)'가 전일제학교의 숫적 증가를 위한 투자라고 한다면, 전일제학교 운영의 질적 수준 향상을 도모하기 위하여 독일 연방교육연구부(Bundesministerium für Bildung und Forschung: BMBF)는 2004년부터 2015년까지 「더 많은 학생들을 위한 아이디어: 전일제학교에서 배우기(Ideen für mehr! Ganztägig lernen)」 사업을 시작하였다. 동 사업은 각 주정부 주관으로 지역에 전일제학교의 파트너 역할을 하는 서비스센터(regionale Serviceagenturen)를 건립하고 센터를 통한 전일제학교 운영 관련 자문과 전일제학교 간 네트워크 구성 등을 지원하는 내용으로 편성되었다.[11]

전일제학교 확대를 위한 양적·질적 투자가 본격화되면서 다음과 같은 변화가 생겼다. 2002년 기준 전일제학교가 전체 학교에서 차지하

---

10 「독일 연방교육연구부(Bundesministerium für Bildung und Forschung: BMBF 홈페이지 https://www.ganztagsschulen.org/de/service/izbb-programm/das-investitionsprogramm-zukunft-bildung-und-betreuung-izbb.html」을 토대로 재구성.

11 「독일 아동청소년재단(Deutsche Kinder- und Jugendstiftung: DKJ), https://www.dkjs.de/themen/alle-programme/ideen-fuer-mehr-ganztaegig-lernen/」 홈페이지를 토대로 재구성.

는 비율은 16.3%, 4,951개교였다. 「투자 프로그램 '교육과 돌봄의 미래(IZBB)'」시행 7년 사이 전일제학교 이용 학생 수는 매년 평균 약 17만 5천 명씩 증가하였다. 2009년 13,381개(47.7%)였던 전일제학교 수는 전일제학교 지원 서비스센터 설치에 집중한 사업이 종료된 2015년 17,714개로 확대되면서 전체 학교 중 64.6%가 되었다.

2017년 총선에서는 집권 기독민주·사회연합(CDU·CSU)에서 2025년까지 전일제학교 참여 학생 비율을 80%까지 올리겠다는 공약을 내놓았다. 2018년 새롭게 출범한 기독민주·사회연합과 사회민주당 연립정부는 2021년까지 모두 20억 유로 규모의 예산 집행에 합의를 보았다.[12] 2020년 현재 전일제학교 수는 19,041개, 전체 학교에서 차지하는 비율은 71.5%이다. 2002년 전체 학교 10개 중 2개교가 전일제학교였다면 이제는 7개의 학교가 전일제학교인 셈이다.

[그림 5-2] 전일제학교 수 및 전체 학교 중 비율(%)

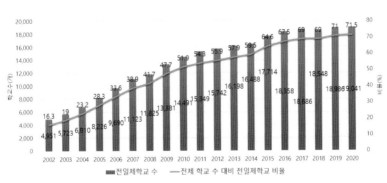

출처: KMK(2021), 「Allgemeinbildende Schulen in Ganztagsform in den Ländern in der Bundesrepublik Deutschland」를 토대로 재구성.

---

12  CDU, CSU, SPD(2018.2.7), Koalitionsvertrag zwischen CDU, CSU und SPD, 65쪽.

전일제학교 수의 증가는 전일제학교 참가 학생 수 증가로 이어졌다. '교육과 돌봄의 미래' 프로젝트 개시연도였던 2003년 10명 중 1명이 전일제학교 참가 학생이었다. 모든 연방 주(Länder)에 전일제학교 지원 서비스센터 설치가 완료된 2015년에는 10명 중 4명의 학생으로 그 비중이 늘어났다. 2020년에는 모두 346만여 명의 전일제학교 참가 학생이 있으며 이는 10명 중 5명 정도의 비율이다.

[그림 5-3] 전일제학교 학생 수 및 전체 학생 대비 비율(2002~2020년)

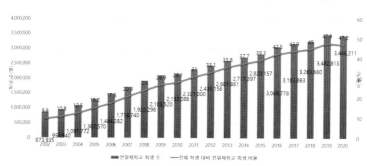

출처: KMK(2021), 「Allgemeinbildende Schulen in Ganztagsform in den Ländern in der Bundesrepublik Deutschland」를 토대로 재구성.

전일제학교는 특히 초등학교 시기에 부모의 경제사회적 지위와 관계없이 아동의 사회적·심리적·신체적 성장을 지원하는 장소로서 의미가 크다. 전일제학교의 교육적 기능이다. 또한 전일제학교는 영유아기 어린이집·유치원에 이은 초등연령기 사회적 돌봄의 장소로서 부모의 일·가정양립을 가능케 하는 기능을 한다. 따라서 1~4학년에 이르는 초등학교(Grundschule) 과정에서의 전일제학교 확대가 중요한 의미를 갖는다.

2003년 '교육과 돌봄의 미래' 프로젝트를 시작할 때 초등 전일제학교 수는 2,106개였으며, 전체 초등학교에서 차지하는 비율은 12.4%였다. 초등학교 10개 중 1개교가 전일제학교였다. 동 프로젝트 종료 연도였던 2009년 초등 전일제학교 수는 6,795개가 되어 7년 동안 3배 이상 증가하였다. 초등학교 중 전일제학교 비율도 41.7%로서 10개 학교 중 4개교가 전일제학교로 변하였다. 2020년 현재 초등 전일제학교 수는 1만 개를 넘은 수준이며 비율도 71.2%로 높아졌다. 이제 초등학교 10개 중 7개가 전일제학교인 셈이다.

[그림 5-4] 초등 전일제학교 수와 초등학교 중 전일제학교 비율

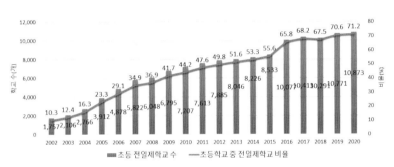

출처: KMK(2021), 「Allgemeinbildende Schulen in Ganztagsform in den Ländern in der Bundesrepublik Deutschland」를 토대로 재구성.

초등 전일제학교 참여 학생 수와 비율은 2002년 약 13만여 명, 4.2% 비율에서 2020년에는 약 131만여 명, 46.5% 수준으로 증가하였다. 2000년대 초반 10명 중 1명이 채 안 되게 전일제학교를 다녔다면 지금은 초등학생 10명 중 5명 정도가 전일제학교로서 사회적 돌봄과 확대된 학교교육을 받고 있는 셈이다.

전일제학교가 확대되는 추세를 보이는 가운데 관찰할 수 있는 또 다른 특징이 있다. 학부모에게 선택의 여지를 주지 않는 의무형보다

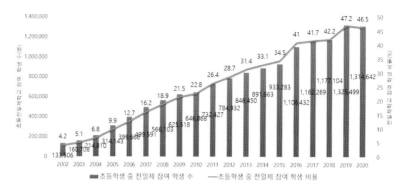

[그림 5-5] 전일제학교 참가 초등생 수와 초등생 중 전일제학교 참가 학생 비율

출처: KMK(2021), 「Allgemeinbildende Schulen in Ganztagsform in den Ländern in der Bundesrepublik Deutschland」를 토대로 재구성.

학부모와 아동의 선택을 존중하는 개방형 전일제학교 확대 추세를 관찰할 수 있다. 전일제학교 개념이 본격적으로 도입되기 시작한 2000년대 이전에는 학교 특성상 학생을 종일 학교에 있도록 해야 하는 장애아 대상 특수학교(Sonderschule)나 고소득 계층 자녀교육 중심 사립학교(Privatschule)가 전일제학교의 대표적 유형이었다. 전일제학교 확대의 본격적 시작 직전인 2002년 의무형 전일제학교 학생 수는 약 60만 명, 개방형 전일제학교 학생 수는 약 28만 명 정도였다. 그러나 '교육과 돌봄의 미래' 프로젝트를 시작한 2003년부터 개방형 전일제학교 참여 학생 수가 증가하기 시작하였다. 2005년부터 이미 개방형 전일제학교 참여 학생 수가 66만 명을 넘어서면서 의무형 전일제학교 참여 학생 수 64만5천 명을 앞지르기 시작하였다. 일반 공립학교를 중심으로 전일제학교 확대가 이루어진 결과로 볼 수 있다. 2020년 현재 개방형 전일제학교 참여 학생 수는 189만여 명, 의무형 전일제학교 참여

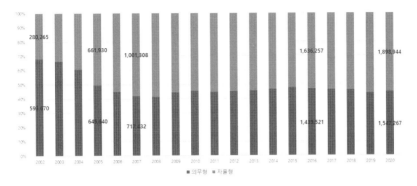

[그림 5-6] 전일제학교 형태별 참여 학생 수(2002~2020)

출처: KMK(2021), 「Allgemeinbildende Schulen in Ganztagsform in den Ländern in der Bundesrepublik Deutschland」를 토대로 재구성.

학생 수는 154만여 명 수준이다.

2002년 전일제학교 참여 학생 중 의무형과 개방형 비율이 67.9%와 32%였다. 이제는 2020년 현재 동 비율이 44.9%와 55.1%로 역전되어 있는 상황이다. 특히 2003년 '교육과 돌봄의 미래' 프로젝트를 시작하면서 공립 개방형 전일제학교가 확대되는 토대가 만들어졌다. 2002년에서 2009년까지 의무형 전일제학교 학생 비율은 67.9%에서 44.2%로 감소한 반면, 개방형 전일제학교 학생 비율은 32.1%에서 55.8%로 증가하였다.

지난 20년 동안 전일제학교 확대는 독일 사회가 보여줬던 '남성 = 주소득자·취업활동자, 여성 = 보조적 소득자, 가사·돌봄노동 담당자'라는 전형적 성별 노동분리가 변화하는 추세를 보여준다고도 할 수 있다. 1960년대 이후 전후 독일 사회 재건 과정에서 다른 서유럽 국가에 비해 전일제학교 확대가 이루어지지 않은 주 요인 중 하나가 아동 돌봄에 대한 가족 책임, 즉 여성(엄마) 책임의 강조이다(Mattes, 2015: 19).

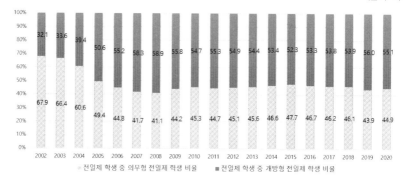

[그림 5-7] 전일제학교 형태별 참여 학생 비율(2002-2020)

(단위: %)

■ 전일제 학생 중 의무형 전일제 학생 비율　■ 전일제 학생 중 개방형 전일제 학생 비율

출처: KMK(2021), 「Allgemeinbildende Schulen in Ganztagsform in den Ländern in der Bundesrepublik Deutschland」를 토대로 재구성.

그러나 1990년대 이후 나타난 여성 사회참여 및 사회적 돌봄 확대 경향은 동독 지역보다 보수적이었던 서독 지역에서 더 이상 아동 돌봄을 가족에게만 맡기지 않는 변화로 나타난다. 영유아에 이어 초등 아동 돌봄 주체로서 전일제학교가 동독 지역보다 오히려 서독 지역에서 전체 학교 중 더 많은 비율을 차지하면서 증가하고 있는 추세를 볼 수 있다.

　동독 지역에 속한 브란덴부르크, 메클렌부르크-포어폼먼, 작센, 작센-안할트, 튀링엔 주의 2020년 현재 전체 학교 중 전일제학교 비율은 49.9%, 67.3%, 99.4%, 66.5%, 71.6%이다. 서독 지역에 속한 바덴-뷔르템베르크가 42.8%로 가장 낮은 수준이지만, 함부르크의 경우에는 100% 전일제학교 체제를 2020년부터 갖추었다. 독일에서 가장 보수적 성향을 가진 주로 알려진 바이에른의 경우에도 작센을 제외한 동독 지역 주보다 높은 전일제학교 비율을 보이고 있다. 이는 전반적인 여성 사회참여에 따른 사회적 돌봄시설 확대에서 각 주의 재정적 여건이 반영된 결과로 해석할 수 있다. 교육의 경우 철저히 주 자치로 이루

<표 5-2> 주(Länder) 별 전일제학교 수 및 전체 학교 중 전일제학교 비율(2016~2020년)

| 주 | 학교 수(개) | | | | | 전체 학교 중 전일제학교 비율(%) | | | | |
|---|---|---|---|---|---|---|---|---|---|---|
| | 2016 | 2017 | 2018 | 2019 | 2020 | 2016 | 2017 | 2018 | 2019 | 2020 |
| 바덴-뷔르템베르크 | 1,462 | 1,485 | 1,507 | 1,512 | 1,515 | 40.6% | 41.6% | 42.4% | 42.6% | 42.8% |
| 바이에른 | 2,889 | 2,942 | 2,691 | 2,917 | 2,935 | 73.0% | 74.4% | 68.1% | 74.0% | 74.5% |
| 베를린 | 588 | 571 | 609 | 576 | 595 | 92.9% | 85.1% | 90.8% | 85.0% | 87.5% |
| 브란덴부르크 | 379 | 388 | 386 | 392 | 345 | 54.1% | 55.7% | 55.6% | 56.6% | 49.9% |
| 브레멘 | 79 | 81 | 83 | 86 | 89 | 51.3% | 54.0% | 54.6% | 56.6% | 57.4% |
| 함부르크 | 335 | 335 | 335 | 336 | 337 | 99.7% | 99.7% | 99.7% | 99.7% | 100.0% |
| 헤센 | 1,071 | 1,114 | 1,155 | 1,197 | 1,225 | 64.1% | 66.5% | 69.1% | 71.7% | 73.4% |
| 메클렌부르크-포어폼먼 | 192 | 193 | 191 | 333 | 323 | 39.8% | 40.1% | 40.0% | 69.5% | 67.3% |
| 니더작센 | 1,742 | 1,798 | 1,832 | 1,848 | 1,860 | 65.2% | 68.2% | 70.1% | 71.2% | 72.3% |
| 노르트라인-베스트팔렌 | 3,833 | 3,762 | 3,725 | 3,714 | 3,735 | 76.8% | 77.4% | 78.9% | 80.9% | 81.6% |
| 라인란트-팔츠 | 1,023 | 1,247 | 1,266 | 1,283 | 1,296 | 73.7% | 90.0% | 91.5% | 92.8% | 93.8% |
| 잘란트 | 266 | 263 | 263 | 263 | 265 | 97.8% | 96.7% | 96.7% | 96.7% | 96.7% |
| 작센 | 1,271 | 1,273 | 1,278 | 1,290 | 1,296 | 99.2% | 99.1% | 99.2% | 99.6% | 99.4% |
| 작센-안할트[13] | 510 | 510 | 506 | 504 | 506 | 66.7% | 67.0% | 66.4% | 66.2% | 66.5% |
| 슐레스비히-홀슈타인 | 510 | 518 | 523 | 534 | 549 | 66.4% | 67.9% | 68.8% | 70.5% | 72.4% |
| 튀링엔 | 591 | 579 | 570 | 569 | 554 | 74.7% | 73.9% | 73.2% | 73.3% | 71.6% |
| 독일 | 15,349 | 15,742 | 16,198 | 16,488 | 17,714 | 54.3% | 55.9% | 57.9% | 59.5% | 64.6% |

출처: KMK(2017), 「Allgemeinbildende Schulen in Ganztagsform in den Ländern in der Bundesrepublik Deutschland」를 토대로 재구성.

어지는 상황에서 재정 여건이 상대적으로 양호한 서독 지역 주들이 사회 변화에 대응하는 전일제학교 확대를 비교적 신속하게 추진할 수 있는 상황으로 추론할 수 있는 것이다.

13　사립학교를 포함하지 않은 자료임.

# 제4장 최근 흐름과 전망

전일제학교 자리 보장은 2026년부터 국가, 정확히 말하면, 각 연방주들의 법적 의무가 되었다. 전일제학교 확대는 부모의 일·가정양립 보장을 통한 저출산 현상 반등의 결과로 이어질 것이며 독일 아동의 학력 수준 향상 및 학력 수준의 향상에 따른 계층 간 격차 해소로 나타날 것이다.

## 1. 전일제학교 자리 보장

2021년 9월 「초등연령아동 전일제 촉원을 위한 법률(Gesetz zur ganztägi gen Förderung von Kindern im Grundschulalter: Ganztags förder-ungsgesetz. 전일제촉진법 GaFöG)」이 제정되면서 2026년부터 초등 1학년에서 시작하여 초등 4학년까지 전일제학교 자리를 법적으로 보장하게 되는 변화가 생겨났다. 동 법률에 따르면 초등 1~4학년 아동은 원한다면 전일제학교 자리를 요구할 권리를 갖는다. 전일제학교는 1주일에 5일, 하루 8시간을 학교 공간을 활용하여 교육과 돌봄 서비스를 제공해야 한다. 방학 기간 중에도 부모와 학생이 원한다면 최대 4주 범위에서 전일제학교 서비스를 받을 권리를 갖게 된다. 이러한 전일제학교 확대를 위하여 연방정부는 향후 4년 동안 35억 유로를 투자하기로 하였다. 2026년부터는 연간 투자액을 증액하고 2030년부터는 매년 13억 유로를 연방정부가 주 정부들에게 지원하여 전일제학교를 지속적으로 확대할 계획이다.[14] 연방정부의 계획대로라면 2029년부터는 모든 초등학교 1~4학년 아동이 전일제학교의 교육과 돌봄 서비스를 받을 수 있게 될 전망이다.

전일제학교의 성공적 확대는 연방정부의 지속적 재정 지원과 더불어 각 주정부가 어떻게 재원을 마련하고 지역 실정에 맞는 전일제학교 운영을 하느냐에 달려 있다. 2021년 「전일제촉진법(Ganztags-förderungsgesetz)」 제정 과정에서도 재정 부담을 의식한 각 주정부와 전일제학교를 확대하려는 연방정부 간 줄다리기가 있었다. 결국 연방정부 재정 지원을 더 확대하는 방향에 합의함으로써 연방주대표협의회(Bundesrat)를 동 법률안이 통과할 수 있었다.

전일제학교 확대는 영유아 사회적 돌봄 확대 추세를 잇지 못하고 발생하는 이른바 초등 돌봄부재(Betreuungslücke), 한국식 표현으로 '초등 돌봄절벽'을 해소하는 결과로 이어질 전망이다. 2026년 초등 입학생부터 적용받게 되는 전일제학교 자리 보장은 매년 한 학년씩 적용 대상이 확대되어 2026년 입학생이 초등 4학년이 되는 2029년에는 모든 초등생에게 적용된다.

[그림 5-8] 전일제학교 확대 계획 및 전망

| 대상 | 시간 | 예산 |
|---|---|---|
| • 초등 1~4학년<br>• 2029년부터 모든 초등학생에게 전일제학교 자리 제공 | • 주5일<br>• 하루 8시간<br>• 방학 중에도 최대 4주까지 | • 35억 유로<br>(2022~2025년)<br>• 2026년부터 연간 투자액 증액<br>• 매년 13억 유로<br>(2030년부터) |

14  독일 가족여성부 홈페이지https://www.bmfsfj.de/bmfsfj/service/gesetze/gesetz-rechtsanspruch-ganztagsbetreuung-grundschulen-178966.

## 2. 부모의 일·가정양립 보장

전일제학교에 대한 투자는 현재에 대한 투자를 통해 독일 사회의 미래를 보장한다는 의미를 갖는다. 현재에 대한 투자는 부모의 초등 돌봄절벽 해소를 통한 부모들의 일·가정양립(Vereinbarkeit von Familie und Beruf)에 기반한 전문노동력 유지이다. 지속적 저출산 현상이 가져올 수 있는 전문노동력(Fachkräfte) 부족 현상은 2000년대 초반 들어 독일 경제계의 가장 큰 관심사 중 하나가 되었다. 1999년 헤르티재단(Hertie Stiftung)에서 설립한 「직업과 가족 공익유한회사(die berufundfamilie gGmbH)」는 가족친화경영을 통한 전문노동력 확보와 출산율·출생률 제고를 통한 미래의 전문노동력 양성이라는 과제를 독일 경제계에 알리는 역할을 하였다. 가족친화경영 개념은 2007년 독일연방상공회의소(Deutsche Industrie- und Handelskammer)가 연방가족여성부(BMFSFJ)와 유럽사회기금(die Europäische Sozialfond)의 재정 지원을 토대로 '성공요소 가족네트워크(das Netzwerkbüro Erfolgsfaktor Familie)'를 운영하기 시작하면서 독일 기업에서 빠질 수 없는 경영전략이 되었다. 가족네트워크 회원으로는 연방사용자협회(Bundesverband der Arbeitsgeber: BDA), 독일연방산업협회(Bundesverband der Deutschen Industrie e.V. - Startseite: BDI), 독일기술자중앙협회(Zentralverband des Deutschen Handwerks: ZDH) 등 경제단체가 참여하여 관 주도가 아닌, 기업 당사자 주도 가족친화기업경영 확산을 추진하고 있다. 사용자단체뿐 아니라 독일노동조합총연맹(Deutscher Gewerkschaftsbund: DGB)이 노동자 입장을 대변한 가족친화경영 사업을 하고 있다. 가족네트워크의 주요 사업으로는 미래지향적 가족친화 근무시간, 직장어린이집 활성화, 직장문화로서 일·가정양립 확립, 직장생활·돌봄노동의 조화, 가족친화 교육과 재교육 제공 등이 있다(정재훈, 2014: 11).

　가족친화경영 확대는, 2007년 가족정책 개혁을 통한 남성(아버지) 돌봄참여 확대와 더불어 여성 고용률 향상의 주요인이 되었다. 여성 고용률 향상이 출산 기피로 이어졌던 상황에서 벗어나 여성 고용률 향상과 더불어 출산율이 회복되는 이른바 U자형 곡선으로 표현하는 '이행의 계곡(정재훈, 2020)' 현상을 독일도 다른 서유럽 국가와 마찬가지로 경험하기 시작한 것이다.

[그림 5-9] 이행의 계곡: 여성 고용률과 합계출산율 간 관계

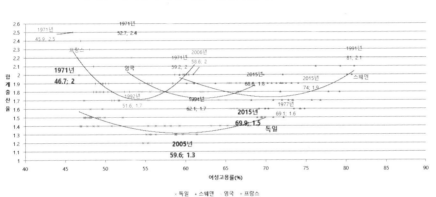

출처: 1970년~2015년 고용률과 합계출산율 간 관계. 성평등 노동시장의 확대 「OECD Data, https://data.oecd.org/pop/fertility-rates.htm, http://stats.oecd.org/viewhtml.aspx?datasetcode=ALFS_SUMTAB&lang=en#, 통계청, 「여성고용동향」 http://www.index.go.kr/potal/stts/idxMain/selectPoSttsIdxSearch.do?idx_cd=4013」을 토대로 재구성.


　독일은 전통적으로 강한 남녀성별 역할분리 규범으로 인하여 여성과 남성 간 경제활동참가율 격차가 큰 국가였다. 전후 재건기인 1950년대 후반에도 여성 경제활동참가율이 남성의 절반 수준도 되지 않았

다. 그러나 격차가 꾸준히 줄어들면서 저출산 현상도 동반되었다. 합계출산율 1.3 이하의 초저출산 현상이 나타난 1990년대 여성 경제활동참가율은 60%대를 넘어서는 수준을 보였다. 전일제학교 확대 프로젝트를 본격화한 2000년대 초반 여성 경제활동참가율은 64.9%, 남성참가율은 80.1%였다. 전일제학교 확대 프로젝트 '교육과 돌봄의 미래(IZBB)'가 종료된 2009년 여성 경제활동참가율은 70.3%에 이르렀다. 이후에도 지속적으로 여성과 남성 간 경제활동참가율 격차는 줄어들고 있다. 저출산·고령화로 인하여 예상되는 취업활동인구의 인구부양 부담을 여성 경제활동 참여 확대로 어느 정도 줄일 수 있는 가능성을 독일 사회가 갖게 된 것이다.

[그림 5-10] 성별 경제활동참가율(1959~2016)

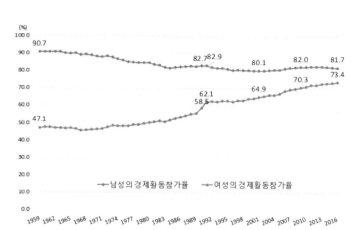

출처: 독일 통계청 홈페이지, 「Erwerbstätigkeit von Frauen」을 토대로 재구성.

## 3. 교육 격차의 해소

미래에 대한 투자가 갖는 의미는 부모의 경제·사회적 지위와 관계 없이 모든 아동이 초등학교부터 양질의 교육과 돌봄 서비스를 제공받음으로써 미래에 독일 사회가 필요로 하는 전문노동력으로 성장할 수 있는 기반 조성에서 찾을 수 있다. 교육격차 해소의 결과이다.

전일제학교는 방과 후 발생하는 교육기회 격차와 열악한 생활 환경에서 발생하는 아동 방임 현상을 어느 정도 예방할 수 있는 기능을 한다. 성장 과정 아동·청소년이 부모의 경제·사회적 지위가 열악함으로 인하여 경험할 수 있는 문화적·신체적·심리적·교육적 문제 등에 포괄적으로 대응할 수 있기 때문이다. 단순히 아동을 학교 교실에 '가두고' 돌보는 기능에 머물지 않고 학교 숙제를 집에 가기 전에 처리하고 다양한 교육 기회를 가질 수 있다. 오전에 수업을 했던 교사가 과제 해결을 직접 도와줌으로써 학력 수준 향상에 기여할 수 있다. 특히 이주배경 아동의 경우에 가정 환경의 한계를 벗어나 독일어 학습 및 독일 사회 적응을 폭넓게 그리고 지속적으로 할 수 있는 기회를 갖게 된다. 전일제학교를 통해 '수업, 개별적·개인적 능력 촉진, 그리고 과제수행의 성공적인 종합(Appel/Rurz, 2009: 25)'이 가능해진다.

피사 학력조사를 처음 실시한 2000년에 경제개발협력기구(OECD) 회원국 최하위 수준이었던 충격에서 벗어나 최근 조사 결과는 독일 아동·청소년의 학력 수준이 회원국 평균 이상으로 올라섰음을 보여주고 있다. 독해, 수학, 자연과학에서 독일은 성적이 우수한 학생이 차지하는 비율이 회원국 평균 수준을 넘은 것이다. 회원국 평균 점수가 487점인데 독일 평균은 498점이다. 2000년 피사 학력조사와 비교할 때

14점이 높아진 결과다. 계층 상위 25% 아동·청소년 학력 수준이 계층 하위 25% 아동·청소년 학력 수준 격차가 회원국 내 같은 계층 간 격차보다 여전히 높은 한계가 있지만, 하위 10% 계층 아동·청소년의 학력 수준이 높아지는 추세도 보인다(OECD, 2018: 1).

독일 아동·청소년 중 이주배경 학생 비율은 2009년 18%에서 2018년 22%로 높아졌다. 이주배경 학생 중 절반 정도가 저소득계층으로 분류된다. 피사 학력조사연구 참가 이주배경 학생의 학력 수준은 여전히 낮은 것으로 나오지만, 이주배경 없는 학생들과의 격차는 감소하고 있는 것으로 나타난다(OECD, 2018: 2~3).

물론 아직도 과제는 남아 있다. 15세 학생 5명 중 1명이 아직도 초등학교 수준의 문해력을 갖추고 있지 못하다. 학력 수준과 부모의 사회·경제적 지위 간 상관관계가 여전히 강하게 남아 있다. 이주배경 학생과 그렇지 않은 학생 간 격차도 여전한 과제이다. 2018년 피사 학력조사 결과 중 독일 관련 내용을 보면 부모가 독일로 이주했지만 독일에서 태어난 학생의 문해력 점수는 477점이었다. 부모 중 한 명만 독일로 이주했고 자신은 독일에서 태어난 학생의 점수는 497점이었다. 그러나 독일에서 태어나지 않은 채 부모와 함께 이주한 학생들의 문해력 점수는 405점에 불과했다. 이러한 상황을 개선하기 위하여 독일 연방교육부와 주정부들은 공동으로 「학교가 강하게 만든다(Schule macht stark)」라는 프로젝트를 지속하면서 학력 수준서 계층 간 격차를 해소하기 위한 시도를 하고 있다.[15]

---

15 「학교는 강하게 만든다(Schule macht stark).」 홈페이지 https://www.schule-macht-stark.de/de/home/home_node.html

# 제5장 결론 및 시사점

전일제학교 자리 보장을 2026년부터 법적으로 명문화하였지만 비판의 목소리가 전혀 없는 것은 아니다. 전일제학교의 급격한 확대 속도를 주정부와 지역 학교가 따라갈 수 없는 어려운 여건들, 특히 재정적 어려움에 대한 불만의 목소리가 있다. 여기에 더하여 학교에 머무는 시간이 지나치게 늘어나면서 생기는 부작용에 대한 지적도 있다. 가족의 돌봄 책임을 학교에 떠넘긴다는 전통적 시각도 여전하다. 그럼에도 전일제학교는 독일 사회에서 더 이상 거스르기 어려운 흐름이 되었다.

"학교는 가르칠 뿐 아니라 돌보는 공간이 되어야 한다"는 인식의 변화를 독일 사회에서, 독일의 교육 현장에서 관찰할 수 있다. 계층 간 교육 격차와 엄마들의 취업활동 확대, 더 이상 출구가 보이지 않던 긴 기간의 저출산 현상이 그러한 인식 변화의 계기가 되었다. 새로운 환경 변화에 대응하기 위하여 도입·확대된 전일제학교는 단순히 오후에 아이들이 학교에 머무는 시간을 늘리는 장소가 아니다.

학부모와 학생의 선택을 전제로 하되, 다양한 교육과 돌봄 기회를 제공하는 장소로서 전일제학교가 도입·확대되고 있다. 학력 수준 향상에서 더 나아가 학생들은 전일제학교 과정을 통해 독일 사회가 지향하는 공동체의 가치를 사회화·내재화한다. 부모가 만들어주지 못하는 양질의 성장 환경을 경험한다. 하루 한 끼 식사를 제대로 하는 것부터 부모의 경제적 능력만으로는 불가능한 배움의 시간을 갖는다. 부모는 '경력이냐 돌봄이냐' 식의 선택의 기로에 더 이상 버려지지 않는다. 전문노동력으로서 자신의 가치를 직장과 노동시장에서 유지하고 발전시키면서 일·가정양립을 할 수 있는 기회를 가질 수 있다. 전문노동력으로 가치를 유지하는 부모를 품고서 가족친화경영을 하는 기업은 글로벌 경쟁력을 갖추면서 지속가능 성장을 한다.

이제 한국 사회로 눈을 돌려 본다. "교사는 가르칠 뿐 돌보지 않는다. 학교는 과정상 거쳐가는 곳일 뿐 진짜로 배우는 공간은 학원이다. 기업에게 가족친화경영은 불필요한 비용 발생 요인일 뿐이다. 이주배경 인구의 포용은 그리 중요하지 않다." 이것이 우리의 모습은 아닐지 성찰적 반성이 필요한 때다. 더 늦기 전에.

# | 참고문헌 |

정재훈. 2014. "독일 가족친화기업정책". 홍승아 외. 『주요국의 일가정양립 문화와 가족친화경영 성과연구』. 대한상공회의소.

_____. 2020. "여성의 사회참여 확대, 정책적 대응과 출산 현상의 변화". 『KDI 학예연구』 2020. 1.

정재훈·정창호. 2018. "교육·가족·사회적 관점에서의 독일 전일제학교 실태 분석 연구". 『대통령 직속 저출산·고령사회위원회 연구보고서』.

Appel, Stefan & Rutz, Georg. 2009. 『Handbuch Ganztagsschule: Praxis, Konzepte, Handreichungen』. Wochenschauverlag.

AGF(Arbeitsgemeinschaft der deutschen Familienorganisationen e.V), 21.04. 2021.

Der Spiegel. 1996. "Länger lernt sich es leichter- Ganztagsschule machen Spaß und entlassen die Familien". SPECIAL 1996. Nr. 11, S. 26-29.

Der Spiegel. 2001. "Schulen – Offensive am Nachmittag". Nr.11, S.87-90.

Der Spiegel. 2002. "Hier ist immer was los". Nr. 24, S.68.

Jarausch, Konrad H.. 1998. "Realer Sozialismus als Fürsorgediktatur. Zur begrifflichen Einordnung der DDR". in: 『Aus Politik und Zeitgeschichte』 B 20/1998, S.33-46.

Klemm, Klaus. 2014. 『Ganztagsschulen in Deutschland: Die Ausbaudynamik ist erlahmt』. Bertelsmann Stiftung.

Mattes, Monika. 2015. 『Das Projekt Ganztagsschule』. Böhlau Verlag.

OECD. 2019. 『PISA 2018』. Deutschland.

Opielka. 2004. 『Sozialpolitik, Rowohlt Taschenbuch Verlag』. Hamburg.

Smolka, Dieter. 2002. "Die PISA-Studie- Konsequenzen und Empfehlungen für Bildungspolitik und Schulparxis". 『Aus Politik und Zeitgeschichte』 B41/2002, S. 3-11.

| 제6부 |

# 스웨덴 복지국가와 아동 돌봄

# 제1장 스웨덴 복지국가와 아동 돌봄

스웨덴은 매우 높은 수준의 복지제도를 발전시켜 오고 있으며, 여성의 일과 가정의 양립이 이루어지고 있는 대표적 국가이다.[1] 스웨덴은 OECD 국가들 중에서도 여성의 경제활동 참가율과 합계 출산율 모두 매우 높은 수준을 보인다. 스웨덴은 가족과 관련된 복지정책의 성공모델로 손꼽힌다(최성은, 2016).

19세기 중반에서 20세기 초까지 스웨덴은 가난한 농업 국가에 불과했다. 그러나 20세기 초에 산업화를 추진하면서 생활 수준이 향상되었고, 더불어 노동조합 운동도 활성화되었다. 이러한 흐름에서 노동 운동의 정치화가 이루어지고 1889년에는 사회민주당(Sveriges socialdemokratiska: SAP)이 출범했다. 중간계급 중심의 급진적 자유주의 사상과 노동자 중심의 사민주의 운동의 영향으로 "여성의 권리가 남성의 권리와 차이가 있을 수 없다"고 주장하는 여성 참정권 획득 운동이 일어났다(신필균, 2011: 183).

스웨덴의 복지국가 건설에서 사민당의 역할은 매우 중요했다. 사

---

1  이 장은 황선준(2013). 스웨덴의 방과 후 활동과 시사점. 스칸디나비아연구 14호. 245-272를 저자의 승낙을 구하여 상당 부분 활용하였다. 참고 논문 중 각종 자료는 최신 자료로 변경하였다. 참고 논문 외에 활용한 자료는 그 출처를 표기하였다.

민당은 1917년 이래로 제1당을 유지하였는데, 당시 제기되던 빈곤과 경제 격차 등 문제를 해결하는 미래 비전을 '국민의 집(Folkemmet, medborgarhemmet)'으로 설정하고, 사회적 돌봄 정책과 경제적 균등 정책, 기업경영에서 노동의 가치를 인정하고, 모든 사회·경제적 측면에서 민주주의를 강조하였다(신필균, 2011: 64-65). 스웨덴은 20세기 초 심각한 출산율 저하를 겪었는데, 이 무렵 사민당은 모든 국민을 포용하는 보편주의적 복지 제도를 구축하여 인구 위기를 극복하고자 했다.

한편, 1930년대 들어 스웨덴 여성 운동이 시작되고, 여성은 가족정책 모델 형성의 중요한 행위자가 되어갔다(최성은, 2016). 당시 "남성과 여성이 모두 노동시장에 참여하고 가사를 분담하는 것이 국민의 집"이며, 여성을 가사 노동에서 해방시키고 '공동 주거, 공동 부엌'이라는 주장까지 등장하였다(이현근, 2007: 40).

스웨덴 복지국가 전개 과정에서 반드시 기억할 사람이 뮈르달 부부(Gunnar Myrdal and Alva Myrdal)이다. 이들은 스웨덴 사회의 인구 감소를 경제학적으로 분석하고, 그에 기초하여 사회정책 개혁의 필요성을 논리적으로 제시했다. 뮈르달 부부는 결혼한 부부가 출산을 기피하는 경향을 보이는 것은 취업 여성이 아이를 갖게 되면 직장을 그만둘 수밖에 없기 때문이라고 지적하면서 예방적 사회정책을 펼치는 것이 출산율 제고에 도움이 된다고 보았다. 예방 정책에는 주택정책, 자녀를 둔 가정에 대한 수평적 재분배의 목적을 가진 출산과 육아정책, 여성취업을 가능하게 하는 조건의 정비와 노동시간 단축 등 광범위한 정책 분야가 포함되었다(최성은, 2016). 이후 출산 수당과 아동 수당이 제도화되었다. 그리고 그 연장선에서 유치원과 탁아소 등을 확대하려는 움직임이 시작되었다.

현재의 방과 후 활동이라 할 수 있는 사회적 아동 돌봄은 1880년대 말 스톡홀름에서 연 '노동의 집'(Arbetsstugan)에서 그 기원을 찾을 수 있다. 이 노동의 집은 많은 부모들이 가정 밖에서 일을 하는 동안 아이들이 방치되는 것을 방지하기 위해 설립됐다. 대체로 가난한 가정의 아동들에게 점심을 제공하고, 간단한 수공업적 기술을 가르쳐주는 동시에 아이들이 거칠어지지 않도록 도덕·순화 교육을 했다. 스웨덴 노동계로부터는 노동의 집이 부르주아 사회관점에 의해 만들어진 것으로 잘 훈련된 노동력의 필요를 충족시키기 위한 수단으로 사용된다는 비판을 받기도 했다. 1800년대 말과 1900년대 초에 스톡홀름에는 이러한 노동의 집이 15개 정도 있었고, 1,500명의 아동을 돌보았다(Ursberg, 1996).

1940년대 중반 노동의 집은 '오후의 집'(Eftermiddagshem)으로 이름이 바뀌었으며 매일 열렸다. 노동의 집이 수공업적 기술 전수와 열심히 일하는 도덕을 가르치는 일에 가치를 부여했다면, 오후의 집은 아동들에게 휴식과 레크리에이션(recreation)을 제공하고, 자유 시간을 이용하여 취미 활동과 숙제를 할 수 있게 하는 데 초점을 두었다. 즉 가정을 보완하고 지원하는 역할을 했다.

1950년대 들어 초등학교 저학년 아동들의 돌봄에 대한 수요가 컸으나, 경제적 형편이 좋은 가정은 보모(Barnflicka)를 두어 육아를 스스로 해결하여 전체 아동 수에 비해 오후의 집에 대한 수요는 그렇게 크지 않았다. 당연히 보모를 둘 수 있는 가정은 한정돼 있었기 때문에 적지 않은 아동들은 누군가의 돌봄을 받지 못한 채 혼자 지냈다.

1960년대 경제 발전이 이루어지면서 여성 노동력에 대한 수요가 급증하였다. 코뮌(지방자치단체)은 아동을 돌보는 일에 적극적으로 뛰어들며 돌봄시설을 확장해 나갔다. 이때 오늘날 사용하는 '자유시간의 집'(Fritidshem)이라는 개념도 정착되었다. 이 자유시간의 집은 아침부터 늦은 오후까지 열렸고, 오후의 집과 같이 가정을 보완하는 목적을 내걸고 부모와의 협력을 통해 아동을 양육하였다. 프로그램에는 교육학적 내용이 더욱 가미되어 휴식 외에 자연을 체험하고, 운동과 놀이를 통해 레크리에이션을 즐기도록 했다(Haglund, 2004).

종합하면 현재의 방과 후 활동은 사회 분야에서 시작되어 발전해왔고, 노동의 집에서는 양육과 교육이 핵심적 활동이 되었다. 오후의 집에서는 사회적 발전과 배움에 초점을 두면서 사회교육학(socialpedagogik) 분야로 이동되었다. 1990년대부터는 완전히 교육학 분야로 옮겨 방과 후 활동은 사회성 제고와 배움에 초점을 두고 있다(Rohlin 2011, Skolverket 2011)

이렇게 발전되어온 방과 후 활동은 교육 분야에서 아주 중요한 사업 중 하나로「교육법」14조는 방과 후 활동에 대해 다음과 같이 언급하고 있다.


"방과 후 활동은 정규 교육을 보완하며, 아동의 발전을 도모하고, 배움을 자극함과 동시에 의미 있는 자유시간과 레크리에이션을 제공해야 한다. 나아가 방과 후 활동은 다방면의 사회적 교류와 공동체 의식을 제고해야 한다. 모든 코뮌은 부모가 직장을 다니거나 공부를 할 경우, 또는 가정 상황에 의해 아동 스스로가 필요할 경우 방과 후 활동을 제공해야 한다. 방과 후 활동은 아동이 13세가 되는 봄 학기까지 제공해야 하며, 아동이 10세가 되는 가을 학기부터는 방과 후 활동 대신 개방된 방과 후 활동을 제공할 수 있다. 방과 후 활동은 학교 정규과정 이후와 방학 중에 제공하나 저녁이나 밤, 주말이나 연휴에는 제공하지 않아도 된다."

이 외에도 「교육법」은 방과 후 활동이 아동의 취미와 요구에서 출발하고, 아동의 서로 다른 여건에 맞춰 행해져야 한다고 규정하고 있다. 방과 후 활동에 종사하는 교사나 방과 후 활동이 일어나는 장소 및 방과 후 활동의 내용은 학교와 연계해서 제공해야 한다고 못 박고 있다(Skollagen 14조).

방과 후 활동은 두 가지 방법을 통하여 정규교육을 보완한다. 하나는 시간적 보완으로 학교 정규과정이 끝난 후, 또는 방학 중에 보완하는 것이고, 다른 하나는 내용적 측면에서 아동들에게 학교 정규과정에서 제공하는 것과는 부분적으로 다른 형태의 체험과 지식을 제공함으로써 학교 정규 교육과정과 함께 방과 후 활동이 아동의 전인적 발전에 기여한다. 방과 후 활동도 학교가 추구하는 것과 같이 민주주의의 근본 가치 위에서 어떤 차별이나 왕따, 폭력, 모욕감을 주는 행위를 근절해야 하며, 아동의 사회적 배경과 관계없이 평등, 양성평등, 인권을 제고해야 한다. 또한 아동 개개인이 사회생활에 참여할 수 있고 책임감 강한 시민이 되도록 해야 한다고 강조하고 있다.


## 제2장 아동 돌봄의 유형

스웨덴에서 정규 교과시간 외에 아동들을 돌보는 '학교 아동 돌봄'(Skolbarnomsorg)은 맞벌이 부부와 공부를 하는 부부를 위해 발전된 제도로, 유급육아휴직제도, 유아교육제도, 아동보조금제도와 더불어 부모들에게 직장생활과 보육을 양립할 수 있게 하는 아주 중요한 보편적 복지제도이다. 스웨덴의 '학교 아동 돌봄'은 「교육법」과 교육과정의 목적과 요구 기준을 토대로 운영되며 질 관리가 이루어지고 있다. 크게 '교육적 돌봄'(Pedagogisk omsorg), '개방된 방과 후 활동'(Öppen fritidsverksamhet), '방과 후 활동'(Fritidshem) 세 가지 형태로 나뉜다.

첫째, '교육적 돌봄'(Pedagogisk omsorg)은 과거 가정 돌봄(Familjdag-hem)이라 불리다가 2009년부터 '교육적 돌봄'으로 명칭을 바꾸었는데, 보통 어느 한 가정이 방과 후에 자신의 자녀를 돌보면서 다른 아동도 돌봐주는 여러 형태를 총칭하는 개념이다. 돌봄을 수행하는 학부모는 코뮌으로부터 돌봐주는 아동 숫자에 따라 일정한 급료를 받는다. 코뮌은 돌봄의 질을 확보하기 위해 '교육적 돌봄'이 일어나는 가정이 아동을 돌보기에 적합한 장소인지, 또 교육 프로그램 등이 있는지에 대해 조건을 제시한다. '교육적 돌봄'을 이용하는 아동은 1980년대 중반 15만 명이 넘을 정도로 성장했으나, 현재는 매우 소수의 아동만이 이용하고 있다.

둘째, '개방된 방과 후 활동'(Öppen fritidsverksamhet)은 「교육법」에 따라 코뮌이 초등학교 고학년인 10세~12세 아동들을 대상으로 제공하는 학교 아동 돌봄이다. 이 나이의 아동들은 보통 부모가 퇴근할 때까지 스스로 지낼 수 있으므로 '방과 후 활동'(Fritidshem)에 대한 수요가 크지 않다. 그러나 여가 선용 등을 위해 외부에서 제공하는 체계적 활동이 필요한 수요도 있는데, 그러한 수요를 충족시키기 위해 '개방된 방과 후 활동'을 운영 중이다. 10세 이상의 아동들은 지자체와 지역사회가 협력하여 제공하는 다양한 방과 후 활동 시설이나 프로그램에서 시간을 보낸다(황선준, 2019). 별도로 등록을 하지 않고 필요할 때 출석 여부도 점검하지 않을 정도로 자유롭게 운영되고 있다. 1990년대 초까지는 비교적 잘 보급되어 있었으나, 90년대 초의 경제위기로 인한 비용절감 대책으로 인해 많은 코뮌이 이 업무를 중단하여 2019년 현재 290개 코뮌 중 62개에서 운영 중에 있으며 2005년 기준, 개방된 방과 후 활동을 이용하는 10세~12세 아동은 이 나이의 전체 아동의 약 7%정도로 추정하고 있다. 정규 '방과후 활동'(Fritidshem)에 참여하는 학생이 약 10%인 것을 감안하면 대다수 10~12세 아동은 방과 후에 어떠한 외부의 도움 없이 시간을 보내게 되었는데, 이 사업의 평가를 맡은 스웨덴 국립 교육청은 "비용 절감이라는 단기적 안목으로 많은 학생들을 혼자 지내게 내버려두는 것이 바람직한 것인지 우려가 된다"는 결론을 내렸다(Skolverket, 2010a).

10~12세 아동을 대상으로 의미 있는 자유시간과 활동, 가정과 학교 밖에서 다른 아동들과 성인들과의 교류를 제공하는 점에서 의미가 있지만, 전체적으로 이용률이 낮고 등록을 하지 않아 공식 통계도 없으며 지방 정부에 따라 장소나 프로그램이 다양하다는 단점도 있다.

마지막으로 '방과 후 활동'(Fritidshem)은 정규 방과 후 활동으로 초등학교 저학년 학생(6~9세)들의 이용률이 매우 높다. 스웨덴 교육법과 교육과정은 방과 후 활동의 4가지 목적을 "교육을 보완하고, 아동의 발달과 배움을 자극하며, 의미있는 자유시간과 레크리에이션을 제공하고, 아동의 전체적인 필요에 따라 이뤄져야 한다"고 밝히고 있으며(황선준, 2021), 코뮌은 학생 수요가 있으면 의무적으로 돌봄을 제공해야 한다고 명시되어 있다. 따라서 모든 학교에서는 정규교육 과정이 끝난 후에 방과 후 활동의 목적에 맞게 '방과 후 활동'을 제공하고 있다. '방과 후 활동'(Fritidshem)을 직역하면 '자유시간의 집 또는 가정'이라고 번역할 수 있는데, 'hem'(집, 가정)이라는 개념을 사용하여 가정의 중요성을 부각시키고 공공의 업무를 집에서 하는 것 같이 사랑과 관심으로 함으로서 양질을 보장해야 한다는 의미로 사용한 것으로 볼 수 있다. 방과 후 활동을 영미 국가들처럼 'After school activity'라 부르지 않고 'Fritidshem'이라 부른 것도 정규 교육과정 외의 자유시간을 집에서와 같이 아동이 참여하고 선택하며 자신의 취미에 따라 활동할 수 있도록 잘 돌봐주기를 바라는 마음에서 비롯되었다. 이 장에서는 정규과목이자 스웨덴의 주된 '학교 아동 돌봄'(Skolbarnomsorg)인 Fritidshem을 주로 다루되 국제적인 개념과 호흡을 맞추기 위해 '방과 후 활동'으로 의역한다.

# 제3장 방과 후 활동(Fritidshem)의 현상

## 1. 현황

### 1) 방과 후 활동 참여 학교 수

2019년 현재 전국 4,446개의 방과 후 활동 학교가 있으며 이들의 약 90%는 초등학교와 중학교와 연계되어 있고, 나머지는 특수학교, 유아학교학급(Förskoleklass: 유아학교와 초등학교 사이에 있는 6세 아동들을 위한 1년짜리 학교로 독립적인 학교 형태였으나 2018년부터 의무교육으로 되어 현재 스웨덴의 의무교육은 10년임), 그리고 북부지방의 샘족학교와 연계되어 있다.

특히 1990년대 초부터 방과 후 활동이 급속히 성장한 이유 중 하나는 학교 아동 돌봄의 한 형태인 '가정돌봄'(Familjdaghem: 2009년부터 교육적 돌봄으로 명칭이 바뀜)이 상대적으로 크게 줄어들어 현재는 거의 무시해도 될 정도로 이용률이 낮아졌기 때문이다. 가정돌봄의 형태에서 더욱 체계적인 방과 후 활동에 아이를 맡기면서 발생한 현상으로 체계적으로 제도화된 것을 선호하는 행태에 따라 발전하였다.

### 2) 방과 후 활동 참여 아동 수

2019년 현재 방과 후 활동을 이용하는 아동은 492,612명이고, 6세 ~12세 아동의 56.7%에 달한다. 6세~9세 아동의 83.4%가 방과 후 활동에 참여하고 있으며, 10세의 37.2%, 11세의 17.%, 12세의 7.3%가 방과 후 활동을 이용했다. 10세~12세 아동들은 방과 후 활동보다는 개방된 방과 후 활동을 이용하는 경향이 있는데, 약 7%는 개방된 방과 후 활동을 이용하고 있다. 방과 후 활동은 10년 전과 비교했을 때 모든 연령에서 이용이 늘어났음을 알 수 있다([그림 6-2]).

[그림 6-1] 방과 후 활동에 참여하는 아동 수의 변천 (1975-2019)

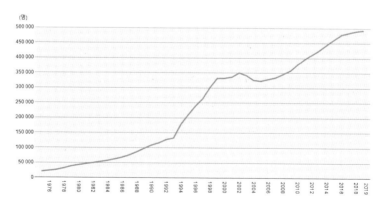

출처: 스웨덴 통계청 (www.scb.se) (검색일 2022. 3. 5.).

[그림 6-2] 2009~2010년과 2019~2020년 사이 아동 연령대별 방과 후 활동 참여 비율 비교

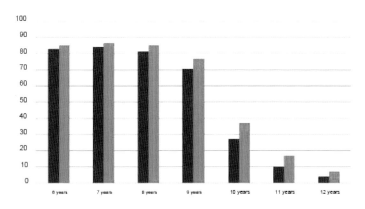

출처: Skolverket,2020a

## 2. 비용 부담

  스웨덴의 방과 후 활동 비용은 아주 저렴하다. 이용료 계산은 가정의 전체 수익과 방과 후 활동에 참여하는 자녀의 수에 따라 다른데, 모든 코뮌은 방과 후 활동에 대한 상한선 제도를 도입하고 있다. 2022년 현재 거의 모든 코뮌은 첫째 아이 경우 가계 소득의 2% 또는 1048kr, 둘째 1% 또는 524kr, 셋째 1% 또는 524kr이며 넷째부터는 무료이다. 그러나 쌍둥이 자녀들을 거듭 낳지 않고는 3명 이상의 자녀가 방과 후 활동에 참여하기란 쉽지 않다. 대체로 가계 소득의 2%가 1048 kr을 넘기 때문에 대부분의 가정은 이 상한선 비용을 지불한다.

  이러한 형태로 부모가 내는 비용은 전체 방과 후 활동의 17% 정도가 되며, 나머지 83%는 지방 정부의 예산에서 충당한다.

## 3. 방과 후 활동의 질: 실내외 환경 및 그룹의 크기와 성향

스웨덴에서 방과 후 활동의 질을 논할 때 대체로 구조적 질, 과정적 질, 결과의 질을 언급한다.

1) 구조적 질 : 활동의 외적 조건, 조직 및 자원(resources)을 의미하며 교육법과 같이 활동의 근거가 되는 법령, 교사의 교육 정도, 아동 그룹의 성향, 실내외 여건, 시설, 예산 등.
2) 과정적 질 : 방과 후 활동에서 일어나는 활동과 내용에 대한 질로 교사와 아동과의 교감, 활동에 대한 아동들의 호응도, 자료 활용, 활동의 내용과 환경 등.
3) 결과의 질 : 아동들이 무엇을 배웠는지, 숙련 정도가 어떤지 등을 측정하는 질로 그룹의 크기, 교사 1명 당 아동 수 등이 아주 중요 (Sjöberg, Persson).

당연히 구조적 질의 수준이 높아야 과정 및 결과에 있어서도 좋은 질을 확보할 가능성이 크겠지만 구조적 질을 활용하는 교사들의 역량과 노력이 중요하다. 아울러 방과 후 활동의 질을 결정하는 데 여러 변수들이 있지만 가장 중요한 것은 교사이며, 교사들이 자신의 교육철학에 따라 잘 활동할 수 있는 여건을 만들어주는 일이 중요하다. 교사의 역량 외에도 아동 그룹의 크기, 교사 1명 당 아동수, 각 그룹에 속하는 아동들의 성향도 중요한데 위에서 세 가지로 분류한 모든 질에 큰 영향을 미칠 수 있는 변수들이다. 이러한 요소들을 잘 분석하여 아동 개개인의 필요에 맞게 그룹을 구성해야 하며, 특히 아동들의 나이, 특별한 지원을 필요로 하는 아동(예, 장애아동)의 비율, 다문화가정 아동의 비율, 아동들의 사회경제적 배경 등을 고려하여 그룹을 구성해야 한다고 스웨덴 국립 교육청은 각 지방정부에 권고하고 있다.(Skolverket, 2007a)

이렇게 여러 측면을 고려해야 하는 이유는 「교육법」(Skollagen 14조)과 교육과정에서 아동 그룹의 크기가 적정 수준이어야 하고, 방과 후 활동이 아동 개개인의 필요에 부응해야 한다고 명시하고, 나아가 방과 후 활동이 아동들의 사회화에 아주 중요하고, 아동은 아동이 속하는 그룹 속에서 발전한다고 제시하고 있기 때문이다. 아동들의 자존감과 정체성은 다른 아동들과 교사들과의 관계 속에서 발전하기 때문에 교사가 감당할 수 없을 정도로 그룹이 크면 아동의 발전에 오히려 역효과를 불러일으킬 가능성이 크다. 아동 한 명 한 명의 필요를 파악하는데 어려움이 있고, 아동과의 대화 시간이 부족하여 아동이 좌절감을 느끼거나, 위협적인 행태를 표출할 가능성이 크다.

스웨덴의 경우 1990년대 초 경제위기 이후 많은 코뮌에서 비용 절감을 시도하면서 2019년 37.6명으로 1980년대에 비해 한 그룹의 평균 아동수가 두 배 가까이 증가하고 교사 1명 당 아동수도 2019년 12.3명으로 1990년 7.5명에 비해 증대하였다. 코뮌의 방과 후 활동에 대한 감독기관인 국립교육청은 이러한 변화에 대해 교육적 활동이 불가능하다고 코뮌에 대해 비판을 하고 있다(Skolverket, 2010).

<표 6-1> 1980~2019년 사이의 방과 후 활동의 그룹의 크기 등

| 연 도 | 그룹당 학생수 | 교사당 학생수 | 풀타임교사당 학생수 |
|---|---|---|---|
| 1980 | 17.8 | | 7.4 |
| 1990 | 17.8 | 7.5 | 8.3 |
| 2003 | 30.1 | 11.1 | 18.2 |
| 2005 | 30.6 | 10.8 | 18.2 |
| 2007 | 33.5 | 10.9 | 18.6 |
| 2009 | 36.0 | 11.1 | 20.9 |
| 2011 | 38.8 | 12.3 | 20.4 |
| 2013 | 40.4 | 12.9 | 21.3 |
| 2015 | 40.9 | 12.9 | 21.9 |
| 2017 | 39.7 | 12.5 | 20.9 |
| 2019 | 37.6 | 12.3 | 20.7 |

주: 풀타임 교사당 학생수는 전체 교사를 fulltime으로 환산했을 때 교사 1명당 아동 수이다
출처: 스웨덴 통계청 (www.scb.se) (검색일 2022. 3. 5.).

[그림 6-3] 방과 후 활동에 참여하는 아동 수, 교사 수, 그룹수, 방과후학교수의 변화
(2009 · 10~2018 · 19)

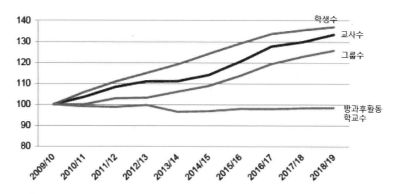

주: 2009·10학년도를 100으로 할 때 상대적인 값임.
출처: Skolverket, 2019.

## 4. 교원 양성(교사의 역량)

방과 후 활동의 질을 규정할 때 물질적 여건(실내외 환경, 시설, 교육자료 등)이 중요하고, 그보다 중요한 것은 그룹의 크기와 그룹에 속하는 아동들의 성향이며, 가장 중요한 것은 교사의 역량(Competence)이다. 교사의 역량 중 가장 중요한 것은 이 나이의 아이들이 어떻게 발전하고 어떻게 배우는가를 아는 것이고, 이에 관한 지식이 풍부해야 한다. 교사들은 개개 아동들의 필요와 요구뿐 아니라 그룹의 필요와 요구를 충족하는 교육적 프로그램을 개발하고 실행해야 하며, 이러한 프로그램들을 비판적 시각에서 보고 지속적으로 발전시켜 나가야 한다. 특히 그룹 내에서 어떻게 자존감과 정체성을 형성해 나가는지에 관하여 풍부한 지식을 갖고 있어야 한다. 이러한 역량을 갖추기 위해서는 교사가 대학 수준의 교육을 받는 것이 필수적이다(Skolverket, 2007a).

관련 분야에서의 공식적 대학 교육 못지 않게 중요한 것은 현장의 문제점에서 출발하는 학습과 연수이다. 교육청은 코뮌이 교사에게 연수 등을 통해 지속적으로 역량을 강화할 수 있도록 해야 한다고 권고하고 있다. 특히 각 아동과 그룹의 특수한 상황과 필요에 따른 역량을 갖추기 위해서는 이 분야의 평가와 연구 등을 학습하고 이를 자신의 업무에 반영할 수 있도록 시간과 기회를 주어야 한다. 더하여 동료 교사들과의 대화를 통해 자신들의 업무를 평가하며, 지속적으로 발전시킬 수 있도록 해야 한다(Skolverket, 2007a).

방과 후 활동에 종사하는 교사는 어떤 교육을 받았는지에 따라 4가지로 분류할 수 있다. 대학 교육을 받은 세 부류인 자유시간사(fritidspedagog), 유아교육교사(förskollärarexamen), 초·중등교사(lärarexamen)와 고등학교 수준의 교육이나 대학교육을 수료했으나 졸업장을 받지 못한 자유시간 리더교육 교사(fritidsledarutbildning)이다. 그 외에도 사회적 돌봄(social omsorg) 분야나 교육학 분야에서 교육받은 사람들이 많다.

2019·20 학년도 현재, 3~4년제 대학교육(pedagogisk hogskoleexa-men)을 받은 교사는 36.5%이며, 각 교육 형태에 따른 방과 후 활동의 교사 비율은 자유시간 교사(24%), 유아교육교사(13%), 초·중등교사(10%), 사회적 돌봄분야 교사(10%), 교육학분야 교사(6%), 자유시간 리더 교육 교사(4%) 그리고 기타(27%)가 있다. 대학교육을 받은 교사들의 비율은 지방 코뮌에서 높고 대도시 주변의 코뮌은 낮아지는데 그 이유는 방과 후 교사 기피 현상 때문이다. 지방에서는 지역 출신 교사들이 도시에서 대학교육을 마친 뒤 출신 지역으로 돌아가 교사직을 맡아 평생 직장을 옮기지 않고 사는 경향이 있어 높아진다. 방과 후 활동 교사 중 대학교육을 받은 교사 수는 감소하는 추세이다(skolverket, 2020b: 66-67).

방과 후 활동의 경영 주체가 자율(개인, 조합, 기업 등)인가 공립인가도 교사들의 교육 정도에 영향을 미친다. 2019년 현재 6~9세 아동의 83.4%가 방과 후 활동에 참여하고, 그중 88%는 공립 방과 후 활동에, 12%는 자율 방과 후 활동에 참여한다(Statistics Sweden, 2019). 자율 방과 후 활동은 비용 절감을 위해 급료가 높은 대학교육을 받은 교사 채용을 기피한다. 또한 자율 방과 후 활동의 경우 공립 방과 후 활동에 비해 교사 1명 당 아동 수도 많고 활동 그룹의 크기도 커서 질을 결정하는 수치들에서 공립보다 나쁜 수치를 보인다. 지난 10여 년의 추세를 살펴보았을 때 전반적으로 대졸 교사 비율이 감소하고 있음을 알 수 있다. 2019년 현재 공립 방과 후 교사의 39%, 자율 방과 후 교사의 19%만이 대졸 학력을 가진 것으로 나타났다(Skolverket, 2019).

[그림 6-4] 공립과 자율 방과 후 활동에서의 교사들의 대학교육의 비율(%), 2004~2019

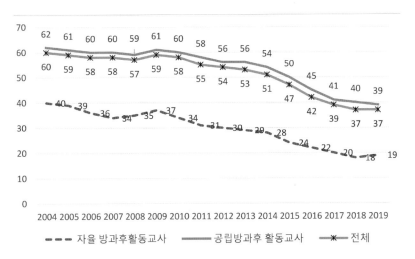

출처: https://jmftal.artisan.se

## 5. 프로그램

　스웨덴의 방과 후 활동(Fritidshem)을 직역하면 '자유시간의 집 또는 가정'이듯이 '자유시간'의 개념을 어떻게 보느냐에 따라 방과 후 활동의 내용과 활동이 달라진다. 스웨덴에서 논의되어 온 '자유시간'의 개념 중 스웨덴 국립교육청이 보는 방과 후 활동에 대한 시각은 단지 재미있는 것을 넘어 유익한 활동 시간으로 해석(배운다는 의미가 강하고, 개인뿐 아니라 사회에도 유익해야 함)한다(Haglund 2009; Skolverket 2011). 따라서 교사들의 교육 정도와 역량, 교사들의 적극적 역할이 아주 중요해진다. 교사가 아동들의 여러 가지 재능을 개발하고 발전시켜야 하고, 여러 형태의 활동을 체험하게 함으로써 이제까지 없었던 다른 형태의 취미도 개발하도록 도와주어야 한다는 시각이다(Haglund 2011;

Skolverket 2007a; Skolverket 2011).

이와 같은 개념에 따라 실질적으로 어떤 활동이 이루어지는가를 보기 위해 스톡홀름 근교의 두 개의 코뮌인 Danderydskommun과 Österåkerskommun의 방과 후 활동을 홈페이지와 보고서를 통해 조사했다(Danderydskommun, 2010; Österåkerskommun 2012).

두 코뮌 모두 다양한 활동을 제공하며 아동이 방과 후 활동으로 넘어오는 시간을 중요하게 생각해 각 그룹(학교마다 다르지만 대체로 학년별로 조직됨)의 아동들이 모여 교사와 함께 오늘 무슨 일이 있었는지, 오늘 무슨 활동을 할 것인지에 대해 이야기한다. 이 모임이 끝나면 교사들의 지도 하에 아동들은 여러 가지 활동 중 자신이 원하는 것을 선택한다. 실내에서 하는 활동은 게임, 독서, 미술, 음악, 연극, 만들기, 바느질, 도자기 빚기 등이 있고, 실외에서 하는 활동인 축구, 하키 등도 있다. 어떤 날은 시내로 나가 지방의회, 도서관, 박물관 등을 참관하고, 겨울에는 가까운 숲 속에서나 호수에서 스키나 스케이트를 즐긴다.

교사들은 아동들이 무엇을 원하는지 경청하고, 무슨 활동을 할 것인가를 선택하게 한다. 아무것도 하고 싶지 않은 아동은 쉴 수 있도록 하며 숙제를 하고 싶은 아동이 있으면 숙제를 도와준다. 자유롭게 놀거나 자연을 관찰하는 것도 중요한 활동이며 특히 교사의 주도 없이 자유롭게 노는 것을 아주 중요하게 생각해 아동들 스스로 놀이를 즉흥적으로 찾아 함께 노는 것을 장려한다. 자유롭게 놀고 스스로 놀이를 찾아 하는 것이 창의력 신장에 아주 좋다는 것이다.

이 모든 활동들은 아동의 호기심을 유발하고, 자극을 주며, 자신에게 맞는 속도로 배워나가게 한다. 물론 모든 아동이 안전하다고 느끼게 하고, 남을 배려하고 존중하는 것을 배우게 하며, 갈등을 해결하는

데 도움을 준다.

두 코뮌의 사례를 일반화하기 어렵고 이상적이지 못한 부분도 있겠지만 두 코뮌 모두 방과 후 활동의 목적과 취지에 대해 잘 숙지하고 있다. 다만 두 코뮌 중 한 곳의 보고서에서 교사들이 공동으로 계획하고 평가할 시간을 확보하지 못한 채 정신없이 보내고 있고 대학 교육을 받은 교사가 23% 밖에 되지 않아 국가 평균인 58%에 미치지 못해 개선의 여지가 크다고 밝혔다(Österåkerskommun 2012).

## 제4장 시사점

스웨덴의 방과 후 활동의 역사는 깊다. 부모들의 사회적 생산 활동이 활발해지기 시작한 1880년대부터 도입되어 오늘날에 이르고 있다. 방과 후 활동은 부모들의 직장생활, 특히 여성의 사회 진출을 위한 필수적인 제도가 되어 있다. 아울러 방과 후 활동은 스웨덴의 전체 교육 질을 보장하는 데도 핵심적 제도로 기능하고 있다. 방과 후 활동은 학교교육이 제공하지 못하는 다양한 활동으로 아동들을 자극하고, 호기심을 유발하며, 또래 및 교사들과의 관계 속에서 성장하고 정체성을 정립하는 데 도움을 주는 전인적 교육의 한 방편으로서 중요하다.

스웨덴의 방과 후 활동은 모든 아동에게 양질의 방과 후 활동을 저렴하게 제공하여 전인적 성장을 돕는 것에 초점을 둔 평등 관점, 여성의 사회적 진출을 제도적으로 보장하는 양성 평등 관점, 그리고 이 두 가지 가치를 국가가 적극적으로 추구하는 강한 국가 또는 보편적 복지 국가의 관점으로 요약할 수 있다. 스웨덴의 방과 후 활동의 시사점을 다음 네 가지로 정리하고자 한다.

첫째, 초등학교 저학년 아동에 대해서는 돌봄을 국가가 책임진다고 하는 원칙을 명확히 천명하고 실천하고 있다. 어린 아동에 대해서는 부모가 귀가할 때까지는 교육과 보육을 국가가 책임진다. 스웨덴의 경우, 초등학교 4학년 때까지는 부모가 귀가할 때까지 학교와 방과 후 활동학교가 정규교육과 방과 후 활동을 통해 아동을 돌보고 교육한다. 특히 돌봄 수요가 있는 곳이면 의무적으로 방과 후 활동을 제공한다는 원칙이 분명하다. 부모들의 직장생활, 특히 여성의 사회 진출 또는 경제활동을 진작하기 위해서는 아동 돌봄에 대하여 국가가 책임을 지는 것이 반드시 필요하다. 방과 후 활동을 통하여 여성들은 일과 자녀 양육을 병립하며, 이 제도의 도움으로 여성의 경제활동 참가율과 출산율 모두 높다.

둘째, 스웨덴의 방과 후 활동은 법적 근거를 가지고 안정적으로 운영된다. 방과 후 학교를 법제화하고 돌봄 재정 상당 부분은 세금으로 충당하고 있다. 부모들이 상당히 작은 비용만을 방과 후 활동에 부담하도록 하고 있어서, 경제적 능력이 없어 자녀를 방과 후 활동에 참여시키지 못하는 가정은 거의 없다. 이 때문에 방과 후 학교 이용률도 매우 높다. 우리나라는 초등 돌봄의 상당 부분을 차지하는 초등학교 내 돌봄이 아직 법적 근거를 갖추지 못한 채 상당히 불안정하게 운영되고 있는 것이 현실이다.

셋째, 정규 교사가 방과 후 활동을 지도하도록 하는 사실에도 주목해야 한다. 스웨덴의 방과 후 활동학교 교사는 비정규직이 아닌 정규직 전담교사이다. 방과 후 활동 교사는 사범대 등에서 3년 이상의 교육과정을 이수하고 미술, 음악, 가정, 체육 등 영역별 전문성뿐 아니라 초등교사처럼 교육과정, 지도력, 아동의 발달 및 갈등 해결 능력 등을 교육 받기 때문에(황선준, 2021) 방과 후 활동을 전담하는 것 외에 학교와의 연계 정도에 따라 오전에 정규수업의 보조교사로도 활동하기도 한다. 상당수 방과 후 활동 학교 교사는 교원 양성 대학에서 양성되며, 채용 후에도 학습과 연수가 계속된다. 이러한 교원 양성 및 재교육 체제는 방과 후 활동의 질을 유지하는 데 결정적 요인이다. 아울러 방과 후 활동을 전담하는 교사 인력이 존재하기 때문에 정규 교육과정 담당 교사는 방과 후 활동에 관하여 부담을 거의 지지 않는다.

우리나라에서는 돌봄 종사자들을 교원 양성 대학에서 기르지 않고, 채용 후에 재교육이 원만하게 이루어지지도 않고 있다. 더 심각한 사실은 초등 돌봄 업무 중 일부를 정규 교육과정 담당 교사들이 수행하고 있으며, 그 업무의 양과 강도가 상당하여 담당 교사들의 경우 정규 교육과정 운영에도 상당한 부담을 주고 있다. 돌봄 전담사들의 경우는 처우 개선을 요구하며 파업을 일으키기도 한다. 장기적으로 방과 후 학교 전담 인력을 채용하고 재교육 체제를 갖추어야 한다. 이를 통하여 정규 교육과정 담당 교사들과 돌봄 담당 교사들이 각자의 일을 더 잘하고, 궁극적으로 아이들의 성장에 기여할 수 있도록 해야 한다. 새로운 제도가 정착되기 전까지는 돌봄 행정업무를 전적으로 학교관리자 또는 교육지원청의 책임으로 두는 방안도 고려할 필요가 있다(황선준, 2021).

마지막으로, 스웨덴 방과 후 활동 프로그램의 구성에서 배울 점이 있다. 스웨덴에서는 학생들의 취미와 적성, 재능을 계발하고 살리는 특기 적성교육 중심의 방과 후 활동이 이루어지고 있다. 교과학습의 연장이 아니라 특기 적성 학습을 전개하고, 휴식과 레크리에이션을 제공하여 학교 정규 교육 활동을 보완하고 지원한다. 뿐만 아니라 아동들 사이의 자유로운 놀이와 활동, 교사들과의 소통을 통해 모든 아동이 정체성을 확립하고 민주적 시민으로 성장할 수 있도록 돕고 있다. 학교 밖 돌봄을 선호하는 4학년 이상의 학생 수요를 위해 지자체와 지역사회가 연계 협력하여 다양한 방과 후 활동 시설에서 다양한 프로그램을 제공하기도 한다(황선준, 2019: 340-341). 이처럼 방과 후 활동은 매우 다양한 활동을 통하여 아동들의 전인적 성장에 기여한다.

정규 교육과정 운영과 방과 후 활동이 서로를 보완하며 교육의 시너지를 발생시키고 있는 점도 주목할 부분이다. 우리도 국가 차원에서 교육과정을 보완하는 '방과 후 교육과정'을 제정하여 '방과 후 학교 제도'를 새롭게 정립하고 흥미로운 활동으로 영감을 주고 4차 산업혁명 시대에 필요한 창의력 강한 아이를 기르는 방안도 고려할 필요가 있다(황선준, 2019).

# | 참고문헌 |

신필균. 2011.『복지국가 스웨덴』. 서울: 후마니타스.

이헌근. 2007.『여성, 평등 그리고 정치발전』. 서울: 신지서원.

최성은. 2016. "스웨덴 여성 일-가정 양립 경로의 역사적 형성 과정에 관한 연구".『스칸디나비아연구』17. 139-190.

황선준. 2019.『왜 그는 한국으로 돌아왔는가?』살림터.

_____. 2021.『스웨덴 숲에서 한국을 읽다』. 빈빈책방.

_____. 2013. "스웨덴의 방과후 활동과 시사점".『스칸디나비아연구』제14호. 245-272.


Danderydskommun. 2010.『Kultur-och fritidsplan för Danderyd 2010-2014』.

Haglund, Björn. 2009. "Fritid som diskurs och innehåll: En problematisering av verksamheten vid afterschool programs och fritidshem".『Pedagogisk forskning i Sverige』årg 14 nr 1.

Österåkerskommun. 2012.『Slutrapport: Projekt Kvalitet i fritidshem』.

Persson, Sven. 2010. "Lärandets var och när i den institutionaliserade barndomens kontext, Perspektiv på barndom och barns lärande". Skolverkets kunskapsöversikt.

Sjöberg, Elisabet. 2008. "Genomlysning av Stockholms kommunala fritidshem skolår F-3".『Våren』2008. Stockholms stad Skollagen.

Skolverket. 2007a. "Allmänna råd och kommentarer". Kvalitet ifritidshem.

_____. 2007b. "Fem år med maxtaxa".『Skolverkets rapport』294.

_____. 2010.『Skolverkets lägesbedömning』2010.

_____. 2012. "Elever och personal i fritidshem hösten 2012".

_____. 2018. Beskrivande data 2017 Förskola, skola och vuxenutbildning. 『Rapport』 468.

_____. 2019. "Elever och personal i fritidshemmet läsåret 2018/19".

_____. 2020a. "Elever och personal i fritidshemmet läsåret 2019/20".

_____. 2020b. Skolverkets lägesbedömning 2020. 『Rapport』 2020: 1.

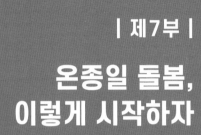

| 제7부 |

# 온종일 돌봄,
# 이렇게 시작하자

# 제1장 온종일 돌봄, 누구를 대상으로 할 것인가?

온종일 돌봄은 정규수업 시작 전후 돌봄이 필요한 초등학생에 대해 학교와 마을, 교육청과 지자체가 협력하여 돌봄을 제공하는 정책이다. 초등학교 아이들이 방과후 어디서 어떻게 시간을 보낼 것인가, 과거처럼 부모와 친족이 돌볼 수 없다면 초등학생들의 돌봄은 누구에 의해서 제공되어야 하는가 등 초등 돌봄의 조직화, 체계화는 이제 개별가족이 아니라 국가와 공동체가 본격적으로 나서야 할 '국가의 일'이 되었다.

온종일 돌봄 이전에도 초등 돌봄교실과 지역아동센터, 청소년방과후아카데미 등에서 방과후 돌봄을 제공했기 때문에 온종일 돌봄은 이전달체계에 기반하고 기존의 이용자격을 준용하여 출범했으며 공급확대 전략으로 새로운 돌봄 기관인 '다함께돌봄센터'를 추가하였다. 이로써 온종일 돌봄은 여러 기관이 서로 다른 대상자에게 분절화된 서비스를 제공하는 '제도적 유제' 위에 또 다른 서비스 전달 기관을 추가하고 계층화된 서비스 전달체계라는 기존의 경로를 강화하였다. .

이 절에서는 온종일 돌봄의 이용대상은 누구인가, 누구를 대상으로 할 것인가와 관련하여 서비스 이용자격(entitlement)에 대해 검토하고 서비스 보편주의라는 점에서 현 제도를 평가한다. 다음으로 여러 부처 소속의 교육 및 돌봄 기관이 분절화된 형태로 초등아동을 돌보는 서비스를 제공하는 상황에서 서비스 계층화 쟁점에 대해 고찰한다. 마지막으로 국가의 돌봄책임이 강조되고 있는 시대에 왜 초등 돌봄이 보편적으로 제공되어야 하는지에 대해 생각해보고자 한다.

## 1. 온종일 돌봄 정책의 대상과 서비스 보편주의

문재인 정부는 2018년 관계부처 합동 〈온종일 돌봄 체계 구축 운영 실행계획〉(이하 '실행계획')을 통해 2017년 현재 33만 명의 아동이 참여하고 있는 초등 돌봄에 대해 공급 확대 계획을 발표하고 2022년까지 53만 명이 이용할 수 있도록 하는 것을 목표로 제시했다. 특히 온종일 돌봄 정책은 46~64만 명에 이르는 것으로 추정되는 맞벌이 가정의 돌봄 수요를 충족하는데 집중할 것이라고 발표하였다. 먼저 학교돌봄 인원은 2017년 24만 명 수준에서 2022년 34만 명으로 확대하고, 마을돌봄은 다함께돌봄센터를 추가하면서 서비스 대상을 9만 명에서 19만 명으로 확대하기로 했다. 또, 저학년(1~2학년) 중심으로 운영되던 돌봄교실을 전 학년으로 점차 확대하기로 하였다.

2018년 온종일 돌봄이 실시되기 전 초등 돌봄의 양대 서비스 기관은 학교에서 이루어지는 초등 돌봄교실과 마을의 지역아동센터였다. 초등 돌봄교실은 돌봄이 필요한 맞벌이·저소득층·한부모 가정의 1~2학년 학생이 주요 대상이었고, 학교장 재량에 따라 10% 정도 긴급한 돌봄 수요를 수용했다(2016년 초등 돌봄교실 운영방안). 2004년부터 「아동복지법」상 아동복지시설의 지위를 갖게 된 지역아동센터는 주로 중위소득 100% 이하의 저소득 취약계층 아동을 대상으로 하는 형태로 운영되었다.

온종일 돌봄은 과거의 초등 돌봄과 달리 대상확대의 원칙으로 "돌봄이 필요한 모든 아동"의 돌봄 서비스 이용보장, 또 학교를 마친 아이들이 "언제, 어디서나 원하는 시간에" 돌봄 서비스를 받을 수 있도록 하는 서비스 보편주의를 표방했다. 보편주의 또는 서비스 이용보장은 서비스 이용을 원하는 사람들에게 적절한 (안전·안심·양질) 서비스가 적정(affordable) 이용료에 기반해 제공되도록 제도적으로 보장하는 것을 의미한다. 단계적 공급 확대가 이루어지는 동안 욕구판단에 따른 가족유형별 우선입소 순위를 둘 수 있으나, 이용자의 권리를 제도적으로 보장하고 국가는 서비스 확대계획을 수립하고 서비스를 제공할 의무를 진다. 과거 돌봄은 돌봄 수요조사를 통해 돌봄 서비스를 제공한다고 하지만 초등 돌봄교실을 신청할 수 있는 자격이 사실상 제한되어 있고, 지역아동센터는 저소득층을 대상으로 한 서비스이기 때문에 "돌봄이 필요한 모든 아동"을 대상으로 한다는 적용범위의 확대는 파격적인 것이다.

　　보편주의는 선별주의와 대비되는 개념으로 사용되지만, 선별주의 자체가 자산조사에 기반해 서비스를 타게팅하는 소극적 선별주의(negative selectivity)와 불리한 위치의 사회집단에 대해 추가적 서비스와 자원을 배분하는 적극적 선별주의(positive selectivity)로 구분할 수 있기 때문에(Antonnen et.al, 2012), 후자의 경우라면 보편주의 내 타게팅(Skocpol, 1991)의 형태로 보편주의와 결합될 수 있고 서비스의 보편성을 훼손하지 않으면서 적절성을 제고할 수 있는 수단이 될 수 있다. 물론 서비스 보편주의도 모든 사람에게 제공되는 것은 아니고 아플 때 필요한 의료서비스를 제공하는 것처럼 욕구발생을 급여자격의 조건으로 하고 또 영유아 돌봄 서비스와 같이 특정 연령기준이 조건이 되기도 한다. 온종일 돌봄의 보편주의는 초등 돌봄의 '욕구'를 인정하고 서비스 공급량을 확대한다는 점에서 보편주의를 지향하는 것처럼 보이지만, 대상자 선정에 있어 소극적 선별주의 원칙을 유지하고 있는 것으로 보인다.

온종일 돌봄은 250만 초등학생 중 경제적 취약계층과 맞벌이 가구라는 "돌봄이 필요한" 아동을 선별하되, 이 집단 중 대기수요를 충족하기 위해 공급을 확대하는 것을 목표로 한다. 즉, 보편주의 원칙의 선언에도 불구하고 또 5년 내 20만 이용자 추가라는 공급 확대 계획에도 불구하고 현재의 온종일 돌봄은 아동 돌봄과 관련해서는 부모돌봄이 우선되어야 한다는 관념이 암묵적으로 전제되어 있고, 공적 서비스는 가족돌봄이 제공되기 어려운 상황에서 제공되어야 한다는 보충적 관념에 기반하고 있는 것으로 보인다.

**[그림 7-1] 초등 돌봄 공급계획**

| | '17년 | 확 대 | '22년 |
|---|---|---|---|
| 학교돌봄 | 24만 + | 7만<br>(초등 돌봄교실, 3,500실)<br>3만<br>(활용가능교실, 지자체 협업, 1,500실*) | ⇨ 34만 |
| 마을돌봄 | 9만 + | 10만 | ⇨ 19만 |
| 총계 | 33만 | 20만 | **53만 명** |

출처: 관계부처 합동(2018) 온종일 돌봄 체계 구축 운영 실행계획.

**초등학생 방과후 돌봄 서비스 통합 신청 및 처리에 관한 규정(행정규칙)**

제3조(정의) "온종일 돌봄 서비스"란 중앙행정기관 등에서 학교의 정규교육과정이 운영되지 않는 시간에 보호자에 의하여 안전하게 보호되기 어려운 시간에 초등 단계 아동에게 제공하는 교육·보호 활동 프로그램을 말한다.

제7조(자격정보 확인) 업무처리 담당자는 신청사항을 접수한 후 「국민기초생활보장법」 제2조2호에 따른 수급자 또는 맞벌이 가정 등 서비스 우선 제공 자격여부를 「전자정부법」 제36조에 따른 행정정보 공동이용을 통해 신청정보에 포함된 정보로 우선적으로 확인하여야 하며, 공동이용을 통해 확인이 가능한 정보에 대해 별도의 서류 제출을 요구하여서는 아니 된다. [시행 2020. 6. 1.]

출처: 행정안전부 훈령·예규·고시 [행정안전부예규 제113호, 2020. 6. 1., 제정].

온종일 돌봄이 보편주의를 주저하고 사실상 선별주의를 지속하고 있다는 것은 온종일 돌봄이 실시된 후 제정된 2020년 초등학생 방과후 돌봄 서비스 통합신청 및 처리에 관한 행안부 예규에도 잘 나타난다. 예규는 여전히 초등 돌봄교실의 서비스 대상 자격(entitlement)을 "보호자에 의해 안전하게 보호되기 어려운 시간에"라는 단서를 부여하여 보호자의 돌봄의 부재를 가정하고 있으며 주요 수급대상자로 기초보장 수급자, 맞벌이 가정을 가정하고 있다. 이는 온종일 돌봄이 "언제 어디서나 원하는 시간에" "돌봄이 필요한 모든 아동"에게 제공하는 프로그램이라는 '실행계획'의 내용과 불일치하며, 돌봄현장에서는 잔여적, 선별주의적 관행을 유지하고 있는 것으로 보인다. 즉 초등 돌봄은 초등학생 누구나 이용할 수 있는 권리적인 것이 아니라, 돌봄이 필요한지 여부를 가르는 행정적 욕구 판정에 따라 맞벌이 저소득층 가구처럼 "돌봄이 필요한" 경우에 제공되는 조건적인 프로그램임을 다시 확인하고 있는 것이다. 여기에는 돌봄이 모두에게 필요한 공적 서비스가 아니라 전업주부 어머니가 있는 가구에는 불필요하고 저소득, 맞벌이가구나 한부모가구 등 특정 가족유형에게만 필요한 '잔여적' 서비스라는 인식이 기저에 놓여 있다(김은지 외, 2020).

위 행정 예규에도 나타나듯이 온종일 돌봄은 초등 돌봄의 대표적인 대기수요 집단인 맞벌이 가구의 돌봄 수요를 타깃으로 하고 있다. 2018년 정부 '계획'의 초등 돌봄 20만 명 대상 확대, 총 53만 명 서비스 공급 계획은 초등 자녀를 둔 맞벌이 가구의 돌봄 욕구에 대한 특정한 가정에 의해 추정된 것으로 보인다. 장명림 외(2018)의 연구는 추계방식을 제시하고 있는데, 저학년의 수요율은 부모의 전일제 노동으로 한정한다면 25.7%, 시간제를 포함한다면 40.2%로 추정되고 저학년 돌봄 수요 학생수는 31만~50만 명으로 추계되었으며, 고학년을 포함하면 총 45만~63만 명의 수요가 있는 것으로 나타났다. 2017년 33만 명이 서비스를 제공받고 있다는 점을 고려한다면 2022년에는 최소 12만~최대 30만 명의 추가 수요가 발생하게 된다. 온종일 돌봄의 공급계획 맞벌이 가구 비율에 대한 공식통계 자료인 지역별고용조사에

**〈표 7-1〉 초등 돌봄 수요 인원 추계(2022년 기준)**

| 구 분 | | 저학년 | | | 고학년 | | | 총계 |
|---|---|---|---|---|---|---|---|---|
| | | 1학년 | 2학년 | 3학년 | 4학년 | 5학년 | 6학년 | |
| 전체 학생수 | | 396,454 | 396,454 | 416,618 | 414,362 | 455,958 | 439,369 | 2,546,413 |
| 수요 추계 | 수요율 | 40.2% 또는 25.7% | | | 13% | 10% | 9% | |
| | ①전일제 한정 | 101,889 | 108,878 | 107,071 | 53,867 | 45,596 | 39,543 | 456,844 |
| | | 317,838 | | | 139,006 | | | |
| | ②시간제 포함 | 159,375 | 170,308 | 167,480 | 53,867 | 45,596 | 39,543 | 636,169 |
| | | 497,163 | | | 139,006 | | | |

※ 한국 노동연구원 노동패널조사('14): 전일제 맞벌이(25.7%), 시간제(14.5%)로 추정함.
출처: 관계부처합동(2018) 온종일 돌봄 체계 구축운영 실행계획 내부 자료.
　　　장명림 외(2018)에서 재인용.

따르면 7세~12세 이하 초등학교 자녀가 있는 가구 중 맞벌이 가구의
비율은 2015년 51.5%, 2020년은 53.9%이다. 초등 자녀가 있는 가구
의 경우 6세 이하의 영유아 가구보다 초등 자녀 가구에서 맞벌이 가
구 비율이 더 높다.

**[그림 7- 2] 자녀가 있는 가구 중 맞벌이 가구 비율(6세 이하, 7~12세 이하 자녀)**

(단위:%)

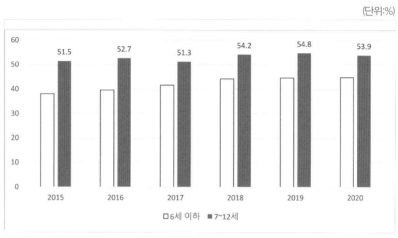

출처: 지역별고용조사(2015~2020)
주: 막내자녀 연령기준. 맞벌이가구 비율=(맞벌이가구/유배우가구)×100
　자녀(6세 이하, 혹은 7~12세 자녀)가 있는 유배우가구 중 부부가 모두 취업자인 가구.

　지역별 고용조사의 맞벌이 가구 통계가 저학년과 고학년으로 분리
되지 않기 때문에 정부 추계와는 차이가 있을 수밖에 없지만, 초등학
교 자녀가 있는 유배우 가구 중 맞벌이 비율이 51~55% 범위에 있다
고 한다면 정부 추계는 맞벌이 비율을 보수적으로 추정하고 이로써 돌
봄 수요도 실제보다 과소 추계할 가능성이 있다.

　수요추계가 보수적이라는 문제 외에도, 맞벌이 가구가 추계의 중심
이 되어 수요를 파악해야 하는가도 의문이 있다. 최현임·손가현(2021)

은 아동의 주체성과 형평성이라는 측면에서 본다면 온종일 돌봄의 대상은 방과후 '보호가 필요한' 대상으로 한정되어 있는데 이는 아동을 수동적 돌봄 대상으로 간주함을 보여주며 또 "보호자가 있으니 돌봄 시설을 이용할 수 없거나 순위가 밀린다는 것은 아동권리 차원에서 평등한 정책이 아니"라고 주장한다. 또 강지원(2021)은 "불안정 노동이 증가하는 상황에서 고용보험 가입으로 증빙되지 않는 열악한 환경의 맞벌이 가족이 존재하며, 또 코로나19로 타격을 입은 자영업자 등의 아동들의 돌봄이 필요하다고 할 때 맞벌이 가구, 저소득 가구를 식별하여 돌봄 수요를 추계하는 것은 무의미하다"며 현재의 온종일 돌봄의 자격기준을 비판했다. 즉 방과 후 돌봄 서비스에서 '소득 중심' 대상 기준을 폐지하고 '맞벌이' '저소득층' 증명으로 돌봄이 제한되지 않도록 해야 한다는 것이다(강지원 외, 2020).

2022년 범정부 온종일 돌봄 수요조사 결과 초등학생(신입생 포함)중 돌봄 희망 학부모는 48.4%이고, 저학년의 경우 초1은 73.3%, 초2는 62.4%, 초3는 52.3%로 저학년 부모들의 다수가 돌봄 서비스 이용을 희망하는 것으로 나타났다. 또 돌봄 수요조사에 나타난 희망아동비율은 2020년 41%에서 2021년 45%, 2022년 48.4%로 증가하고 있다. 돌봄 서비스가 필요하지 않다고 대답한 주요 이유는 가정돌봄을 "원해서" 뿐 아니라 방과후 학교 또는 사교육을 원해서 등의 이유가 많았다(2022년도 범정부 온종일 돌봄 수요조사 결과). 즉 서비스를 희망하는 아동 외에도 서비스 콘텐츠와 품질이 개선되거나 공급이 확대될 경우 충족될 수 있는 '잠재적 수요'가 있음을 알 수 있다.

초등 돌봄 서비스는 보다 전향적인 서비스 확대가 필요하고 초등학생이라면 누구나 초등 돌봄 서비스를 원하는 시간에 참여하고 이용할 수 있도록 하는 보편주의적 접근에 입각할 필요가 있다. 단기간 내 공급 확대가 어려운 현실적 제약 때문에 단계적 확대 및 우선순위 선정이 필요하다고 하더라도  행정적 불가피성을 이유로 원칙이 외면되는 방식으로 추진되어서는 안 될 것이다.

## 2. 초등 돌봄 이용 아동의 계층화

온종일 돌봄 '체계'는 초등 돌봄교실과 지역아동센터, 청소년방과후아카데미 등 기존에 초등 돌봄을 담당하고 있던 기관의 이용대상 자격 기준을 유지한다. 기존의 기관들이 돌봄의 대상으로 하는 아동들이 다르기 때문에 이용기관의 차이가 돌봄 서비스 접근성과 품질의 차이로 계층화되지 않기 위해서는 적극적으로 계층 통합서비스를 추구할 필요가 있으나 현재까지 공급 확대에 머물러 있는 것으로 보인다.

〈표 7-2〉 온종일 돌봄 지원 대상 및 지원 기준

| 소관부처 | 교육부 | 보건복지부 | | 여성가족부 |
|---|---|---|---|---|
| 사 업 명 | 초등 돌봄교실 | 지역아동센터 | 다함께돌봄센터 | 청소년방과후아카데미 |
| 지원 대상 | 1~6학년 | 만 18세 미만 | 만 6세~12세 미만 | 초등 4학년~중등 3학년 |
| 지원 기준 (소득) | 저소득, 한부모, 맞벌이가정 | 취약계층 중심 (중위소득 100% 이하) | 맞벌이 가정 중심 (없음) | 기초생활수급권자, 차상위계층·한부모·조손· 다문화·장애가정· 2자녀 이상 가정· 맞벌이 가정의 청소년 |

먼저, 교육부에서 제공하는 초등 돌봄교실은 1~6학년 아동을 대상으로 하지만 사실상 초등 1, 2학년이 위주가 된다. 돌봄교실 등 인프라 구축 상황 및 학부모의 수요 등 학교 여건을 고려하여 참여인원이 제한되며, 또한 저소득·한부모·맞벌이 가정 등 특정 가구 유형에 속하는 집단이 "돌봄이 필요한" 경우 신청주의에 기반해 제공되는 서비스이다. 온종일 돌봄정책의 기존과 다른 특징은 초등학교 1, 2학년 위주의 대상 집단을 전 학년으로 점차 확대한다는 데 있는데, 고학년보다는 주로 저학년(1~3)의 맞벌이 가정 돌봄 서비스를 집중적으로 확대할 것을 목표로 하고 있다(시도교육청, 한국교육개발원, 초등 돌봄교실 운영 길라잡이, 2022). 각 학교는 돌봄 수요의 파악을 위해 전체 학생을 대상으로 수요조사를 실시하고 학기초 상담을 통해 개별 학생의 돌봄을 파악한다. 조사방식의 돌봄 수요는 여러 요인에 의해 왜곡될 수 있는데 돌봄 수요 자체가 학교의 기존 돌봄교실 인프라와 서비스 품질, 돌봄 서비스가 주로 1~2학년 대상이라는 기존의 관행에 의해 제약될 수 있다. 또 현재의 수요조사서는 (대부분) "돌봄이 꼭 필요한" 아동만 신청하라는 내용이 포함되어 있어 수요를 조사하는 기능뿐 아니라 수요 자체를 관리하고 게이트키핑하는 기능이 있다. 이 때문에 수요조사서에 드러나지 않는 미충족 수요(unmet demand)가 다수 있을 수 있다. 이러한 점에서 본다면 온종일 돌봄정책은 잠정적 수요를 포함한 전체 '수요'가 아니라 대기자 '수요' 문제를 해결하는데 집중하는 것으로 보인다.

보건복지부의 지역아동센터와 여성가족부의 청소년방과후아카데미는 초등 돌봄에 특화된 서비스는 아니지만, 지역아동센터는 초등학생부터 만 18세 미만까지, 방과후아카데미는 초등학교 4학년부터 중학교 3학년까지 이용할 수 있다. 특히 두 프로그램은 주로 저소득층 아동을 위한 선별적 돌봄 프로그램으로 취약계층 중심의 선별주의 프로그램이다.

지역아동센터는 2011년부터 센터 이용자 중 '우선보호아동'(기초수급자, 차상위계층)의 비율이 60%를 유지해왔으며, 2016년에는 중위소득 100%이하 가정의 아동으로 기준이 상향되면서 대상 자격이 확대되었다. 현재 정원의 60%는 중위소득100% 이하, 나머지 40%는 소득수준이 더 높은 가구의 '일반아동'도 이용할 수 있게 되었다. 지역아동센터 이용자 중 초등학생은 2004년 18,348명에서 2018년 87,501명으로 크게 증가하였으며, 2018년 현재 총 2,711,385명의 초등학생 중 3.2% 학생에 대해 서비스를 제공하였다.

[그림 7-3] 지역아동센터 초등학생 이용자 수(2004~2018)

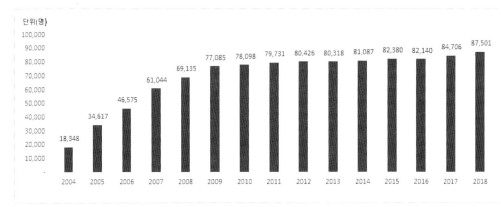

청소년방과후아카데미는 「청소년 기본법」에 의해 설치된 복지시설로 초등학생은 4학년부터 이용할 수 있다. 우선 대상자는 중위소득 60% 이하의 저소득층으로 기초생활수급권자, 차상위계층·한부모·조손·다문화·장애가정·2자녀 이상 가정·맞벌이 가정의 청소년이 무료로

이용할 수 있는 교육복지적 성격이 강조되는 서비스이다. 주로 청소년 수련관이나 청소년 문화의 집 등 청소년 수련시설을 기반으로 제공되는 서비스이기 때문에 기관의 수가 적어 접근성이 낮다. 청소년 방과후아카데미를 이용하는 초등학생의 수는 초등 돌봄교실이나 지역아동센터에 비해 상대적으로 적으며, 2016년 현재 5,596명이다. 방과후아카데미는 2016년 초등학교 고학년(4-6학년) 학생의 0.4%를 대상으로 서비스를 제공하는데, 초등 돌봄에서 청소년방과후아카데미의 역할은 상대적으로 적은 것으로 평가된다.

**〈표 7-3〉 초등 돌봄 이용 현황**

| 구 분 | 1학년 | 2학년 | 3학년 | 4학년 | 5학년 | 6학년 | 총 계 |
|---|---|---|---|---|---|---|---|
| 전체 학생수(A) | 458,353 | 433,289 | 452,713 | 434,069 | 419,069 | 419,506 | 2,674,227 |
| 이용 학생수(B) | 134,662 | 105,660 | 33,015 | 24,471 | 18,627 | 16,604 | 333,039 |
| 초등 돌봄교실 | 124,000 | 91,166 | 16,421 | 7,708 | 3,399 | 2,609 | 245,303 |
| 지역아동센터 | 10,662 | 14,494 | 16,594, | 15,352 | 13,156 | 11,882 | 82,140 |
| 청소년방과후아카데미 | - | - | - | 1,411 | 2,072 | 2,113 | 5,596 |
| 이용률(B/A) | 29.4% | 24.4% | 7.3% | 5.1% | 4.3% | 4.0% | 1235% |

주: 전체/이용 학생수, 초등 돌봄교실 자료는 '17년 기준,
   지역아동센터·청소년방과후아카데미는 '16년 기준임.
출처: 관계부처합동(2018. 4) 온종일 돌봄 체계 구축·운영 실행계획 p. 26.

위와 같은 기존 전달체계 구조에서 신규로 투입된 제도가 다함께 돌봄이다. 다함께 돌봄은 6~12세를 대상으로 한다는 점에서 학교돌봄과 동일하고 월10만 원의 이용료가 부과된다는 점에서 주로 저소득층을 대상으로 서비스를 제공하는 지역아동센터와 차이가 있다.[1] 또

---

1  지역아동센터는 원칙적으로 무상이나 프로그램비로 소득별로 5만원 한도에서 이용

500가구 이상 신축 공동주택에는 다함께돌봄센터를 의무적으로 설치하도록 하는 규정이 적용되는데, 소위 '브랜드' 아파트에 신설되는 다함께돌봄센터 이용자와 지역센터 이용자 간의 기관의 위계화, 아동간 계층적 위화감이 나타날 것이라는 우려도 제기된 바 있다(https://www.hani.co.kr/arti/society/society_general/996674.html 한겨레, 2021. 5. 26. 지역아동센터 한달 르포 ③, 저소득층 이용 낙인 지우고, 보편적 돌봄 기관 거듭나야).

초등 돌봄이 계층화되면서 그에 따라 자격있는(eligible) 대상자를 구분하는 명칭도 생겨났다. 초등 돌봄 사업안내 등에서는 '돌봄이 필요한 학생'과 '돌봄취약아동', '돌봄특례아동', '일반아동' 등의 대상자 구분이 나타난다. 각각의 용어를 정리하면 〈표 7-4〉와 같다. '돌봄이 필요한' 아동은 초등 돌봄교실에서 주로 사용하는 용어로 맞벌이, 저소득, 한부모 가족을 일컫는 용어이다. 돌봄취약아동과 일반아동은 역사적으로 저소득층 대상서비스에서 성장해온 마을 돌봄 기관에서 자격자를 구분할 때 부르는 용어이다. "돌봄취약아동"은 소득, 연령, 가구 특성 기준을 모두 충족해야 하는데, 주로 저소득층, 장애, 다문화 가족 등 복지정책에서 '취약계층'으로 명명되는 집단의 자녀들을 가리킨다. 이 용어들에서 나타나듯이 우리 정책에서 돌봄 수요(필요)는 부모가 직간접적으로 돌봄을 제공할 수 없는 잔여적인 집단에 대해 제공하는 것으로 가정하고 '일반 아동'의 '정상성'을, 돌봄이 필요한 아동의 비정상성, 소수성을 가정한다.

초등 돌봄 대상자 유형별 지침에서 규정된 구체적인 집단을 정리하면 〈표 7-4〉와 같다.

료를 부과할 수 있다.

## 〈표 7-4〉 초등 돌봄 대상 아동 용어 정의

- 돌봄이 필요한 아동: 맞벌이, 저소득층, 한부모 가정 등 특정가족 유형에 속하는 아동을 의미하는 것으로 통용됨
- 돌봄취약아동: 선정 기준에 따른 소득기준, 가구 특성 기준, 연령기준 세 가지 모두 충족한 가정의 아동 (국민기초생활보장수급자, 차상위계층, 다문화가족, 장애인가족, 조손가족, 한부모가족아동, 돌봄특례아동) 또는 돌봄특례에 해당하는 아동
- 돌봄특례아동: 돌봄취약아동의 하위 범주로 시장, 군수, 구청장이 돌봄이 필요하다고 인정하여 돌봄취약아동으로 선정 가능한 아동
- 일반아동: 각 사업(초등 돌봄교실, 지역아동센터 등)의 우선 지원 대상 아동이 아닌 아동, 돌봄취약아동이 아닌 아동

〈표 7-5〉에서 살펴보면 온종일 돌봄은 기존의 초등 돌봄의 계층 분절적 공급구조를 계승, 재생산하고 있다. 초등 돌봄교실은 돌봄이 꼭 필요한 저소득, 한부모(조손), 맞벌이가정의 아동에게 제공되고, 지역아동센터의 경우 저소득층(중위소득 100% 미만 기준) 기준이 적용되며, 방과후아카데미 역시 저소득층(중위소득 60% 미만 기준) 대상이라는 소득기준이 적용된다. 최근 저소득층을 대상으로 선별주의적 프로그램으로 제공되었던 지역아동센터와 방과후아카데미는 일부 '일반아동'을 수용하고 있으나 그 비중은 아직 제한적이다.

초등 돌봄의 공적 공급구조가 계층화되어 있다고 할 때, 이 공급구조를 해소하려는 적극적 노력이 필요하다. 공적 공급구조가 공공성의 핵심가치인 평등과 형평의 가치를 충족하지 못한다면 또다른 불평등을 확대 재생산하는 기제가 될 수 있기 때문이다. 서비스 내용(시설 프로그램, 인력 전문성 등 서비스의 질적 향상) 및 대상 통합을 통해 낙인효과를 없애는 노력이 필요하다. 낙인효과를 없애는 노력이 없다면 현재 마을돌

<表 7-5> 초등 돌봄 기관별 대상 아동과 적용 대상

| 기관 | 유형별 | 적용 대상 |
|---|---|---|
| 초등<br>돌봄교실 | 돌봄이<br>필요한<br>학생 | 1~2학년에서 전 학년으로 점차 확대, 기 구축된 돌봄교실에서 맞벌이·저소득층·한 부모 가정 등의 돌봄이 꼭 필요한 학생, 다만, 시·도 및 학교 여건에 따라 담임 등이 추천한 학생(예, 일시적 실직, 일시적 경력단절 등으로 구직 중인 가정의 자녀 등)도 포함함. |
| 지역<br>아동센터 | 돌봄<br>취약아동 | 18세 미만<br>국민기초생활보장 수급자 및 차상위계층, 의료급여 수급권자 및 차상위 본인 부담 경감대상자, 한 부모 가족지원법에따른 한부모 가족, 장애인 복지법에 따른 장애인, 차상위 장애 수당 또는 차상위 장애 아동 수당, 장애인연금법에 따른 장애인연금대상자, 기초연금법에 따른 기초연금수급자(조손가족의 경우에 한함), 초중고 교육비 지원 대상자.<br>건강보험료 본인부담금이 중위소득 100% 이하인 가구의 아동.<br>다문화 가족지원법상 다문화가족아동, 장애인 복지법상 등록장애인이 있는 가족의 아동, 조손가족의 아동, 한 부모 가족의 아동 |
| | 돌봄<br>특례아동 | 돌봄취약아동의 하위 범주, 돌봄취약아동으로 선정 가능.<br>'일반아동'에 해당되나 시장, 군수, 구청장이 돌봄이 필요하다고 인정하는 경우. 부모의 가출, 행방불명, 별거 등으로 사실상 한부모가족이거나 조손가족으로 가정내 돌봄이 어려운 아동, 보호자가 질병 등으로 가정내 돌봄이 어려운 경우, 보호자의 실직으로 가정내 돌봄이 열악한 경우, 귀가후 장시간 홀로 남겨지거나 열악한 지역 여건으로 사회복지관 등 다른 기관의 이용이 어려워 돌봄이 필요한 경우, 3명 이상 다자녀가족의 아동 또는 맞벌이 가정의 아동으로 다함께돌봄센터 등 다른 기관의 이용이 어려워 돌봄이 필요한 경우, 기타 가구특성이나 생활실태로 보아 가정내 돌봄이 어려워 돌봄이 필요한 경우 등을 포함한다. |
| 다함께<br>돌봄 | 일반아동 | 돌봄이 필요한 만 6세~12세(초등학생) 아동(만 6세이나 입학 전 아동포함), 프로그램활동비·현장학습비 등 이용료 부과<br>※지역 특성 및 센터 정원을 고려하여 다함께돌봄센터 이용 아동의 형제 자매로 그 형제, 자매가 미취학아동인 경우에는 이용대상에 포함 가능.<br>※ 우선순위 정할 수 있음: 맞벌이 가정, 한 부모 가정의 부 혹은 모가 일하는 경우, 다자녀 가구 및 가구 내 장애·요양·환자가 어린 자녀에 대한 돌봄이 어려운 경우, 초등학교 저학년 부모의 근로시간이 길거나 출퇴근 요시간이 긴 경우(지자체 센터별 여건에 따라 우선순위를 정할 수 있음.) |
| 청소년<br>방과후<br>아카데미 | 취약계층<br>청소년 중<br>방과후<br>돌봄이<br>필요한<br>청소년 | 초등 4~6학년, 중등 1~3학년<br>기초생활수급자, 차상위계층, 한부모가정, 조손가정, 다문화가정, 장애가정, 2자녀이상가정, 맞벌이가정 등 방과후 돌봄이 필요한 청소년<br>이용료 부과와 관련하여 전액 지원하는 취약계층 청소년, 이용료를 부과하는 일반 청소년 구분이 있음 |

출처: 시도교육청·한국교육개발원(2021) 초등 돌봄교실 길라잡이, 보건복지부(2021) 다함께 돌봄사업 안내, 보건복지부(2021) 지역아동센터 지원사업안내, 여성가족부(2021) 청소년방과후아카데미 운영지침.

봄 서비스를 열등 서비스로 인식하는 부모들의 이용 양식을 바꾸기 어려울 것이고 이용자에 대해서는 사회적 배제, 공급과 관련해서는 자원 낭비의 문제를 낳을 위험이 있다.

## 3. 초등 돌봄은 왜 보편주의 서비스가 되어야 하는가?

가족구조의 변화와 양육환경의 변화로 인해 가족이 동원할 수 있는 자원과 돌봄 네트워크는 감소하고 있다. 특히 불평등한 성별 분업 구조와 제도화된 돌봄 서비스의 부족으로 인해 노동 생애의 프라임타임에 있는 30~40대 여성들이 경력단절을 경험하고 있어 일과 가족생활을 양립할 수 있는 돌봄 서비스에 대한 요구도 증가하고 있다. 2021년 지역별 고용조사 결과 육아로 인해 경력단절을 경험한 여성들 62만 명에 이르는 것으로 나타났으며 육아가 경력단절 이유 1위로 나타났다(통계청, 2021). 또 노동시장의 불안정, 불확실성이 증가하는 가운데 부모들의 노동 시간과 아동 양육(가족시간) 간의 괴리가 좁혀지지 않고 있기 때문에 아동 양육을 안정적이고 예측 가능한 형태로 수행하는데 어려움을 겪고 있다. 이는 초기 아동기 계급 자원의 차이에 따른 돌봄의 양과 질에 있어 차등화, 양극화와 같은 부정적 결과로 귀결될 수 있다(라루, 2012). 이러한 점에서 양적·질적으로 적절한 아동 돌봄을 국가의 책임하에 '누구나' 이용할 수 있는 보편서비스로 제공하는 것은 개별 가족의 돌봄 부담을 덜어준다는 의미를 넘어 모든 아이가 건강하게 성장하도록 하는 사회통합적 '사회 투자'의 의미를 가진다.

무엇보다 초등 돌봄은 아동발달의 목적에서도 필수적이다. 방과후 돌봄은 아동의 발달과 학습을 촉진하고 의미있는 놀이와 쉴 시간의 시간을 제공하며, 또 놀이, 특기, 적성, 신체활동을 통해 잠재력을 키우는 등 긍정적 발달효과가 있다. 또한 프로그램 계획과 평가단계에서 자유롭게 의견을 제시하고 참여함으로써 민주시민으로 성장하는 훈련을 할 수 있다(Skolverket, information about leisure time centers). UN 아동권리 협약은 아동이 양질의 돌봄과 휴식, 놀이, 여가의 권리가 있음을 천명하고 있는데, 돌봄과 휴식, 여가가 반드시 가정에서 부모의 보호하에 수행되어야 할 이유는 없다. 돌봄 서비스는 모든 아동의 권리로 보장되고 계층적으로 평등하고 사회통합적인 돌봄 서비스가 되어야 하며 공적 서비스로 제공되고 관리, 감독될 필요가 있다.

2020년 코로나19 팬데믹이 시작된 이래 돌봄은 그 어느 때보다 사회정책의 뜨거운 화두가 되었다. 학교의 휴교, 온라인 수업 등으로 인해 초등 돌봄에도 비상이 걸렸다. 학교가 휴업하자 "나홀로 있는 아동"은 2018년에 비해 3.1%p 증가하여 돌봄공백이 증가한 것으로 나타났다(강지원 외, 2021). 워킹맘의 절반은 '돌봄공백'을 경험했고, 특히 초등저학년 돌봄은 조부모, 친인척의 돌봄과 사교육에 크게 의존하고 있는 것으로 나타났다(중앙일보, 2021. 9. 13.). 코로나19 상황은 우리사회가 돌봄의 문제에 여전히 준비 되어 있지 않으며, 개인적 대처로는 역부족이고 공동체적 노력이 필요하다는 점을 확인시켰다. 보편주의 제도로서의 위상을 확립한 위에서 서비스 확대의 로드맵을 수립할 필요가 있다.

| 참고문헌 |

강지원. 2021. "코로나 시대 방과후 돌봄, 무엇이 필요할까". 『대한민국 정책브리핑』.

강지원 외. 2020. 『사회보장분야 사각지대 축소와 부적정 지출관리 방안: 방과후 돌봄서비스를 중심으로』. 한국보건사회연구원.

관계부처협동. 2018. 『온종일 돌봄체계 구축·운영계획』.

아네트 라루·박상은(역). 2012. 『불평등한 어린시절: 부모의 사회적 지위와 불평등의 대물림』. 에코리브르.

중앙일보. 2021.9.13. "워킹맘 절반 돌봄 공백경험, 45%는 우울 의심".

최현임·손가현. 2021. "아동권리적 초등돌봄서비스 발전방안 탐색: 다함께 돌봄정책 공공의 역할을 중심으로". 『한국콘텐츠학회논문지』 21(3). 761-770.

통계청. 2021. 『2021년 상반기 지역별고용조사: 기혼여성의 고용 현황』.

Anttonen, A., Haikio, L. and Stefansson, K.. 2012 『Welfare State, Universalism and Divertiy』. Edward Elgar.

Skocpol, T. 1991. "Targeting within Universalism: Politically Viable Policies to Combat Poverty in the United States", in Jencks, C., Peterson, P. E. (eds) 『The Urban Underclass』. pp. 411~36. Washington, DC: The Brookings Institution.

# 제2장 온종일 돌봄, 누가 무엇을 책임질까?

## 1. 왜 학교 중심의 돌봄 체계가 되어야 하는가?

학교 중심의 돌봄 체계 구축은 돌봄 서비스 제공을 위해 학교 내외의 인적·물적 자원을 최대한 활용하고 학교가 중심이 되어 지역사회와 긴밀하게 연계·협력해 나가는 학교의 역할을 강조하는 것이다(장명림 외, 2018). 이는 단순히 현재의 구조가 그대로 유지되면서 돌봄 서비스에 대한 요구를 학교에서 전담하게 되는 것을 의미하지 않는다. 학교가 지역사회에서 고립된 별도의 전달체계로 남아있는 것이 아니라, 학교를 중심으로 지역사회의 긴밀한 협력관계가 유지되며, 나아가 학교와 지역사회의 전달체계 통합이 이루어져 교육과 돌봄이 통합되는 것을 궁극적인 목표로 삼는 것이다.

한국 사회의 아동 돌봄의 역사에서 부모들은 민간 공급 주체에 대해서는 낮은 선호를 보이는 반면, 국공립 돌봄 기관에 대해서는 높은 선호를 보이고 있다. 초등 돌봄에 비해 오랜 역사를 보이는 보육·유아교육의 경우, 부모들은 국공립 어린이집과 국공립 유치원에 대해 높은 신뢰를 보여왔다. 서비스 공급 주체가 국공립이라는 것이 자동적으로 '공공성'을 담보하는 것은 아니지만, 민간위탁을 포함한 민영화의 다양한 방식들이 돌봄의 질을 저하시키고 공적 책임성을 낮추는 결과를 낳는 것으로 보고되고 있다. 이에 미취학 아동 돌봄 영역에서는 상당히 오랫동안 국공립 어린이집과 국공립 유치원의 비율을 높이는 것이 우선적인 정책과제로 제시되어 왔다.

초등 아동 돌봄 영역의 경우, 다른 돌봄 서비스와는 달리 초등학교라는 매우 강력한 공적 인프라가 이미 마련되어 있다. 초등학교는 국공립 비율이 90%가 넘어 다른 서비스와 비교할 수 없을 정도로 공급주체의 측면에서 공공성의 비교우위를 갖고 있다. 실제로 초등교육은 '의무교육'으로, 헌법에 초등교육의 의무와 권리가 명시되어 있으며 국가가 가장 먼저 공공 인프라를 갖추는 영역이기도 하다.

초등 아동 돌봄을 학교를 중심으로 제공해야 할 필요성은 다음의 네 가지 정도를 제시할 수 있다. 첫째, 학부모의 높은 선호이다. 초등학교 내에서 안전하고 질 높은 돌봄 서비스를 받고자 하는 학부모의 요구는 매해 수요조사를 통해 반복적으로 확인되고 있다. [그림 7-4] 같이 범정부 초등 돌봄 전체 수요조사 결과를 재분석해보면, 방과후 돌봄 서비스가 필요하다고 응답한 사람 중 초등 돌봄교실을 희망하는 비율은 90%에 달하여 압도적 비율을 보인다. 2022년 자료와 2021년 자료는 약간의 차이가 있는데, 2022년에는 '학교돌봄터'라는 새로운 모델이 추가되었다. '학교돌봄터'는 학교에 방과후 돌봄의 공간을 마련하여 지자체가 운영하는 모델로, 아직까지 보편화되지 않았음에도 다른 마을돌봄보다 훨씬 높은 선호 비율을 보이고 있다. 즉 학부모들이 돌봄의 공간으로 학교를 선호하는 경향은 압도적인 것으로 나타난다.

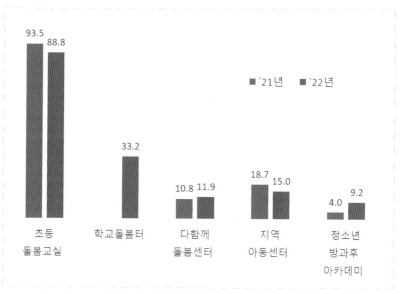

[그림 7-4] 희망하는 방과후 돌봄 서비스 유형 '21년, '22년)

출처: '방과 후 돌봄 서비스가 필요하다' 대비 '희망 돌봄 서비스' 유형 비율(중복 응답), 2021,
2022년 범정부 초등 돌봄 전체 수요조사 결과 재가공.

　이러한 경향은 초등 저학년으로 제한하면 더욱 높게 나타난다. 예
비 초등 1학년의 경우 95.6%, 예비 초등 2학년의 경우 94.6%, 예비 초
등 3학년의 경우에도 91.4%가 초등 돌봄교실을 이용하고자 하는 압
도적 경향을 보이고 있다. 예비 초등 1학년의 경우 '학교돌봄터'를 희
망하는 비율도 46.1%에 이르고 있다. 방과후 돌봄의 장소로 학교를
선호하는 경향은 모든 학년에서 압도적으로 높지만, 초등 5, 6학년이
되면 상대적으로 학교를 선호하는 경향이 다소 낮아지면서 '청소년방
과후아카데미'와 같은 마을 돌봄에 대한 선호가 다소 높아지는 경향을
보인다.

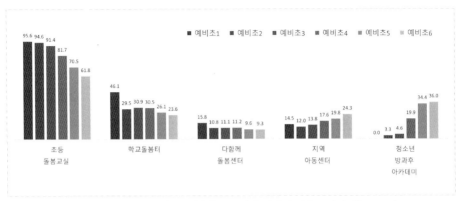

[그림 7-5] 희망하는 방과후 돌봄 서비스 유형('22년, 학년별)

■예비초1 ■예비초2 ■예비초3 ■예비초4 ■예비초5 ■예비초6

| | 초등<br>돌봄교실 | 학교돌봄터 | 다함께<br>돌봄센터 | 지역<br>아동센터 | 청소년<br>방과후<br>아카데미 |
|---|---|---|---|---|---|
| 예비초1 | 95.6 | 46.1 | 15.8 | 14.5 | 0.0 |
| 예비초2 | 94.6 | 29.5 | 10.8 | 12.0 | 3.3 |
| 예비초3 | 91.4 | 30.9 | 11.1 | 13.8 | 4.6 |
| 예비초4 | 81.7 | 30.5 | 11.2 | 17.6 | 19.9 |
| 예비초5 | 70.5 | 26.1 | 9.6 | 19.8 | 34.4 |
| 예비초6 | 61.8 | 23.6 | 9.3 | 24.3 | 36.0 |

출처: '방과후 돌봄 서비스가 필요하다' 대비 '희망 돌봄 서비스' 유형 비율(중복 응답), 2022년 범정부 초등 돌봄 전체 수요조사 결과 재가공.

이와 같이 학교돌봄에 대한 부모의 선호가 압도적으로 높은 상황에서, 부모들이 선호하지 않거나 열등서비스로 간주되는 기관서비스 확대에 주력하는 것은 사회적 자원을 효율적으로 사용하지 않는 선택이 된다. 학교에서 돌봄 수요를 최대한 수용하도록 하고, 운영의 효율을 위해 마을돌봄을 보완적으로 연계, 통합하는 것으로 원칙을 수립할 필요가 있다.

둘째, 방과후 시간 동안 안전하게 아동을 돌볼 수 있는 공간의 문제이다. 실제로 초등 방과후 돌봄에서, 특히 저학년에서 학교에 대한 선호가 더 뚜렷이 높은 것은 학교라는 안전한 공간의 문제가 매우 중요하다. 돌봄 공백이 발생하는 오후 2시부터 6시는 아이들의 안전사고도 가장 많이 발생하는 시간대로 확인되고 있다(김은지 외, 2018). 행정안전부 발표에 따르면, 초등학교 하교시간인 오후 2시 이후부터 부모의 안정적 돌봄이 가능한 오후 6시 사이에 어린이 교통사고 사상자가 가장 많고, 특히 이는 초등학교 3학년 이하의 저학년에서 현격하게

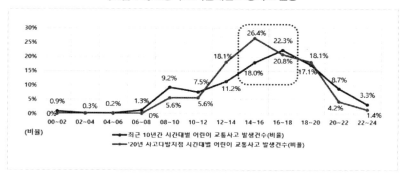

[그림 7-6] 초등학교 시간대별 교통사고 현황

출처: 행정안전부(2020. 9. 13., 1-2)

더 많이 발생하는 것으로 나타나고 있다.

이와 같은 안전문제 때문에 주거 선호지로 '초품아(초등학교를 품은 아파트 단지)'라는 용어가 유행할 정도로 부모들은 학교 통학과 관련된 안전문제를 민감하게 받아들이고 있다. 나무위키에 따르면 '초품아'는 "단순히 초등학교와 가까운 아파트단지가 아니라, 아파트와 학교가 바로 붙어있고 중간에 차로가 없거나(또는 최소 2차선 이내) 아파트"를 의미하며, 장점으로 "초등학교가 단지와 바로 붙어있어 횡단보도를 안 건너고도 바로 학교로 갈 수 있다. 따라서 교통사고, 유괴사고 등의 위험으로부터 안전하다. 단순히 초등학교가 가까이 있는 아파트와 초품아의 가장 큰 차이점이 바로 안전사고 위험성이다. 초등학교가 인접하여 있기에 법적으로 유해시설이 들어설 수 없어 생활 환경 또한 양호하다"라고 설명하고 있으며, 실제로 '초품아'는 주변 단지보다 거래가가 더 높게 형성되어 있는 것으로 알려져 있다(나무위키, '초품아', https://namu.wiki/w/초품아#fn-1).

결국 방과후 시간대에 아동이 학교 밖의 다른 장소로 이동하는 문제는 안전의 문제와 직결된다. 모든 아동이 의무교육을 받는 학교라는 장소를 비운 채, 다른 장소로 이동하여 방과후 돌봄을 받도록 하는 자원의 비효율성에 대해 사회적 동의를 얻기는 어렵다. 특히 안전의 문제가 더욱 중요한 초등학교 저학년의 경우, 학교라는 공간에서 안전한 방과후 돌봄이 이루어질 수 있도록 하는 것이 최우선적 과제가 될 필요가 있다.

셋째, 초등학교는 헌법에 명시된 의무교육을 실현하는 가장 평등하고 사회통합적인 기관으로서, 공교육기관으로서의 상징성을 가진 기관이다. 실제로 학교에서 이루어지는 방과후 과정(방과후 학교와 초등 돌봄교실)은 정규교육과정 외의 시간에 한편에서는 사교육 경쟁, 다른 한편에서는 방임과 돌봄공백으로 나타나는 계층격차 심화에 대응하기 위한 사회통합적 노력이다. 다함께돌봄(키움센터)과 지역아동센터, 청소년방과후아카데미가 이와 같은 기능을 일부 분담할 수 있겠으나, 기회 평등을 상징하는 공교육기관으로서의 학교의 상징성, 사회적 신뢰 등을 갖고 있지 못하다. 학부모들이 학교에서의 돌봄을 가장 선호하는 것 또한 이러한 학교의 사회적 의미와 무관하지 않다.

실제로 학교는 다른 돌봄 기관에 비해 인적, 물적 자원이 풍부하고 돌봄 서비스를 민주적이고 투명하게 제공할 수 있는 기반이 갖추어져 있다. 오랜 역사를 통해 학교는 학부모 학교운영위원회를 통해 돌봄과 관련된 수요를 반영하고 운영에 대해 결정할 수 있는 민주적 의사구조가 제도화되어 있다. 그러나 '마을돌봄'으로 분류되는 다른 서비스들의 경우 이러한 의사결정구조의 제도화까지 나아가기에는 상당한 어려움이 있을 것으로 생각된다.

뿐만 아니라 마을에서 별도의 공간과 자원을 찾기 어려워 영세한 소규모 시설 중심으로 이루어지고 있는 돌봄 기관들의 서비스 질이 잔여적 서비스를 넘어 보편적 서비스 수준으로 발전하는 것은 도전적 과제가 되고 있다. 학교 외의 공간에서 이루어지는 돌봄 중 가장 많이 이용되는 지역아동센터의 경우, 급식 등을 제공하면서 보다 늦은 시간까지 제공하는 서비스의 이점이 있는 반면, 저소득층을 중심으로 대상을 선정하며 영세한 운영 규모 등으로 인해 계층화와 사회적 낙인감 문제가 존재한다. 공공서비스로 만들어지고 있는 다함께돌봄센터는 낙인감의 문제는 아직 크지 않지만 센터장 1인과 사회복지사 1~2인의 소규모 시설로 운영되고 있어 서비스 질이 중간층이 선호하는 프로그램 내용과 수준으로 발전할 수 있을지에 대해서도 상당한 검증이 필요하다. 청소년방과후아카데미는 지자체가 직접 설치하는 시설로 사회적 낙인감은 크지 않으나 초등 저학년을 대상으로 하는 돌봄 중심의 서비스와는 차이가 있다.

결국 영세 기관 내에서의 조직 민주성과 투명성, 아이돌봄과 관련하여 요구되는 창의, 혁신성 등이 잘 구현될 수 있을지에 대해 계속적인 검증이 요구되고 있다. 이는 역으로 이미 자원이 잘 갖추어진 학교가 돌봄의 중심이 되고, 지역사회의 자원이 학교를 중심으로 협력하는 체계를 구축하는 것이 적절한 자원배분의 방식임을 역설하는 것일 수 있다.

마지막으로, 학교 중심의 돌봄 체계 구축은 전달체계 분절(fragmentation)을 최소화할 수 있는 방법이다. 서비스 분절이란 다양한 사회서비스가 개별적으로 전달됨에 따라 발생하는 이용자 중심의 연계 부족과 서비스 공급부조화(강혜규 외, 2016)를 의미한다. '촘촘하고 다양한 돌봄 서비스의 구축'이라는 이름으로 종종 표현되는 기관 다변화는 전달체계의 초기 발전단계에서는 다양한 서비스의 출현과 발전으로 일정한 경쟁관계가 나타나 서비스 확장에 긍정적 영향을 미칠 수 있다. 그러나 전달체계가 질높은 보편적 서비스로 한 단계 도약하기 위해서는 전달체계 분절의 문제는 넘어서야 할 중요한 과제가 된다. 특히 수요자의 입장에서 볼 때 '다양한 돌봄 서비스'는 돌봄이용의 원스톱 편의성과 안정성을 희생시키는 문제이다. 앞서 설명한 이동 안전의 문제, 기관별 낙인감의 문제와 결합할 때 전달체계의 분절은 수요자의 입장에서 한층 더 서비스 이용을 어렵게 하는 문제가 될 수 있다. 신뢰있는 기관을 중심으로 자원을 집중하여 수요자의 접근성을 높이고 선택의 낙인감을 없애며 자원의 효율적 분배를 통한 서비스 질 향상을 꾀할 필요가 있다.

실제로 '온종일 돌봄'은 학교 돌봄과 마을 돌봄으로 이원화된 시스템 간의 연계 협력을 강화하기 위한 전달체계 개선 방안임에도 기존 전달체계는 그대로 둔 채 다함께돌봄센터를 별도로 신규 배치함으로써 분절을 더 심화시키는 결과를 낳을 수 있다. 전달체계 통합에서 현재 초등 돌봄 공급의 3/4을 담당하고 있는 학교 돌봄을 발전시키는 것에 대한 고려는 상대적으로 높지 않다. 학교돌봄은 그대로 둔 채, 마을 돌봄을 별도로 확대하는 전략은 전달체계 분절을 심화시킬 수 있는 위험한 전략일 수 있다.

결국 현재 부모 선호와 안전한 돌봄 제공, 서비스 이용의 형평성 제고와 낙인 해소, 전달체계 분절 최소화를 위해 학교와 마을돌봄의 관계에서 중심적, 주도적 역할을 수행해야 하는 주체는 학교돌봄이 되어야 할 것이다. 보육 영역에서 민간 참여를 통한 서비스의 양적 확대가 우리 보육체계의 낮은 공공성이라는 부메랑 효과를 낳았듯이, 초등 돌봄의 경로 전환을 모색하는 현재의 국면에서 학교의 공적 책임성에 기반한 서비스 공공성 실현이라는 대전제를 다시금 확인하고 정립할 필요가 있다.

## 2. 중앙정부, 지자체, 학교돌봄과 마을돌봄의 새로운 체계와 역할

### 1) 중앙정부부터 지방자치단체까지 교육-돌봄의 연계·협력·통합체계 구축

이와 같이 학교 중심의 방과후 돌봄 체계를 구축하기 위해서는 중앙정부부터 지방자치단체까지 촘촘하게 교육과 돌봄이 연계, 통합되는 전달체계가 구축될 필요가 있다. 이러한 연계, 통합의 과정에서 고려할 부분은, 이미 공적 시스템이 잘 구축된 교육 전달체계와 아직 공적 시스템이 유동적인 돌봄 전달체계의 차별성이다. 교육은 이미 오랜 공적 전달체계 구축을 통해 교육자치가 중요한 테마로 자리잡았지만, 아직까지 돌봄 서비스는 중앙정부 수준의 일관된 통합체계, 가이드를 제대로 구축하지 못하고 있다. 완전한 돌봄 사무의 지역 자치를 논하기 이전에 중앙정부 수준에서 제대로 된 연계, 협력, 통합체계를 구축할 필요가 있다.

이를 위해 구체적으로는, 우선 중앙정부 수준에서 방과후 돌봄을 총괄할 수 있는 방과후 돌봄 특별위원회의 설치가 필요하다. 앞서 살펴본 바와 같이 현재 방과후 돌봄 정책은 교육부, 보건복지부, 여성가족부 등 여러 부처에서 분산적으로 수행되고 있는 상황이다. 사회부총리인 교육부 산하에 온종일 돌봄 체계 현장지원단을 설치하여 부처 간 다소 느슨한 형태의 협의가 이루어지고 있으나 적극적 조정과 협력에까지 이르지는 못하고 있다. 국무총리 또는 사회부총리를 위원장으로 하는 온종일 돌봄 특별위원회를 설치하고, 중앙정부 수준의 돌봄 관련 정책의 계획과 집행을 개선할 필요가 있다.

장기적으로는 이와 같은 협력체계를 넘어 교육과 돌봄을 통합하는 중앙 정부체계 구상이 필요할 것으로 보인다. 돌봄과 교육의 단절을 넘어 전문적 교육·돌봄정책을 통합하여 관할할 부처 조직개편이 검토될 필요가 있다. 좁은 범위로 해석되고 있는 '교육'의 범위를 확대하고, 아동 돌봄의 전문성을 높여 아동 관점에서 돌봄과 교육 연계성과 통합을 강화하여 나가야 할 것이다.

다음으로, 지방자치단체는 학교 중심 돌봄 체계 구축시 돌봄 체계 구축의 컨트롤타워 역할을 담당하며, 광역 단위는 물론, 기초 단위까지 체계적으로 돌봄협의회가 구축될 필요가 있다. 지자체장은 지역사회의 다양한 주체 및 자원을 활용하여 지역사회의 특성에 맞는 돌봄 체계를 구축해야 하며 지자체 단위의 컨트롤타워의 역할을 담당한다. 특히 아동 최우선의 원칙을 적용하여 아동과 학부모 등 돌봄 수요자의 참여 강화가 강조되어야 한다. 이 과정에서 지자체장의 추진의지 및 학교 중심 돌봄 체계 구축에 대한 이해도가 가장 중요하다. 또한 기초 지자체 수준까지 기초 돌봄 협의회 또는 마을 돌봄 협의회를 시범 설치 운영하여, 시군구청 및 교육지원청과 학교, 각종 돌봄 기관 및 지역 공공시설을 포괄하는 거버넌스 체제를 확립하여 돌봄을 확대하고 돌봄 질을 개선할 수 있도록 하여야 한다.

장기적으로 교육과 돌봄의 협력체계를 넘어 통합된 전달체계를 지방자치단체 차원에서 구축할 필요가 있다. 교육행정 부문에서는 혁신

교육지구사업을 중심으로 돌봄 수요에 대응하기 위한 노력이 이루어지고 있으며, 지자체에서는 돌봄 공공성을 강화하기 위한 사회서비스원이나 보육청을 수립하는 등 돌봄행정의 공공성을 확보하기 위한 개선이 진행되고 있는 상황이다. 아동과 관련된 교육 및 돌봄 지원체계를 개선하기 위하여 일반행정과 교육행정의 연계성을 강화하여 협력을 심화하고, 심화를 넘어 통합하는 방향으로 전달체계 개혁이 필요하다. 궁극적으로 수요자 관점에서 교육과 돌봄을 통합하여 전달하는 지자체 전달체계 구축이 요구된다.

### 2) 학교 중심의 아동 돌봄 현장 재구조화

학교는 돌봄 현장을 제공하고 관리하는 최일선 전달체계로, 교육과정 운영 외의 업무 지원을 위한 행정 체계를 신설하고 학교 공간을 놀이통합적 교육공간으로 재설계해 나갈 필요가 있다. 현재의 학교 전달체계는 교육과정 외의 업무를 담당하는 행정체계가 제대로 마련되어 있지 않으므로 학교 내의 행정체계를 보완할 필요가 있다. 교육과정 운영을 담당하는 행정체계(제1교감)와 별도로 그밖의 업무를 담당하는 별도 행정 체계를 신설(제2교감)하는 방안을 제안하고자 한다. 이때 전담 행정체계는 학교와 연결된 돌봄 업무의 관리 주체로서 돌봄 담당 인력에 대한 관리를 수행한다. 학교 내 돌봄 담당 인력은 확대된 교육행정체계 내 포함을 우선하도록 하고, 지자체로 이관할 경우 지자체가 직영하도록 하며, 민간위탁을 지양하여 돌봄의 질이 하향화되지 않도록 할 필요가 있다.

다음으로 학교 공간은 아동을 위한 공간으로 활용할 수 있도록 다양한 방안이 마련될 필요가 있다. 우선 유치원 교육과의 연결선상에서 초등학교 저학년 교실을 놀이통합적 교육공간으로 재설계하고, 돌봄 공간으로 활용 가능하도록 리모델링을 추진하도록 한다. 특히 돌봄 수요 확대에 따른 교실부족 문제를 해결하기 위해 담임교사를 위한 교무실과 상담공간을 설치하고 학교 교실은 방과후에 돌봄교실로 활용 가능하도록 전환할 필요가 있다. 교실뿐 아니라 학교공간 내에서 다양한 체험과 놀이가 가능하도록 '학교놀이터' 설치를 확대해 나가도록 한다.

한편, 마을돌봄 전달체계 구축에서도 학교와의 연결성이 최우선적으로 고려될 필요가 있다. 돌봄 장소는 최우선적으로 학교로 하고, 학교가 어려울 경우 학교 바로 인근에서 돌봄이 가능하도록 이동동선을 적극적으로 관리할 필요가 있다. 학교와 동떨어져 별도 체계로 구축되고 있는 '마을돌봄' 확대를 지양하고, 이를 위해 지자체에 '마을돌봄' 기관의 설립 신청시에 학교와의 연계 방안을 필수적으로 제출하도록 하여 심의·허가제를 받도록 하는 방안을 적극적으로 검토할 필요가 있다. 무엇보다 학교와의 협의를 통해 학교 내 시설을 활용하도록 하는 방안이 최우선시 되어야 하며, 어려울 경우 학교와 바로 인접한 공간을 활용하도록 하고 학교와 원거리 공간인 경우 학교에서 이동이 가능한 방안도 함께 제출하도록 의무화할 필요가 있다. 현재 일부 운영 주체의 통합이 이루어지지 않아 동일 학교 내 학교돌봄과 마을돌봄이 병행하여 운영되는 경우가 발생하고 있는데, 이 경우에는, 학생·학부모를 포함한 관련 주체들의 의견 수렴을 거쳐 운영을 통합해 나가도록 해야 할 것이다.

이와 같이 중앙, 지방, 학교 일선의 전달체계 개편 방향을 나타내면 [그림 7-8]과 같다. 현재 중앙 수준의 현장지원단, 지방 수준의 교육행정-일반행정의 분리, 학교돌봄 기관과 마을돌봄 기관의 단절로 통합적 방과후 돌봄이 이루어지지 않고 있다. 이를 넘어 중앙정부와 광역지자체, 기초지자체 수준에서 촘촘한 협의회를 만들어 협력체계를 구축하며, 학교돌봄은 비교과행정을 보완하고 마을돌봄은 학교와의 연계성을 강화할 필요가 있다. 학교돌봄과 마을돌봄의 협력을 최우선으로 추진해 나가며, 궁극적으로 통합이 가능한 수준을 지향해 나가도록 한다. 이와 같은 개편을 통해 모든 아동이 보편적, 표준적으로 이용할 수 있는 질높은 통합적 돌봄지원체계를 구축해 나갈 수 있을 것이다.

[그림 7-7] 현행 방과후 돌봄 전달체계    [그림 7-8] 방과후 돌봄 전달체계 개편 방향

# | 참고문헌 |

김은지·강민정·최윤정·최진희·이성희·성경·배주현(2018) 돌봄 중심의
    사회정책 정비방안 연구, 저출산고령사회위원회
행정안전부 보도자료. 2021. 9. 13. '교통사고 잦은 어린이보호구역 집중 현
    장점검 한다'.
나무위키, '초품아', https://namu.wiki/w/초품아#fn-1.

# 제3장 온종일 돌봄 프로그램

온종일 돌봄은 초등 돌봄교실, 지역아동센터와 다함께돌봄센터, 청소년방과후아카데미 등에서 이루어지고 있다. 교육부의 초등 돌봄교실과 보건복지부의 다함께돌봄센터는 보편적 돌봄을 목적으로 추진되며, 보건복지부의 지역아동센터와 여성가족부의 청소년방과후아카데미의 경우는 돌봄 취약계층 아동 중심의 종합적인 복지서비스 제공을 목적으로 하고 있다.

초등 돌봄 사업으로 돌봄 서비스를 제공받는 아동은 약 41만 명이며, 이 가운데 초등 돌봄교실을 이용하고 있는 아동이 약 70%로 비중이 높다(김주리 외, 2021. 2019년 12월 기준). 서울시만 보면, 초등학교 저학년 자녀의 학기 중 공적 방과후 돌봄 서비스 이용률은 초등 돌봄교실(17.1%), 지역아동센터(2.9%), 아이돌봄 서비스(0.5%), 우리동네키움센터(0.2%) 순이었고, 학기중과 방학 기간에 따라 큰 차이가 없는 것으로 나타났다(이혜숙 외, 2020).

또한 서울시 초등학교 저학년 아동의 부모를 대상으로 한 연구(이혜숙 외, 2020)에서는 공적 돌봄 기관 선택 시 부모들은 프로그램의 질(27.0%), 시설 및 공간(21.3%), 접근성(18.8%), 돌봄 기관에 대한 신뢰 및 평판(7.5%) 등을 중요한 요인으로 보았다(이혜숙 외, 2020).

다음에서는 온종일 돌봄 기관에서 운영하고 있는 프로그램의 질을 살펴보고, 문제점을 분석하며, 개선 방안을 제시한다.

# 1. 온종일 돌봄을 하고 있는 기관별 프로그램의 질

## 1) 초등 돌봄교실 프로그램의 질

초등 돌봄교실의 연도별 이용자 수는 〈표 7-6〉과 같다.

〈표 7-6〉 초등 돌봄교실의 연도별 이용자 수

| 참여 대상/연도 | 2017 | 2018 | 2019 | 2020 |
|---|---|---|---|---|
| 학교수 | 6,054 | 6,078 | 6,117 | 6,163 |
| 교실수 | 11,980 | 12,398 | 13,910 | 14,278 |
| 참여학생수 | 245,303 | 261,287 | 290,358 | 256,213 |

출처: 교육부(2021). 초등 돌봄교실 운영 개선 방안(안).

## (1) 초등 돌봄교실의 과정

초등 돌봄교실은 오후돌봄교실, 방과후학교 연계형돌봄교실, 저녁 돌봄교실, 방학중 돌봄교실로 운영된다. 과정별 대상 학년은 다음과 같다.

## (2) 과정별 대상

○ 오후돌봄교실은 초등학교 1~2학년 위주에서 초등학교 전 학년으로 점차 확대되고 있으며, 학부모 수요 및 학교 여건에 따라 대상 학년을 선정하고, 특히, 맞벌이·저소득층·한 부모 가정 등의 학생을 중심으로 운영한다.

○ 방과후학교 연계형돌봄교실은 1개 이상의 방과후학교 프로그램에 참여하면서 오후돌봄교실을 이용하지 않는 학생을 대상으로 운영하며, 오후돌봄교실과 동일하게 학부모 수요 및 학교 여건에 따라 대상 학년을 선정하고, 맞벌이·저소득층·한 부모 가정 등의 학생을 중심으로 운영한다. 방과후학교 연계형돌봄교실은 학생의 방과후학교 활동 및 자율활동(과제, 독서 등)을 관리하는 봉사 및 지원인력을 배치하고 학교 여건에 따라 지역사회 자원 등을 활용하여 틈새 프로그램(전통놀이 등)을 운영한다.

○ 저녁돌봄교실은 초등학교 1~6학년 학생을 대상으로 오후돌봄교실 및 방과후학교 연계형돌봄교실에 참여한 학생 중 추가적인 돌봄이 필요한 학생을 대상으로 한다.

○ 방학중 돌봄교실은 초등학교 1~6학년 학생을 대상으로 학기중에 오후돌봄교실 및 방과후학교 연계형돌봄교실에 참여한 학생 또는 방학중 신규로 돌봄이 필요한 학생을 대상으로 한다. 방학중 돌봄교실은 학부모의 수요 및 학교 여건을 바탕으로 방과후학교 프로그램과 연계하며 유관기관 등의 무료 프로그램을 활용하여 자유놀이 및 자기주도적 프로그램을 편성·운영한다(초등 돌봄교실 길라잡이, 2020).

## (3) 과정별 프로그램의 내용

○ 오후돌봄교실은 학생의 창의·인성 함양을 목적으로 학년 특성 및 여건에 맞는 다양한 개인 및 단체활동의 놀이 중심 프로그램을 운영한다. 개인활동은 숙제하기, 일기 쓰기, 독서 및 안전교육 DVD 시청, 간식 등의 활동으로 구성한다. 단체활동은 외부 강사 및 교원을

활용하여 매일 1개 이상 또는 주 5회 이내 무상으로 운영하고, 대표적인 단체활동으로는 북아트, 창의로봇, 음악줄넘기, 쿠킹클레이, 오카리나 등을 들 수 있다.

○ 방과후학교연계형돌봄교실은 학생의 방과후학교 활동 및 자율활동(과제, 독서 등)을 관리하는 봉사 및 지원인력을 배치하고, 학교 여건에 따라 지역사회 자원 등을 활용하여 틈새 프로그램(전통놀이 등)을 운영한다.

○ 저녁돌봄교실은 학생이 자율적으로 참여하고 즐겁게 활동할 수 있는 활동(전통놀이, 신체놀이, 교구놀이, 교육방송 시청 등)을 중심으로 숙제하기 및 독서활동 등 개인활동을 운영하고, 학교 여건에 따라 단체활동 프로그램을 운영한다.

○ 방학중 돌봄교실은 학부모의 수요 및 학교 여건을 바탕으로 방과후학교 프로그램과 연계하며 유관기관 등의 무료 프로그램을 활용하여 자유놀이 및 자기주도적 프로그램을 편성·운영한다. 교육기부 및 지역사회, 대학생 봉사캠프 등과 연계하여 운영 가능하며, 오후 돌봄교실과 마찬가지로 매일 1개 이상 또는 주 5회 이내의 무상 프로그램 제공을 원칙으로 한다(초등 돌봄교실 길라잡이, 2020).

(4) 프로그램에 대한 학생 및 학부모의 반응(장명림 외 2018. 85-91. 학생, 학부모를 대상으로 한 면담 요구 조사 결과를 기반으로 함)

초등 돌봄교실 프로그램에 대한 학생 및 학부모의 반응은 학생의 학년이나 거주 지역, 학교의 관심과 지원, 돌봄교실의 환경, 돌봄전담사의 열의와 역량 등에 따라 차이가 있다.

학생이나 학부모의 경우에 프로그램 운영 방식에서 학습 등의 강요가 없으며 자유롭게 놀이할 수 있는 시간에 대하여 만족도가 높다. 하지만 프로그램의 내용이 단조롭거나 반복되어 학생들이 지루해하는 경우가 있어 다양화가 필요하다. 놀이활동이 안전상의 이유로 실내에서 이루어지는 경우가 많아 실외에서 자유롭게 놀이할 수 있는 기회를 늘렸으면 한다.  또한 초등 돌봄교실에서 운영하는 프로그램에 학생의 건강이나 위생과 같은 일상생활 관련 지도 내용이 포함되어야 한다고 보았다. 학년에 따라 차이가 있지만 숙제지도와 같은 기본적 학습지도와 함께 미술, 체육(줄넘기 등)과 같은 예체능이나 창의수학, 컴퓨터 관련 프로그램 등 특성화된 프로그램에 대한 요구가 높다.

> 애들은 대개 즐거워 하긴 하는데 활동이 그렇게 다양하지는 않은 것 같아요. 작품을 해도 1학년 때 했던 거랑 2학년 거랑 거의 같아서… 다른 학교 친구 얘길 들어보니까 거기는 돌봄 안에서 할 수 있는 걸 선택해서 할 수 있다고 하더라고요. 추가 비용이 들긴 하지만, 그런 것도 한두 개쯤은 희망사항에 따라 할 수도 있지 않을까 싶기도 하고... 여기에서 알차게 뭔가 있으면 군이 방과후학교를 안 하고도 돌봄에서 할 수 있으면 더 좋을 것 같은데…. (대도시 맞벌이, 저학년 학부모)

> 지금은 놀기만 하는 것 같은데 옛날에는 숙제지도를 해주셨어요. 그런데 지금은 숙제지도를 하지 않는 것 같더라고요. 맞벌이하면 보통 밤 늦게 애들하고 엄마랑 시간을 붙잡고 해야 하잖아요. 열시 넘어서 애랑 학습지를 해야 하니까 너무 피곤해요. 스스로 푸는 시간이라도 줬으면 해요. 모르는 건 체크해서 집에서 하면 되니까. 숙제할 시간 자기 혼자, 스스로 혼자 자기주도학습 뭐 이런거요. (대도시 맞벌이, 저학년 학부모)

코딩이나 3D 프린터, 아듀이노 프로그래밍 이런 것을 하더라고요. 일반적인 컴퓨터 교육 말고 다른 데서 쉽게 접하지 못하는 특별한 거요…. (농촌, 고학년)

밖에 나가면 좋긴 하죠. 근데 제가 돌봄교실 안 가고 집 갈 때는 친구들하고 수요일만 세 시간 정도 노는데 돌봄교실에 있으면 안 나가요. 일주일에 딱 한 번 놀 시간 있어요. 아니면 학원도 가고 해야 하니까…. (대도시 맞벌이, 고학년 학생)

양치를 했으면 좋겠는데 간식을 너무 단거를 많이 먹는데 집에 오는 여섯 시까지 한 번도 양치를 안 하는 거잖아요. 그래서 제가 기회가 되면 너라도 양치를 해라고 하는데…. (대도시 맞벌이, 저학년 학부모)

초등 돌봄 서비스 내용에 대한 설문 조사 결과는 아동의 안전(수요자 3.75, 공급자 3.74), 휴식(수요자 3.23, 공급자 3.33) 놀이 및 예·체능(수요자 3.43, 공급자 3.36)에 비하여 학습에 대한 요구(수요자 2.75, 공급자 2.41)는 낮았다(이희연 외, 2018).

## 2) 지역아동센터 프로그램의 질

지역아동센터는 방과후 돌봄이 필요한 지역사회 아동을 대상으로 보호·교육, 건전한 놀이와 오락의 제공, 보호자와 지역사회의 연계 등 종합적인 복지서비스 제공을 목적으로 추진되고 있다.

## (1) 지역아동센터 연도별 현황

지역아동센터의 연도별 이용자는 〈표 7-7〉 같다.

**〈표 7-7〉 지역아동센터의 연도별 이용자**

| 구 분 | 2014 | 2016 | 2018 | 2019 |
|---|---|---|---|---|
| 센터 수 | 4,059 | 4,107 | 4,211 | 4,217 |
| 이용 아동 수 | 108,936 | 106,668 | 109,610 | 98,501 |

출처: 교육부(2020). 온종일 돌봄 체계 구축·운영 업무 매뉴얼. p. 15. 재구성.
주: 2019년 12월 기준.

## (2) 지역아동센터에서 운영하는 프로그램의 유형

기본 프로그램과 특화 프로그램으로 구성된다. 기본 프로그램은 크게 보호, 교육, 문화, 정서지원, 지역사회 연계 등 5개 영역으로 구성된다.

- ○ 보호 영역은 생활 영역과 안전 영역을 포함한다.. 생활 영역은 일상생활관리, 위생건강관리, 급식지도 프로그램으로 구성되고, 안전 영역은 생활안전지도, 안전귀가지도, 5대안전의무교육 프로그램으로 구성된다.
- ○ 교육 영역은 학습 영역, 특기적성 영역, 성장과 권리 영역을 포함한다. 학습 영역은 숙제지도, 교과학습지도 프로그램으로, 특기적성 영역은 예·체능활동과 적성교육 프로그램으로, 그리고 성장과 권리 영역은 인성 및 사회성 교육, 자치회의 및 동아리 활동 프로그램으로 구성된다.
- ○ 문화 영역은 체험활동 영역과 참여활동 영역을 포함한다. 체험활동

영역은 관람 및 견학, 캠프 및 여행 프로그램으로 구성되고, 참여활동 영역은 공연, 문화·체육 행사 프로그램으로 구성된다.

○ 정서지원 영역은 상담 영역과 가족지원 영역을 포함한다. 상담 영역은 연고자 상담, 아동 상담, 정서지원 프로그램 등으로 구성된다. 가족지원 영역은 보호자 교육과 가정방문모임 및 행사 프로그램으로 구성된다.

○ 지역사회 연계 영역은 홍보 영역과 연계 영역을 포함한다. 홍보 영역은 기관 홍보에 관한 것이며, 연계 영역은 자원봉사활동 및 인적 결연후원 등의 인적 연계와 전문기관 및 복지단체 연계 등 기관연계 등이 있다.

특화 프로그램은 지역사회 특수성 및 주요 대상의 특성을 고려한 맞춤형 프로그램으로 운영한다.

(3) 프로그램에 대한 학생 및 학부모의 반응(장명림 외 2018. 92-95. 학생, 학부모를 대상으로 한 면담 요구 조사 결과를 가져옴)

센터마다 프로그램 내용에 대해 강조점이 다르다. 기초학습을 중시하는 센터가 있다. 반면 학부모들은 교과보다는 예·체능 영역과 관련된 프로그램에 대한 요구가 많았으며, 외부로 나가는 체험활동에 대한 만족이 높았다. 하지만 인력이나 재정 지원의 부족으로 프로그램의 지속적 운영에 어려움이 크고, 특정 종교단체에서 운영하는 경우 편향적인 종교 프로그램에 거부감이 있다.

우선 기초학습에 굉장히 주력하는 편이예요. 아이들이 학원을 안 가도

되게끔 프로그램을 지원하려 하다 보니까 다양하게 해줘야 하는 부분이 있는데, 아이들 영어 지도라든지 그런 거 … 그런데 선생님이 없으니까 영상으로 하기는 하는데, 사실상 학습 … 이런 부분이 더 필요하죠(돌봄 기관 B).

프로그램에 대해 신체활동이나 야외에서 하는 프로그램을 선호하였으며, 아이들이 마음껏, 안전하게 뛰어놀 수 있는 공간과 시간이 필요하다. 특히, 저학년 학부모는 신체활동과 야외에서 즐길 수 있는 활동들을 원하였으며, 고학년으로 올라갈수록 학습과 관련한 활동을 좀 더 하기를 원했다.

전담인력과 마찬가지로, 강사 선생님들도 좀 고정적으로 있었으면 좋겠어요. 애들이 원하고 좋아하는 것을 하면 엄마들도 잘 됐다 하고 안심하고 좋은데 … 어떤 때는 갑자기 폐지 돼버리니까 애들한테도 안 좋고 그런 것 같아요 … (읍면지역 맞벌이, 고학년 학부모)

시작을 했으면 좀 길게 아이들이 완성도가 있게 쭉 지속되었으면 좋겠어요. 중간에 바뀌지 않고, 그렇지 않고 선생님들이 바뀌는 그런 것이 있는 것 같은데, 선생님도 바뀌지 않고 지속적으로 이렇게 좀 해줬으면 좋겠어요.(대도시 맞벌이, 저학년 학부모)

지역아동센터 중 종교(시설)과 관련된 경우에는 학생들에게 종교성을 띄는 활동이나 프로그램으로 인해 거부감이 있다.

여기 지역아동센터가 교회에서 하더라고요. 특정한 종교 이런 걸 떠나서 저희도 성당 다니긴 하거든요. 근데 전에 "어떤 거 했냐"고 물어봤더니 … 성경을 읽는다는 거예요. 다 안 읽으면 야단맞는다고 하더라고요 … 종교를 강요하면 안 되잖아요…근데 여기는 시골이라서 돌봄교실 5시에 끝나면 그 애들이 다 그 센터로 가는 걸로 연결해 놔서 다른데 보낼 데도 없고 … (읍면지역 맞벌이, 저학년 학부모).

지역아동센터 담당 인력에 대해서는 현재 인력이 매우 부족하다고 하였다. 인력이 좀 더 충원되어 돌봄이 필요한 시기에 있는 아동에게 부모를 대신하여 좀 더 많은 관심을 줄 수 있는 전담인력이 필요하다. 특히 사무업무를 보는 인력 외에 아동만을 집중해서 돌볼 수 있는 전담인력을 더 요구하는 것으로 나타났다.

### 3) 다함께돌봄센터 프로그램의 질

다함께돌봄센터는 지역 중심의 돌봄 체계 구축 및 초등 돌봄 사각지대 해소를 목적으로 추진되었다. 특히 지역사회 중심의 자발적이고 주도적인 초등 돌봄 공동체 기반을 조성하고, 지역 내 돌봄 수요 및 자원을 고려하여 아동 돌봄 계획을 수립하며, 이를 바탕으로 지역 내 틈새돌봄 기능을 강화하는데 목적을 두고 있다.

### (1) 다함께돌봄센터 현황

2017년 행정안전부와 보건복지부 공동 공모사업으로 수행된 다함께돌봄시범사업 10개소를 시작으로 하여 2018년 다함께돌봄센터 17개소가 설치·운영되었고, 2019년 12월 현재는 173개소가 설치·운영되고 있다. 2019년 12월 기준 다함께돌봄센터 173개소의 이용 아동 수는 총 2,968명이다(교육부, 2020. 온종일 돌봄 체계 구축·운영 업무 매뉴얼의 재구성).

## (2) 다함께돌봄센터의 프로그램 유형

프로그램은 돌봄을 받는 대상 아동의 연령에 따라 저학년과 고학년으로 구별되며, 내용에 따라 놀이 중심, 학습 중심, 놀이와 학습 프로그램으로 구분된다.

- ○ 연령별 프로그램의 경우, 저학년은 자유놀이, 생활교육, 안전교육 등 학습지도 외의 놀이 중심 프로그램을 운영하고, 고학년은 학습지도와 체험활동 등 교과 및 학습 관련 프로그램으로 구성한다.
- ○ 내용별 프로그램은 놀이 중심과 학습 중심으로 구분하되 가급적 가정과 유사한 형태의 편안함을 제공할 수 있도록 놀이와 학습 프로그램 사이의 적절한 균형을 강조하고 있다. 학습 및 놀이 공간 및 인적 자원의 다양한 활용을 통해 융통성 있는 프로그램을 구성·운영한다. 보건복지부에서는 학습과 놀이의 예시로 교과학습, EBS 동영상학습, 창의 역사놀이, 요리로 배우는 수학, 퍼즐을 통한 수학, 전래놀이, 풍물놀이, 보드게임, 영화 관람, 숲 체험 등을 제시하고 있다(출처: 보건복지부(2020b). 2020 다함께돌봄사업 안내. p. 46.).
- ○ 학습공간으로 다함께돌봄센터, 체육관, 극장, 공연장, 도서관, 과학관 등을 활용하고, 인적 자원으로 레크리에이션 강사, 풍물놀이 강사, 숲해설사 대학생 자원봉사, 문화해설사, 과학관 및 박물관 등의 도슨트프로그램을 활용하고 있다.

(3) 다함께돌봄센터 프로그램에 대한 학생과 학부모의 반응

(장명림 외 2018, 92-95. 학생, 학부모를 대상으로 한 면담 요구

조사 결과를 가져옴)

보건복지부에서는 연령별·내용별 다양한 프로그램을 운영할 것을 권고하고 있고, 구체적으로 운영해야 할 프로그램들을 예시로 제시하고 있다. 하지만 기관에 따라 재정 부족과 인적 자원의 한계로 다양한 프로그램 운영이 어려운 것으로 보인다.

교육청에서 프로그램을 지원해주는 게 그나마 제일 많이, 안정적으로 지원해주는 건데, 그런데 일주일에 매일 프로그램을 돌리면 4개월밖에 운영을 못 한다는 거예요, 나머지는 자체적으로 해야 하는데, 따로 강사를 초빙해서 프로그램을 운영할 만한 여력이 없어요. 아무리 안전한 돌봄이 우선이지만, 아이들하고 보드게임만 하기에도 한계가 있잖아요. 프로그램 쪽으로는 강화가 필요해요.(돌봄 기관 G)

## 4) 청소년방과후아카데미 프로그램의 질

방과후 돌봄이 필요한 청소년에게 체험활동, 학습지원, 급식, 상담 등 종합서비스를 제공하여 청소년의 전인적 성장을 지원하고, 가정의 사교육비 경감 및 양육 부담 완화에 기여하고자 청소년방과후아카데미 사업이 추진되었다. 청소년방과후아카데미는 운영 형태에 따라 기본지원형, 농산어촌형, 특별유형(장애형, 다문화형, 인원축소형)으로 구분되고, 각 유형별로 참여 대상 선발 기준에 차이가 있다. 기본지원형과 농산어촌형의 우선 지원 대상은 기준중위소득 69% 미만인 저소득층과 한 부모·조손·다문화·장애가정·2자녀 이상 가정·맞벌이 가정 등 방과

후 돌봄이 필요한 청소년이다. 특별유형 중 장애형과 다문화형의 우선 지원 대상은 학교 및 관련 기관 전문가, 지역사회의 추천이 있고 지원이 필요하다고 판단되는 장애 또는 다문화가정 청소년이다.

### (1) 청소년방과후아카데미에 참여하는 기간 및 청소년 수

〈표 7-8〉 청소년방과후아카데미에 참여하는 기간 및 청소년 수

| 구 분 | 2014 | 2016 | 2018 | 2019 |
|---|---|---|---|---|
| 기관 수 | 200 | 250 | 260 | 280 |
| 참여학생 수 | 8,091 | 9,745 | 10,742 | 11,465 |

출처: 여성가족부(2020). 2020년 청소년사업 안내. p. 174. 재구성. 2019년 11월 기준

### (2) 청소년방과후아카데미의 프로그램 유형

청소년방과후아카데미의 프로그램은 체험·역량 강화활동(자치와 동아리활동 등을 통한 자기개발, 진로역량, 창의융합, 지역사회 참여, 예술, 과학, 봉사, 리더십 등의 체험활동, 캠프, 초청인사 특강, 발표회 등의 특별 프로그램), 학습지원활동(교과보충, 숙제, 독서 등의 보충학습활동과 전문강사진을 통한 교과학습), 생활지원활동(급식, 상담, 건강관리, 생활일정 관리 등)으로 구성된다.

청소년방과후아카데미는 프로그램 과정별로 운영되며, 기본적으로 1일 최소 4시수 이상, 주 5~6일 운영, 연간 총 240일 운영을 원칙으로 하고, 주중 운영시간은 주로 방과후부터 21시까지이다. 주중활동 운영시수는 1주 20시수 이상이며, 주중 자기개발 2시수와 급식 5시수를 의무적으로 포함하고, 주중 전문 체험활동 및 학습지원활동은 재량 편성하며, 주말 체험활동은 월 1회 급식을 포함하여 5시수 이상 운영하도록 하고 있다(청소년방과후아카데미 홈페이지).

청소년방과후아카데미 공모전을 통한 우수 사례(여성가족부, 복권위원회, 한국청소년활동진흥원, 2020)를 살펴보면, 우수 참여 기관의 프로그램이 합리적으로 구성되어 있으며 체계적으로 운영되고 있는 것으로 보인다. 프로그램들은 프로그램명, 추진 배경, 목적, 목표, 운영 기간, 운영 장소, 소요 예산, 참가 대상, 운영 인력, 운영 횟수, 회기당 소요 시간, 운영 일정별 내용, 운영 차시별 활동 내용, 차시별 학습지도안, 평가 및 개선 사항, 활동 성과 등으로 조직적으로 구성되어 있다

(3) 청소년방과후아카데미 프로그램에 대한 학생 및 학부모의 반응
  (장명림 외 2018. 95-98. 학생, 학부모를 대상으로 한 면담 요구 조사 결과를 가져옴)

학생과 학부모는 청소년방과후아카데미에서 운영하는 프로그램이 매우 다양하고, 특히 가정이나 학교에서 할 수 없는 활동, 신체활동, 실외 스포츠 활동, 답사 여행 등의 프로그램에 만족도가 높다.

난타 같은 거나 이런 거는 엄마가 해줘야 하지만 못해주고 있는 것들을 여기에서 경험해 볼 수 있잖아요. 악기를 두드려보는 것도 솔직히 집에서는 다른 집에 피해가 될까 싶어 못하게 하고 있거든요. 여기에서는 드론도 할 수 있구요.(읍면지역 맞벌이, 학부모)

특히 스포츠 분야를 애들이 좋아하고, 축구면 축구, 구기종목을 다양하게 참여할 수 있는 것이 좋아요. 보조 선생님들이나 대학생들이 함께 도와 다양한 활동을 하는 것에 만족해요. 주말에 애들 생태체험 하는 것도 좋고, 캠페인처럼 대외활동을 많이 하더라구요. 피켓 들고 나가는

것도 애들은 좋은 경험이라고 받아들이더라구요. 또 비누만들기 공예도 하고. 특히, 영어야 놀자 프로그램도 하고 있어서 너무 좋아요.(대도시 맞벌이, 학부모)

하지만 청소년방과후아카데미에서 실시하는 학습지원 활동에 대해서는 학생에 따라 만족도의 차이가 있는 것 같다.

여러 가지 놀이를 하면서 친구들과 어울릴 수 있고, 그런 것이 좋았어요. 학교 돌봄교실에서는 학교 끝나고 나서 바로 약간 수업이라기보다는 노는 게 더 많았는데, 여기는 공부도 하고 수업도 하고 그런 차이점이 있는 것 같아요.(대도시 맞벌이, 학생)

저는 조금 공부가 이제 재미가 없어요. 왜냐하면 청소년방과후아카데미에서 한 번 배우고, 학교에서 한 번 배우고, 그리고 다시 학습지에서 한 번 배우고. 다시 청소년방과후아카데미에서 복습하고, 학교에서 복습하고, 학습지에서 복습하니깐 거의 6번을 공부하는 거예요.(읍면지역 맞벌이, 학생)

최근 청소년방과후아카데미는 이사 등의 다양한 요인에 의하여 지원자가 줄어들고, 코로나19로 인한 비대면 수업의 확대로 프로그램을 정상적 운영에 어려움이 있다.

## 2. 선행 연구에서 제시한 온종일 돌봄 프로그램의
## 개선 제안

아동이나 청소년 가정에서의 돌봄에 대한 요구는 돌봄 대상의 연령, 성별, 가족 형태, 거주 지역, 운영 기관 등의 다양한 요인에 따라 차이가 있다. 즉 아동, 청소년 및 학부모들은 운영 기관이 해주었으면 하는 역할에서 사회성·심리발달(대인관계 기술, 자아존중감, 자기 신뢰), 예·체능 등 특기적성 개발, 진로, 사회봉사, 답사와 같은 체험활동, 생활지원(시설, 교사, 급식), 학습지원(숙제 지도, 교과 보충 등) 등에서 우선순위를 달리하고 있다(김영란 외, 2018). 특히 외벌이와 맞벌이의 경우에는 프로그램의 내용에서 학습지원 기능을 중시하지만, 안전교육도 해주었으면 하는 바람이 높다.

이러한 사실은 기관이 프로그램을 개발할 때, 참여 대상인 아동이나 청소년의 연령(학년), 성별, 가족 형태, 거주 지역 등을 적극적으로 고려해야 한다는 것을 의미한다.

학부모들이 생각하는 돌봄 기관에서 제공하는 서비스 중 가장 중요한 기능은 안전, 인성, 예의범절 등이다. 가정 외의 공간에서 많은 시간을 보내고 있는 아이들에게 가정과 마찬가지로 안전, 인성, 예의범절 등을 기를 수 있는 서비스 제공이 필요하다. 즉 초등 돌봄교실에서 운영하는 프로그램에 학생의 건강이나 위생과 같은 일상생활, 기본생활이나 예절교육 등과 같은 시간이 포함되어야 한다.

돌봄담당자가 직접 지도하지 않고 학생 스스로 자발적으로 자신의 학습을 계획하고 학습할 수 있도록 하는 자기주도적 학습역량을 길러줄 필요가 있다.

초등 돌봄교실에서 운영하는 프로그램은 학생의 특성과 흥미에 따라 선택할 수 있도록 하는 요구가 있다. 또한 방학중에는 기본 교육과정 없이 돌봄교실 프로그램만 하게 되므로 좀 더 다양한 활동으로 운영될 필요가 있으며, 돌봄 기관에서 제공하는 활동은 실외놀이는 안전의 이유로 거의 이루어지지 않고 있어 학생들은 실외에서 자유롭게 놀이할 수 있는 시간이 필요하다.

3~6학년 방과후학교연계형돌봄교실에 참여하는 학생수가 적거나 개별적으로 이용하게 되므로 다양한 활동을 제공하기 어려운 경우, 단순한 프로그램만 실시하게 되어 이에 대한 대안이 필요하다.

운영주체별 초등 돌봄 서비스 프로그램의 공통점으로는 숙제지도, 보충학습, 교과학습 등 학습지원활동 외에 학생의 특기적성을 계발할 수 있는 체험, 놀이 등 다양한 프로그램 참여 기회가 필요하다. 지역아동센터, 청소년방과후아카데미에서는 일정한 프로그램 내용 구성안이 지침으로 제시되고 있는 것에 비해, 초등 돌봄교실은 방향만을 제시하고 있어서 학교 여건과 돌봄전담사의 재량에 따라 자유롭게 편성할 수 있다는 장점이 있으나, 기관이나 돌봄전담사의 특성에 따라 이러한 프로그램 운영이 소홀히 될 가능성도 있다.

지역아동센터와 방과후아카데미는 평가와 퇴출 시스템을 갖추고 있지만, 초등 돌봄교실은 평가체계가 구축되지 않아 질관리가 담보되기 어렵다.

돌봄 서비스 제공 기관마다 서로 다른 인력기준, 시설기준, 그리고 평가기준 등을 가지고 있어 서비스의 질적인 관리 면에서 어려움을 겪고 있다.

지역아동센터의 경우 지원이나 후원받아 운영되는 프로그램이 갑

작스럽게 바뀌거나 운영하지 않은 경우에 대한 보완책이 필요하며, 활동이나 프로그램이 종교성을 띠지 않아야 한다.

지역아동센터와 청소년방과후아카데미는 저소득층 취약계층을 집중 수용함으로써 낙인감을 유발할 수 있다. 돌봄이 필요한 일반 아동의 경우, 취약계층이라는 낙인감 때문에 지역아동센터나 방과후아카데미의 돌봄을 기피하는 현상을 해결할 방안이 필요하다.

돌봄 서비스를 이용하면서 돌봄전담사나 담당교사와 학생의 돌봄교실에서의 적응이나 생활에 대해 상담을 받아본 경험이 거의 없다. 기관에서의 활동이나 학생의 생활, 적응, 적성 등에 대한 상담이 필요하다.

캐나다 온타리오 주에서의 학교돌봄은 구조화된 활동에 참가하거나 간단한 놀이시간으로 보낼 수 있도록 하고 있다. 아울러 아동에게 과일과 야채를 중심으로 한 영양학, 건강식품의 조리법을 가르치고, 아동은 간단한 방과후 간식을 스스로 준비하도록 한다. 다양한 프로그램을 통해 아동들은 자존감, 회복탄력성, 자신감 및 자립심을 구축하고, 따돌림 등에 대한 의식을 고양하여 신체적·정신적 건강과 긍정적인 관계를 강화하는데 초점을 두고 있다(Ministry of Heritiage, Sport, Tourism and Culture Industries 홈페이지(http://www.mtc.gov.on.ca/en/sport/afterschool/after_school.shtml#goals)에서 2020년 11월 14일 인출).

핀란드에서는 학생들의 수요에 따라 문화체험과 예·체능활동을 제공할 수 있도록 하고 있으며, 특히 신체활동은 1일에 반드시 1시간 이상 포함하도록 하고 있다. 스웨덴에서는 기본적인 보살핌의 수준을 넘어서서 발달 및 학습을 위한 구체적 프로그램을 제시해야 하며 놀이와 창조에 기초한 탐구적이고 실용적인 경험에 기초하여 특기를 계발할 수 있는 활동을 제공해야 한다고 하였다(Anna-Lena Ljusberg, 2017).

장명림 외(2018)는 초등 돌봄 서비스의 프로그램 운영 및 내용 구성에 있어서 학생의 전인적 성장과 정서적 안정 지원 및 안전한 보호를 기본 원칙으로 하여 적정 기준을 제시하였다. 적정 기준은 필수프로그램, 특성화프로그램으로 구분하였다. 필수프로그램은 학습활동 지원, 놀이, 생활·안전지도, 심리·정서 지원 등으로 구성되며, 특성화프로그램은 지역사회와 연계한 문화체험과 특기적성 프로그램으로 이루어진다. 프로그램의 영역별 요구는 수요자의 연령, 돌봄 운영 형태 등 각 집단에 따라 서로 다른 요구를 가지고 있으므로 이를 반영한다.

## 3. 온종일 돌봄 프로그램의 개선 방안

온종일 돌봄은 초등 돌봄교실, 지역아동센터와 다함께돌봄센터, 청소년방과후아카데미 등 다양한 기관에서 이루어지고 있다. 각 기관에서는 참여 대상 아동이나 청소년의 신체, 정서, 인지 발달을 돕기 위하여 다양한 프로그램을 운영하고 있다.

국가 차원에서는 기관별, 과정별 운영 프로그램에 대해 관련 법령, 지침, 길라잡이 등을 통하여 기관별, 과정별 운영 프로그램을 제시하거나 안내하고 있다. 하지만 학습지원, 생활지원, 체험중심 등의 프로그램의 유형만 제시하고 있을 뿐, 각 프로그램을 통하여 학습하거나 도달해야 할 성취 기준을 제시하고 있지는 않다. 이러한 상황에서 프로그램의 성과는 돌봄 기관의 돌봄 인력, 돌봄 환경, 돌봄 재정 등에 의하여 결정된다. 따라서 지나치게 구체적이고 세세할 필요는 없지만 과정이나 프로그램의 내용 기준이나 성취 기준을 제시할 필요가 있다. 이것은 현재의 유·초·중등 국가수준 교육과정을 준용하면 어렵지 않게 할 수 있다. 이러한 과정을 거치면 돌봄 기관에서 운영되는 프로그램과 국가수준 교육과정의 연계가 자동적으로 이루어진다.

돌봄 프로그램의 성과를 위해서는 돌봄 기관들이 지닌 역량과 자발적인 노력도 중요하지만, 교육청과 지방자치단체의 역할도 중요하다. 특히 지역돌봄센터나 방과후청소년아카데미 같은 경우에는 안정적인 인력과 재정 없이 인력기준, 시설기준, 프로그램 운영기준의 제시만으로 성과를 거두기 어렵다. 인력과 재정 지원을 포함하여 돌봄 기관이 지역사회의 인적·물적 자원을 최대한 활용할 수 있도록 행정력을 발휘할 필요가 있다.

돌봄 프로그램의 실제 운영자는 돌봄 기관의 전담 인력이다. 프로그램은 목표 중심으로 기획되고, 내용과 방법과 적절히 연계되어야 하며, 평가를 통하여 개선되어야 한다. 돌봄 전담인력이 프로그램을 포함한 교육과정에 대한 지식과 이해를 갖지 못한다면, 지금까지 해온 일을 반복한다든지, 다른 사람이 하는 것을 보고 따라 한다든지 하게 되어 전문성을 가지고 프로그램을 운영하기 어렵다. 이러한 점에서 돌봄 전담인력들에게 교육과정 일반에 대한 체계적인 연수가 필요하다.

### 1) 온종일 돌봄 프로그램

#### (1) 초등 돌봄교실

초등 돌봄교실에서는 오후돌봄, 방과후활동연계돌봄, 저녁돌봄, 방학중돌봄교실을 개설하고, 아동의 발달 수준, 가정 형태, 개설 시간대와 시기 등을 바탕으로 과정별 프로그램을 제시하고 있다. 교육부에서 제공하는 〈초등 돌봄 운영 길라잡이〉에서 기본적인 운영에 안내가 되어 있으나 대부분 각 기관의 여건과 돌봄전담사의 재량에 따라 프로그램이 운영되고 있다. 하지만 교육부의 〈초등 돌봄 운영 길라잡이〉에서 제시하고 있는 과정별 프로그램이 제대로 개설되고 성과있게 운영되는지는 면밀한 조사와 검토가 필요하다. 다만 학생과 학부모의 의견, 선행 연구물을 통해서 볼 때, 프로그램을 운영할 때 다음과 같은 점들을 반영할 필요가 있다.

기본적인 학습지원을 할 필요가 있다. 저학년과 고학년을 막론하고 숙제, 독서 지도 등의 활동이 필요하다. 외벌이와 맞벌이 그리고 부모의 소득 격차와 관계없이 학교에 있는 시간을 활용해 숙제를 하고 독서 습관이 길러지도록 할 필요가 있다.

고학년이 되면 학습결손이 발생하고 누적되는 일이 발생하므로 교과에 대한 보충지도가 필요하다. 보충지도는 전체가 아니라 반드시 개인맞춤식으로 진행되어야 효과를 기대할 수 있으며, 과도한 학습지도는 피해야 한다.

개인이나 단체생활에 필요한 생활습관을 길러주고 안전생활에 대한 지도가 필요하다. 돌봄교실에서의 규칙을 익히고 실천하는 것 그리고 학교폭력 사태에 대응하는 것을 포함해 가정, 학교, 사회 속에서의 일상생활에 필요한 바른 습관을 형성하도록 지도하고 안전, 위생, 건강관리에 대한 지도가 필요하다

학생들의 흥미나 소질을 고려하여 다양한 특기적성 프로그램을 운영할 필요가 있다. 학교교육과정 속에 있는 것은 심화할 기회를 주고, 없는 것은 새로이 학습할 기회를 갖도록 한다. 특기적성 프로그램은 다양하게 개설하여 학생들이 자율적으로 선택할 수 있도록 하고, 학교 여건상 이것이 어렵다면 사전 조사를 통하여 다수 학생이 선호하는

프로그램들을 우선적으로 개설할 필요가 있다. 이때 학교 밖의 우수한 사교육 프로그램을 학교 안으로 유인하여 저렴하게 공급하는 방안을 강구할 수 있다.

학교 내 시설을 최대한 활용한다. 지정된 초등 돌봄교실뿐 아니라 학교 내 운동장, 도서관, 급식실, 음악실, 미술실 등의 시설들을 최대한 활용한다. 이러한 과정에서 학생과 학부모가 원하는 실외활동이 이루어질 수 있다.

체험활동의 기회를 늘린다. 체험활동은 사회참여, 사회봉사, 진로 등과 관련하여 프로그램을 개발하여 운영한다. 초등 돌봄에서 지역사회의 인적·물적·사회적 자원을 최대한 활용하여 체험활동을 운영한다.

학생들이 기획하거나 아니면 학생들이 주도적으로 참여하고 협동을 통하여 학습을 할 수 있는 프로그램들을 운영할 필요가 있다.

방학중에는 학생들이 오전부터 종일 돌봄교실에서 생활하게 되므로 학생의 요구를 반영한 특기적성이나 체험 프로그램을 보다 다양하게 늘릴 필요가 있다.

학생의 생활, 적응, 적성 등에 대한 상담이 필요하며, 필요시 상담 내용을 학부모와 공유하고, 프로그램 계획에 반영할 필요가 있다.

초등 돌봄교실에서 운영되는 프로그램은 기본적으로 정규 국가수준교육과정과 학교교육과정과 연계될 필요가 있다. 독서지도나 보충학습 그리고 특기적성 프로그램이 정규 교육과정과 연동될 때 교육적 성과가 배가된다. 이를 위하여 프로그램 기획 단계에서 돌봄전담사뿐 아니라 돌봄담당교사, 담임교사 등이 함께 참여할 필요가 있다.

프로그램 간에 연속성·연계성·통합성 등이 유지되어야 한다. 프로그램을 기획할 때, 과정별로 운영되는 프로그램의 목표와 주요 핵심 내용을 바탕으로 교육과정 지도를 그리고 (curriculum mapping), 과정별 그리고 세부 프로그램 간에 연속성·연계성·통합성이 유지되도록 해야 한다. 또한 전 학년, 연간, 월간, 주간 프로그램을 분석하여 연속성, 연계성·통합성을 바탕으로 운영할 수 있어야 한다.

프로그램의 목표와 내용 그리고 지도 방식 간에 일관성이 있어야 한다. 목표와는 별개로 내용이 선정되거나 목표에 반하는 수업 방식은 원하는 교육적 성과를 기대하기 어려우므로 최대한 일관성이 유지되도록 할 필요가 있다.

### (2) 지역아동센터

지역아동센터의 프로그램은 기본 프로그램과 특화 프로그램으로 구성된다. 기본 프로그램은 크게 보호, 교육, 문화, 정서지원, 지역사회 연계 등 5개 영역으로 구성되며, 특화프로그램은 지역사회 특수성 및 주요 대상의 특성을 고려한 맞춤형 프로그램으로 운영된다. 이 중에서 기본 프로그램은 급식지도, 생활안전, 숙제지도, 예·체능활동, 관람 및 견학, 공연, 문화, 체육, 아동 상담, 보호자 교육 등의 세부 프로그램 등으로 구성된다.

지역아동센터의 경우에 지침으로 프로그램 내용 구성을 제시하고 있으며, 평가와 퇴출 시스템을 갖추고 있다. 하지만 선행연구에서 드러난 바와 같이, 센터마다 프로그램의 내용에 대해 강조점이 다르다. 학부모들은 대체로 교과보다는 예·체능 영역과 관련된 프로그램에 대한 요구가 많았으며, 외부로 나가는 체험활동에 대한 만족이 높았다는 점에서 이러한 프로그램을 강화할 필요가 있다. 하지만 인력이나 재정

지원의 부족으로 프로그램의 지속적 운영에 어려움이 크다.

지역아동센터 프로그램에 참가하는 아동의 경우 최근 일반 아동의 비중이 증가하면서 저소득층 아동의 돌봄 공백이 우려되기도 하지만, 저소득층 학생들을 위하여 자존감 향상을 위한 프로그램을 강화할 필요도 있다.

지역아동센터는 운영 주체의 다양성으로 공공성의 확보가 미흡하며, 특히 특정 종교단체에서 운영하는 경우 편향적인 종교 프로그램에 거부감이 있으므로 이 문제를 해결할 필요가 있다.

### (3) 다함께돌봄센터

보건복지부에서 제시한 다함께돌봄사업안내(2020)에는 다함께돌봄센터의 프로그램을 저학년과 고학년으로 구분하고, 자유놀이, 생활교육, 안전교육, 학습지도, 체험활동 등을 중심으로 다양한 프로그램을 구체적으로 제시하고 있다.

하지만 선행연구에서 나타난 바와 같이, 학생과 학부모의 반응은 재정 부족과 인적 자원의 한계로 이러한 프로그램들이 제대로 운영되지 않는다는 것이다. 프로그램의 내용과 질을 따지기 전에 재정 지원을 통하여 다함께돌봄사업안내에서 제시한 프로그램들을 정상적으로 운영할 수 있도록 할 필요가 있다.

### (4) 청소년방과후아카데미

청소년방과후아카데미의 프로그램은 체험·역량 강화활동, 학습지원활동, 생활지원활동의 3영역으로 구성되며, 자치와 동아리 활동, 창의융합, 지역사회 참여, 교과보충, 숙제, 독서, 급식, 상담, 건강관리 등 다양한 세부 프로그램으로 구성되어 있다(청소년방과후아카데미 홈페이지).

　선행연구에서 나타난 학생과 학부모의 반응은 프로그램에 만족도가 매우 높았다. 학교에서 경험하기 어려운 체험활동, 동아리활동, 지역사회 참여, 창의융합 등의 프로그램의 다양성과 체계적인 운영 때문인 것으로 보인다. 특히 모든 청소년방과후아카데미의 사례로 보기 어렵지만, 우수 사례를 보면 프로그램의 기획, 운영, 평가 등이 체계적이고, 내부 인력과 외부 전문가와 보조 인력을 적절히 활용한다는 강점이 있다.

　그러나 코로나19로 인하여 비대면 학습이 증가하고 참여 대상 청소년의 이동이 빈번하여 어려움이 있다. 저소득의 취약 계층 청소년이 많이 참여한다는 점에서 프로그램의 개발이나 운영에서 청소년의 자존감 형성을 지향할 필요가 있다고 본다. 자존감 형성을 표면에 내세울 필요는 없지만 체험활동, 동아리활동, 창의융합활동 등의 제반 활동이 자존감 형성과 연결될 수 있도록 할 필요가 있다.

## 2) 프로그램의 운영 환경

### (1) 담당 인력

　프로그램의 운영 성과는 담당 인력의 자질과 전문성에 의하여 결정된다. 초등 돌봄 서비스 담당 인력은 초등 돌봄교실의 돌봄전담사, 지역아동센터의 생활복지사, 청소년방과후아카데미의 청소년지도사가 대표적이다. 이들 담당 인력 모두 원칙적으로 적정한 자격 기준을 요구하고 있다.

　프로그램에 대한 학생과 학부모의 반응 그리고 선행연구결과를 토대로 다음과 같은 제안을 할 수 있다.

담당 인력의 자질에서 가장 중요한 것은 아동에 대한 관심과 애정이라 할 수 있다. 선행연구에서도 이러한 자질을 강조하고 있다(김영란외, 2018). 또한 아동의 상태에 대한 정보를 바탕으로 학부모와의 소통이 중요하다. 결국 돌봄담당자가 학생, 학부모, 그리고 관련 교사 및 강사, 자원 인사 등과의 신뢰 형성이 중요하다고 할 수 있다.

담당 인력의 자격에서는 각종 지침으로 담당 인력의 수, 개별 역할, 자격증 등을 제시하고 있으나 담당 기관에서 돌봄의 대상이 되는 아동이나 청소년의 발달 단계에 맞출 필요가 있으며(예시 초등교사 자격 등), 외국의 경우에서 보는 바와 같이(김홍원 . 2017) 교육 관련 학위 취득 등 자격을 상향 조정할 필요가 있다.

담당 인력의 전문성은 돌봄전담사, 생활복지사, 청소년지도사의 경우에 프로그램의 목적, 목표, 내용, 방법, 평가의 일관성 유지, 교수 방법의 적절성과 다양성, 아동에 대한 이해, 학부모에 대한 이해, 정규 교육과정의 연관성에 대한 이해가 필요하고, 지역사회와의 협업에 대한 기획과 실천도 요구된다. 담당 인력의 이러한 전문성 신장을 위하여 주기적인 교육과 연수를 시행할 필요가 있다. 필요하다면, 연수를 통한 자격 갱신을 할 수 있도록 한다. 또한 돌봄 인력 당사자뿐 아니라 학교장, 교사, 돌봄 관련 교사도 지역사회의 협업에 대한 이해 및 실천 역량을 가지고 있어야 한다.

돌봄 서비스 담당 인력이 안정적이고 지속적으로 질 높은 초등 돌봄 서비스를 제공할 수 있는 채용 환경과 근무 여건이 마련되어야 한다. 아동이나 청소년에 대한 신뢰관계 형성은 시간이 걸리며, 프로그램의 연속성·연계성·통합성을 보장하기 위해서도 특별한 문제가 없다면 담당 인력이 한 기관에서 장기간 근속할 수 있도록 할 필요가 있다.

방과후학교 연계형돌봄교실의 경우에는 교육기부자, 자원봉사자, 교원, 학부모 등 학교의 여건별로 다양한 인력을 활용하고 있는데, 아동이나 청소년의 발달과정에 대한 이해가 있고, 프로그램 내용과 직접 관련이 있으며, 교수 방법에 대한 능력이 있는 경험자를 활용할 필요가 있다.

### (2) 돌봄시설

프로그램이 제대로 운영되려면 물리적 공간이 마련되고 교재, 교구 등과 시설이 갖추어져야 한다.

초등 돌봄교실, 지역아동센터, 청소년방과후아카데미 모두에게 요구되는 기본적인 환경은 햇빛이 들어오고 통풍이 잘되며 냉난방이 잘되는 곳이어야 한다. 또한 깨끗하고 가정처럼 아늑한 분위기를 느낄 수 있는 공간이 되어야 한다.

초등 돌봄교실, 지역아동센터와 청소년방과후아카데미도 체험활동이나 체육활동을 하는 경우를 제외하고는 정해진 시간 동안 실외활동이나 신체활동이 거의 이루어지지 않고 있어 신체활동을 할 수 있는 공간과 시간이 더 필요하다.

시설·환경 측면에서 교재나 교구, 놀이공간보다 중요도가 높았던 요소가 바로 시설의 편안함과 주변 환경 및 이용 공간의 안전으로 나타났다. 시설 설치 기준에서 내부 공간 환경에 대한 규정에 추가적으로 시설 위치 및 외부 환경, 아동이 시설로 접근할 때의 안전 확보가 가능한 요건 등이 포함되어야 한다.

돌봄시설이 확보해야 할 아동 1인당 면적 및 전체 시설 면적과 관련해서는, 지역아동센터만 아동 1인당 확보해야 할 면적에 대한 지침이 있을 뿐 초등 돌봄교실이나 청소년방과후아카데미의 경우 별도의 면적 규정은 없다.

(3) 평가

돌봄 기관에서 운영되는 프로그램에 대한 평가는 필수적이다. 현재 돌봄 기관의 평가 기준은 기관에 따라 차이가 있지만 전반적으로 인력, 시설, 기간, 수업시수 등에 대한 기준이 있다.

하지만 프로그램의 개발 주체와 과정, 프로그램의 내용이나 성취 기준, 프로그램 운영에서의 지도 지침, 평가 결과의 피드백 시기와 방법, 평가 결과의 활용 등에 대한 지침은 없거나 있는 경우에도 구체성이 없거나 명확성이 떨어진다.

이러한 점에서 돌봄 기관이나 운영 과정에 따라 다를 수도 있지만 기본적으로 프로그램 자체에 대한 평가 방안이 구체적으로 제시될 필요가 있으며, 평가를 통하여 프로그램의 질을 지속적으로 개선할 필요가 있다. 이를 위해 평가 주체, 대상, 내용, 기준, 방법, 결과 분석, 환류, 활용 등에 대한 지침을 마련할 필요가 있다.

# | 참고문헌 |

교육부. 2021. 『초등돌봄교실 운영 개선 방안(안)』.

김주리·최혜진·강주리. 2021. "초등방과후돌봄 서비스 이용유형이 돌봄공백에 미치는 영향". 『보건사회연구』 41(2), 178-197.

여성가족부·복권위원회·한국청소년활동진흥원. 2020. 『청소년방과후아카데미 우수사례공모전』.

이희연·장명림·황준성·유경훈·김성기·김위정·이덕난. 2019. 『온종일돌봄체계 구축 및 개선 과제: 우수사례를 중심으로』. 교육개발원.

장명림·이희연·조진일·최형주·임봉주·강지원·김선미. 2018. 『학생 학부모 요구에 부응하는 초등돌봄서비스 내실화 방안』. 경제인문사회연구회.

# 제4장 온종일 돌봄, 인력의 질 제고

　돌봄의 질은 돌봄 인력의 질과 직결된다. 이 절에서는 현재 돌봄인력의 질과 관련된 문제는 무엇이며 돌봄인력의 질 제고 방안은 무엇인지 살펴보자. 먼저 돌봄인력의 질에 관련된 문제로 특정한 자격기준이 없다는 점과 돌봄 업무를 겸하는 교사들의 업무부담 그리고 돌봄인력 관리체계 불비 세 측면을 들 수 있다. 돌봄의 질 제고 방안으로는 돌봄인력의 전문성이란 무엇인가와 그 확보를 위한 교육 방안 그리고 장기적으로는 '돌봄교사'를 양성하자는 제안을 해보았다.

## 1. 돌봄인력의 질과 관련된 세 가지 문제

### 1) 특정하지 못한 돌봄인력의 자격

　현재 돌봄전담인력은 자격 요건을 특정하지 못하고 있다. 그 이유는 돌봄 수요에 대한 다급한 대처로 장기적이고 구체적이며 일관성 있는 돌봄의 목표가 완성되지 않았으며, 돌봄인력의 전문성에 대한 비전과 구체적인 논의가 부족한 점을 들 수 있다.

　학교에서의 초등 '돌봄전담사'는 "학생의 돌봄 및 보호, 안전관리, 프로그램관리와 교실 관리, 기타 돌봄교실 관련 업무 등을 전담하는 사람"(17개 시·도 및 한국교육개발원, 2022: 24)으로, 유·초·중등 교원과 보육

교사 2급을 자격기준으로 하고 있다. 다함께돌봄센터 '돌봄선생님'은 더 추상적으로 정의되어 "아동의 돌봄 업무를 전담으로 하는 자"(보건복지부, 2022: 54)이며, 사회복지사 1, 2급, 보육교사 1, 2급, 유·초·중등 교원 자격증 취득 후 아동 대상 교육 시설 또는 사회복지사업에 3년 이상 종사한 경력이 있는 사람 또는 청소년지도사 1,2급을 자격기준으로 하고 있다.

지역아동센터의 주요 돌봄인력인 '생활복지사'의 자격기준은 사회복지사 2급 이상, 유·초·중등 교사, 보육교사 1급이다(보건복지부, 2021). 청소년방과후아카데미의 전담팀장의 자격은 두 가지로 첫째, 청소년 육성 업무 1년 이상 종사 경험자인데 청소년지도사 2급 청소년상담사 3급 이상 자격, 초중등 교사 자격, 사회복지사 1급 자격 소지자이다. 둘째, 청소년 육성 관련 분야 학사학위 이상 소지 후 또는 이와 동등한 수준 이상의 학력이 있다고 인정되는 자로 청소년 육성 업무 경력이 2년 이상인 자이다. 또 청소년방과후아카데미 담임은 청소년지도사 또는 청소년상담사, 초중등 교사, 사회복지사, 청소년 육성 관련 분야 학사학위 소지자, 청소년 육성 업무 실무경력 1년 이상인 자를 자격기준으로 하고 있다(여성가족부, 2021). 그 밖에 공동육아나눔터 '초등 돌봄인력'의 자격기준은 관련 학과 학사학위 소지자, 건강가정사 또는 사회복지사, 관련 사업 2년 이상 근무경력자이다(여성가족부, 가족사업안내2권, 2021).

〈표 7-9〉에 온종일 돌봄과 관련된 돌봄인력의 자격기준을 정리했다. 여러 돌봄 기관의 돌봄인력의 자격에는 유·초·중등 교원과 보육교사, 사회복지사, 청소년지도사, 청소년 상담사, 건강가정사가 망라되어 있다.

**〈표 7-9〉 돌봄인력의 자격기준**

· 초등 돌봄교실 돌봄전담사: 유·초·중등 교원과 보육교사 2급

· 다함께돌봄센터 돌봄선생님: 「사회복지사업법」에 따른 사회복지사 1,2급, 「영유아보육법」에 따른 보육교사 1,2급, 「유아교육법」에 따른 유치원교사, 「초·중등교육법」에 따른 초등학교 교사·중등학교 교사 자격증을 발급받은 사람, 「청소년기본법」에 따른 청소년지도사 1,2급, 그밖에 지방자치단체의 장이 관할지역에서 일정 기간 이상 법 제4조의2제1항 각 호의 돌봄서비스에 해당하는 활동을 수행했다고 인정한 사람(2022년 4월 16일 유효기간 만료)

· 청소년방과후아카데미:
  전담 팀장
  ① 해당 자격 취득 후 청소년육성업무 1년 이상 종사한 경력이 있는 사람
    ㉠ 「청소년기본법」에 따른 청소년지도사 2급 이상 또는 청소년상담사 3급 이상
    ㉡ 「초·중등교육법」에 따른 정교사
    ㉢ 「사회복지사업법」에 따른 사회복지사 1급 이상
  ② 청소년 육성 관련 분야 학사학위 이상 소지 후 또는 이와 동등한 수준 이상의 학력이 있다고 인정되는 자로 청소년육성 업무 경력이 2년 이상인 자

  담임
  ① 「청소년기본법」에 따른 청소년지도사 또는 청소년상담사 자격증이 있는 사람
  ② 「초·중등교육법」에 따른 초·중등학교 교사 자격증이 있는 사람
  ③ 「사회복지사업법」에 따른 사회복지사 자격증이 있는 사람
  ④ 청소년 육성 관련 분야* 학사학위 소지자 및 졸업예정자*
    청소년학, 사회복지학, 교육학, 아동복지학 등
  ⑤ 청소년 육성 업무 실무경력 1년 이상인 자

· 지역아동센터(생활복지사): ①사회복지사업법에 따른 사회복지사 2급 이상 자격이 있는 사람 ②영유아보육법에 따른 보육교사 1급 자격이 있는 사람 ③유치원, 초등학교 또는 중등학교 교사 자격이 있는 사람

· 공동육아나눔터 초등전담돌봄: 관련학과 학사학위 소지자, 건강가정사 또는 사회복지사, 관련 사업 2년 이상 근무경력자

자격기준을 갖춘 돌봄인력을 찾을 수 없을 때는 특별한 자격이 없는 사람이 돌봄에 투입될 가능성도 있다. 그 예로 "초등 돌봄의 돌봄전담사의 채용이 어려운 농어촌 등의 경우, 시도별 채용기준 마련이 가능하며, 자격기준에 미달하는 자를 채용한 후 자격을 취득하거나 소정의 교육을 받도록 조건부 채용이 가능함"(초등 돌봄교실운영길라잡이, 2022: 24)을 들 수 있다. 그리고 공동육아나눔터의 팀원 자격도 "관련 학과 학사학위 이상 소지자나 관련 사업 2년 이상 근무경력자"인데 이는 특정성이 아주 낮으며 보조인력에 대해서는 아예 요구하는 자격이 없는데 이는 돌봄 공동체사업의 주체가 될 부모들에 대해서도 마찬가지이다.

고유의 목적에 맞게 양성된 다양한 인력들을 초등 돌봄교실과 다함께돌봄센터 등의 돌봄에 활용하는 것과 해당 자격을 갖춘 인력을 찾지 못할 때는 예외규정까지 두는 것은 초등 돌봄교실, 다함께돌봄센터, 청소년방과후아카데미, 지역아동센터, 공동육아나눔터 등에서의 돌봄이 고유한 전문성이 부족하고 또 체계화하지 못했음과 더불어 일정한 질을 갖춘 돌봄인력 양성에 대한 의지 부족까지 의미한다고 하겠다.

### 2) 업무 수행 상 과도한 책임과 피로 누적을 겪는 교원

돌봄 제공자의 업무과다는 좋은 돌봄을 제공할 수 없게 한다. 학교 초등 돌봄교실에서 그동안 교원들은 돌봄을 본무라고 인식하지 않으며 부가적인 일로 수행해왔다. 돌봄 업무 처리 과정에서 교원들은 학부모와 아동, 돌봄 인력들의 다양한 요구에 대응해야 하는 피로를 경험해왔다. 아울러 돌봄 과정에서 사고가 발생하는 경우 교장 및 교원에게 책임을 물을 수 있다는 사실도 위협적이다. 이러한 이유로 학교 중심 돌봄 체계 구축을 교원들이 반대해왔다. 아동을 위한 교육과 돌봄은 큰 틀에서 통합해야 하나 교육 전담인력인 교원과 돌봄 전담인력은 아동을 위한 돌봄의 질을 위해서나 돌봄 서비스를 제공하는 돌봄 제공자의 복지를 위해서도 구분되어야 한다.

단기적으로는 학교·지자체 협력 모델을 활용하여, 지자체에서 파견한 인력이 돌봄 관련 제반 행정사무를 처리하도록 하여 교원들의 돌봄 관련 행정 부담을 크게 줄여야 할 것이다. 아울러 돌봄 과정에서 발생하는 안전사고와 관련하여 교원의 면책 요건을 명확히 설정할 필요가 있다. 장기적으로는, 돌봄을 학교 프로그램으로 수용하여 기존 교원 외의 돌봄 인력이 행정 사무를 온전히 수행하고, 돌봄 과정에서의 책임도 지도록 하여야 한다. 최근의 변화로 서울시 교육청은 2022년부터는 초등 돌봄전담사 중심의 돌봄행정업무체계를 구축하고 초등 돌봄교실 행정업무는 초등 돌봄전담사가 전담하기로 하였다(서울특별시 교육청, 2022).

### 3) 돌봄 인력 관리(양성-재교육-후생복지 등) 체계 불비

현재로서는 돌봄인력을 체계적으로 양성하지 않고 위에 든 자격기준에 맞는 인력을 모집 채용하여 활용하고 있다. 연수나 재교육 체계도 부재하다. 또한 돌봄인력에 대한 후생복지도 수준이 낮으며, 돌봄인력들 간 내부 편차도 크다. 낮은 처우의 예로 초등 돌봄교실의 전일제 돌봄전담사는 기본급(서울시 교육청, 2021) 2,040,000원을 받으며, 시간제 돌봄전담사는 기본급 1,126,060원을 받고, 수당수령 조건은 전일제는 주 40시간 이상, 시간제는 주 20시간 이상이 되어야 하지만 많은 돌봄전담사는 해당 시간을 확보하지 못하고 있다. 열악한 후생복지

문제는 돌봄 관리 인력의 잦은 파업의 원인이 되고 있으며 돌봄의 공백을 초래하였다. 돌봄 관리 인력은 학교 직원으로 편입해줄 것을 요구하고 있으나 기존 교직원들은 엄정한 선발 절차를 거치지 않고 정규직원으로 편입하는 것을 강하게 반대하고 있다.

[그림 7-9] 돌봄전담사 파업

출처: https://m.yna.co.kr/view/PYH20210615201300062
https://www.yna.co.kr/view/AKR20211119089900061

돌봄인력의 체계적 양성 및 재교육 그리고 안정적이고 적절한 처우의 문제를 모두 해결하기 위해, 단기적으로는 대학 등에서 연수 등 방법으로 기존 돌봄 인력의 재교육을 시행하는 일과 후생 복지 수준의 단계적 향상 및 지역별 균질화가 필요하다. 장기적으로는, 대학에서 돌봄 인력을 양성하고, 정규 교직원으로 편입하여 과업에 적절한 인사행정체계를 수립하여야 할 것이다.

다만, 단기적 실행과 장기적 실행의 전환기에는 기존 돌봄 인력의 퇴직 규모와 신규 돌봄인력의 수요를 정밀하게 예측하여 돌봄 인력의 양성 규모를 조절하고 순조로운 이행을 완수해야 하는 과제가 있다. 기존 인력의 재교육과 신규 인력의 정규교육을 통한 육성, 그리고 과도기 두 인력의 적절한 배치를 통하여 과부족 문제를 해결하는 한편 초등 돌봄에 특화된 고품질의 돌봄인력 수급체제를 완비하는 것이다.

## 2. 돌봄인력의 질 제고 방안

돌봄 체계의 성공적 구축은 돌봄인력의 질이 결정한다. 특정한 자격조건을 정립하지 못하고, 교사와 돌봄 전담인력의 혼조, 그리고 돌봄인력 양성과 관리체계 불비가 초래할 돌봄의 질을 생각할 때 온종일 돌봄을 위한 돌봄인력 양성에 대한 분명한 목표의 설정이 필요하다.

### 1) 돌봄인력의 전문성과 교육 방안

돌봄인력은 다중 역할·필요한 기능·프로그램 수행의 세 측면에서 전문성을 갖추어야 한다. 돌봄인력의 다중 역할은 학교교육의 보완, 아동의 발달과 학습 자극, 의미 있는 자유시간과 레크리에이션 제공, 아동의 전인적 필요를 충족하는 것이다. 따라서 창의적·교육적 놀이지도, 창의성·호기심·자신감·욕구 이해를 통하여 아동들이 아이디어를 도출하도록 안내, 문제해결 능력 배양, 학생들의 도덕·가치·책임감·영향력 제고의 기능을 수행해야 한다. 프로그램의 수행은 안전한 보호, 간식 및 급식 제공, 특기 적성 및 역량 개발 지원, 체험 및 놀이활동 지원, 생활 상담 등 정서적 지원 프로그램을 기획하고 실행 점검을 통해 완수된다.

단기적으로, 현재 초등 돌봄 전담인력의 교육·연수는 의무교육·집합연수의 방식으로 이루어져야 하며 필수과정과 선택과정으로 구성할 수 있다. '필수과정'에는 초등 돌봄 및 초등 돌봄 정책에 대한 이해, 아동권리 이해, 초등학생의 사회·정서적 특성, 초등학생의 인지 및 정서 발달, 학생 및 학부모 상담의 실제, 초등 돌봄 서비스 담당인력의 역할 및 업무 등 초등 돌봄 서비스에 대한 전반적 이해와 역할을 위한 내용이 포함될 필요가 있다. '선택과정'에는 안전교육, 놀이 프로그램, 창의 인성 프로그램 등 초등 돌봄 서비스의 프로그램을 이해하고 개발하여 실행하기 위한 내용과 함께 아동권리 및 아동학대 예방 등의 내용도 포함될 필요가 있다.

## 2) 학교와 마을돌봄의 전문 돌봄인력으로 '돌봄교사'의 양성

'돌봄교사'의 전문성 확보에는 일정 기간의 교육과정이 필요하다. 독일 전일제학교의 돌봄교사 또는 아동보육사는 3년 간의 직업훈련 과정을 이수한다. 스웨덴의 방과후 교사는 사범대에서 180학점 3년의 교육과정을 이수하고 미술·음악·가정·체육 등 영역별 전문성뿐 아니라 초등교사 교육처럼 교육과정·지도력·아동의 발달 및 갈등해결 능력 등을 교육받는다. 우리나라도 교육대학을 통한 3년 정도의 돌봄교사 양성과정을 신설하여 돌봄교사가 담임교사를 지원하는 한편 아이들의 호기심을 자극하고 의미있는 자유시간을 제공하며 아동의 전인적 발달을 위한 교육에 참여하도록 해야 한다.

지역중심 돌봄 체계를 표방하는 다함께돌봄센터는 증가할 전망으로, 학교와 마찬가지로 전문성있는 돌봄교사를 확보해야 한다. 현재는 센터장 1인과 돌봄선생님 1인이 필수 인력이며 4시간 기준 시간제 2인까지 활용 가능하다. 동시간대 상시 돌봄 아동 20명 당 1명의 돌봄 필수 인력을 배치하고 돌봄 서비스를 제공하는 시간 동안 가급적 2명의 상주를 의무화하고 있는데 이는 단순한 탁아수준의 수동적 돌봄을 우선적으로 고려한 것으로 보인다.

탁아수준을 넘어 교육과 통합된 적극적 돌봄을 위해 매년 단계적으로 개소 수와 이용 아동 수를 추산하여 아동 당 돌봄인력 수를 산출하는 한편 다함께돌봄센터 돌봄인력의 최소품질표준을 설정하고 그에 맞는 자격을 갖추도록 국가가 나서서 전담인력을 양성할 필요성이 있다. 학교에서의 돌봄과 다함께돌봄센터의 돌봄의 질 격차를 최소화하고 이용 아동에게 동일한 돌봄효과를 주기 위해서는 교육대학을 통해 양성한 돌봄교사를 활용하는 것이 최선의 대안이 될 수 있다.

돌봄교사가 역량을 갖추어 돌봄을 제공하면, 학교교육에 대한 준비와 강화 등의 기능을 해냄으로써 별도의 사교육이 불필요하게 된다. 지금은 학교의 방과후 교육과 다함께돌봄센터는 기존 사교육체제를 인정한 채 그 보완기제로 공존한다. 사교육기관으로 이동을 감소·최소화하도록 역량있는 '돌봄교사'를 통하여 돌볼 때 교육의 보완, 아동의 안전과 휴식 및 놀이 시간과 공간의 확보, 부모의 재정 부담 축소가 이루어진다.

# | 참고문헌 |

보건복지부. 2021. 『지역아동센터지원사업안내』 24.

_____. 2022. 『다함께돌봄 사업안내』 55.

17개시도 교육청 및 한국교육개발원. 2022. 『초등돌봄교실 운영길라잡이』 24.

여성가족부. 2021.12. 『청소년방과후 아카데미운영지침』. 18-19.

_____. 2022. 『가족사업안내 2권, 공동육아나눔편』. 55.

# 제5장 돌봄 재정 어떻게 마련할까?

## 1. 돌봄 재정 운용 현황

온종일 돌봄과 관련한 재정 현황이 정확하게 조사, 분석되지는 않는다. 다만 앞서 제시한 온종일 돌봄 기관별 사업별 재정을 통해 총규모를 추정할 수 있다. 〈표 7-10〉에 의하면, 2020년 현재 방과후 돌봄 사업별 총 예산규모는 연간 6,400억 원 정도이며 40만여 명의 아동이 이용하고 있다.[2] 교육부의 초등 돌봄교실은 총 12,984교실이 구축되었고 29만 명 학생이 이용하고 있으며 총 지원예산은 연간 약 4,000억 원 정도인데, 초등 돌봄교실은 전체 방과후 돌봄 중에서도 돌봄 규모 및 이용 아동, 예산 규모 측면에서 가장 비중이 큰 사업이다. 보건복지부의 지역아동센터는 1,800억 원, 다함께돌봄센터는 230억 원이 지원되고 있으며 99,000여 명의 아동이 이용하고 있다. 여성가족부의 청소년방과후아카데미는 청소년방과후활동 지원으로 150억 원을 지원하며 11,000여 명의 학생이 이용하고 있다.

---

2 여성가족부의 공동육아나눔터 등 돌봄 사업은 포함하지 않음.

〈표 7-10〉 방과후 돌봄 소요 예산 및 이용 아동 현황

| 소관부처 | 방과후 돌봄 서비스 | 예산 | 시설 수 | 이용 아동 |
|---|---|---|---|---|
| 교육부 | 초등 돌봄교실 | 초등 돌봄교실지원: 381,400백만 원<br>초등 돌봄교실 시설확충:<br>21,000백만 원 | 12,984<br>교실 | 290,358명 |
| | 초등 돌봄교실 | | | |
| 보건<br>복지부 | 지역아동센터 | 지역아동센터 지원: 183,019백만 원 | 4,148개소 | 98,501명 |
| | 다함께돌봄센터 | 다함께돌봄사업: 26,234백만 원 | 162개소 | 243명 |
| 여성<br>가족부 | 청소년방과후<br>아카데미 | 청소년방과후활동지원:<br>25,106백만 원 | 349개소 | 11,465명 |
| | 계 | 636,759백만 원 | - | 400,567명 |

주: 이용 아동 수는 2019년 12월 말 기준(초등 돌봄교실은 2019년 4월 말 기준)임. 지역아동센터의 이용 아동 수는 초등학생만 포함한 것임. 2020년 예산은 당초 예산 기준임.

중앙정부 사업 외에도, 지방자치단체별로 운영 중인 방과후 돌봄 관련 예산 규모는 현재 파악되지 않고 있다. 지방자치단체는 초등 돌봄교실을 제외하고 지역아동센터, 다함께돌봄센터, 청소년방과후아카데미 운영시 중앙정부 예산에 더해 자체 예산을 부담하고 있는데 그 규모가 앞서 제시한 총예산에 반영되어 있으나, 그 외 추가적인 부담 규모는 정확히 조사되지는 못한 상황이다.

## 2. 돌봄 재정 확보 쟁점

방과후 돌봄 재정 확보와 관련하여 몇 가지 쟁점 사항이 있다. 먼저, 방과후 돌봄에 대한 총 예산 규모가 정확히 파악되지 못하고 있고, 현재 이용 아동 수는 전체 돌봄 수요 대비 약15% 정도만 충족시키고 있다는 점을 확인할 필요가 있다. 따라서 현재의 투자 수준은 가장 최소한의 지원으로 인식해야 하며, 방과후 돌봄에 대한 국가의 책임을 보장하고 추가적인 돌봄 수요를 모두 충족해야 한다면 향후 훨씬 더 많

은 재원이 소요될 것으로 예측된다. 따라서 돌봄 수요 대비 학생 당, 기관 당 지원을 확대해 나가야 한다는 인식을 공유해야 하며, 최종적인 돌봄 수요 대응 목표를 정해야 한다. 예컨대 현재 15% 정도 밖에 안 되는 돌봄 수요에 대하여 향후 50% 이상 또는 80% 이상의 목표치 설정에 따라 재원 확보 규모와 방안은 달라질 수 있을 것이다.

둘째, 앞서 제시한 바와 같이 현재 방과 후 돌봄은 부처별, 사업별로 분산되어 프로그램 운영, 시설, 인력 등 운영 측면에서 표준화된 기준이 부재한 상황이다. 따라서 방과후 돌봄재정을 추정하고 확보하기 위해서는 부처별, 사업별 운영을 인정한다 하더라도, 각 기관별 운영 기준이 표준화되고 통일될 필요가 있다. 이러한 기반 위에서 총소요재정 규모가 산출되고 확보 방안이 마련되어야 한다.

셋째, 방과후 돌봄 재원 부담 주체가 중앙, 지방, 민간으로 매우 상이하다. 기본적으로 방과후 돌봄에 대한 국가의 공적 책임을 강조한다면 민간이 부담하던 비용에 대해서도 국가가 책임을 지는 것이 타당하지만, 향후 돌봄 수요 대응 규모가 확대될 경우 국가 재정의 여력에 비추어 볼 때 모든 비용을 무상으로 제공하기는 어렵다. 모든 비용을 국가가 부담하는 것은 돌봄 기관 운영 질관리 측면에서 바람직하지 않다는 의견도 있다. 따라서 비용 부담의 주체별 부담 비중을 어떻게 정할 것인지는 사회적 합의가 필요하다.

넷째, 재원 확보 기준 산정과 관련하여, 현재와 같은 사업별 지원 방식, 표준돌봄비용 산정 방식, 이용 아동 1인당 산정 방식 등 다양한 방식이 활용될 수 있다. 그러나 어떠한 방식을 택하는지에 따라 총재원 규모는 달라질 수 있으며, 현재의 돌봄 예산보다 훨씬 더 많은 재원이 소요될 수 있다는 점은 분명하다.

## 3. 돌봄 관련 재정 재구조화의 방향

앞서 제시한 다양한 쟁점 사항을 고려하면서 향후 돌봄 관련 재정 재구조화의 방향은 지자체의 책임 권한을 확대하는 것에 두어야 한다. 재정부담의 우선 주체인 중앙정부와 지자체 간 재정관계에서, 돌봄에 대한 재원 확보 및 배분, 집행의 최종 권한은 지자체에 있다는 점을 확인할 필요가 있다. 이는 중앙정부가 주도하는 사업을 대폭 줄이고, 지자체가 자율적으로 계획, 집행할 수 있는 재정 자율성을 총액으로 배분해주는 것을 의미한다. 또한 지자체는 다양한 사업, 재원을 확보하여 통합적으로 활용할 수 있는 권한을 지니고 있기 때문에, 지자체는 온종일 돌봄에 대한 책무성을 지니기 위하여 기본계획 수립 및 예산 확보, 집행 계획을 수립해야 하며, 중앙정부는 이러한 사업 진행 및 성과 확산을 위해 인센티브를 부여하는 방식을 지향해야 한다. 지자체 내에서 온종일 돌봄 재원은 지방재정, 지방교육재정 및 기타 사업비 등으로 분산되어 있는데, 단기적으로는 온종일 돌봄에 소요되는 재원으로 통합하여 활용하되, 추후 일정 비율을 분담하는 방식도 검토할 수 있을 것이다.

## 4. 방과후 돌봄 재원 확보 및 운용 방안

### 1) 재원 확보 방안

향후 방과후 돌봄 재원 확보 규모는 돌봄 수요 대응 목표에 따라 달라질 수 있음은 앞서 제시했다. 확보 방식에 대해서는 이견이 있을 수 있으며 다양한 방식이 가능하다. 그러나 단기적으로는 현재의 사업별 예산 규모를 확대해 나가되, 장기적으로는 안정적 확보 방안이 필요하다. 현재와 같이 국고보조를 통해 매년 사업비를 확보하는 방식은 지방자치단체의 매칭비용 부담이 과중될 수 있고 돌봄의 보편성 및 공공성 측면에서 보면 사업 운영의 안정성을 저해할 수 있다. 또한 지자체의 돌봄투자를 위축시킬 수 있는 요인으로 작용할 수 있으므로 최대한 지방자치단체의 매칭을 요구하는 국고보조 방식은 지양하며 중앙정부의 인센티브 제공 방식으로 변경하는 것이 바람직하다.

구체적인 확보 방식을 제시하면, 중앙정부 차원에서는 내국세 일정 비율을 지자체로 교부하거나, 지방교육재정교부금 또는 지방교부세의 기준재정수요 산정 방식에 돌봄비용을 포함하도록 개정할 수 있을 것이다. 향후 돌봄비용에 대한 공동사업비(기금, 특별회계) 제도가 도입될 경우 현재 사업단위로 편성되는 예산 또는 국고보조금을 통합 운영할 수 있도록 할 수 있다. 이 경우 지자체와 교육청이 협력하여 담당 조직 및 인력을 배치하는 과정이 필수적이며, 관련 법적 근거를 마련하여 확보의 안정성을 보장해주어야 할 것이다. 중앙정부 차원에서는 재원확보 방식이 변화될 경우 「지방재정법」, 「지방교육재정교부금법」, 「지방교부세법」, 국고보조금 관련 법령(법, 시행령, 규정 등) 등의 개정이 필요하며, 지자체는 이에 근거한 조례와 시행규칙 등을 제·개정하여 운영한다.

## 2) 재원 운용 방안

확보된 돌봄 재원은 다음과 같은 두 가지 제도적 방식으로 운영이 가능하다. 이때 운용은 현재의 사업별 운용 방식이 아니라 통합된 방식을 의미하며, 지자체가 돌봄에 대한 책임과 권한을 가지고 있어야 한다는 점을 전제로 한다.

첫째, 단기적으로는 '돌봄공동사업비제도'를 시행하는 것이다. 공동사업비제도는 지방자치단체와 교육청의 협업이 가능한 사업에 대해 양자가 재원을 공동 편성·집행·관리할 수 있는 제도를 의미한다. 공동사업비제도의 영역으로 돌봄은 지자체와 교육청의 공동 관심사이자 주민들에 대한 서비스를 극대화할 수 있다는 점에서 가장 우선적으로 도입을 고려해 볼 수 있다. 이를 추진하기 위해서는 지자체 내 별도 '돌봄기금'을 설치하고 돌봄추진단 조직을 구성하여 인력과 예산을 배치하여 운영한다. 다만 「지방재정법」 개정을 통해 중앙정부 차원의 돌봄 관련 법적 근거를 마련하고 지자체별로도 '조례'를 제정하여 운영해야 한다.

공동사업비제도 초기 단계에는 지자체와 교육청이 협약을 맺고 자율적으로 공동사업을 실시할 수 있는 기반을 마련하며, 중앙정부는 인센티브를 지원한다. 즉 지자체와 교육청이 자율적으로 분담 비율을 정하고 중앙정부의 인센티브를 통해 확산을 유도할 수 있다.

둘째, 중장기적으로는 '돌봄통합운영제도' 도입이 필요하다. 이 제도는 돌봄에 소요되는 투입 규모만큼의 재원을 지자체 세원 일부로 반드시 확보하고, 돌봄 사업이 통합적으로 운영될 수 있는 기구와 인력, 예산을 지자체에 설치하는 것을 의미한다. 온종일 돌봄은 별도의 사업이 아니라 지자체와 교육청의 고유 사무로 인식하고 추진할 수 있도록 해야 하며, 지역사회 거버넌스 주체들의 참여를 통해 지역별 특성을 반영한 돌봄 모델을 구축해나갈 수 있도록 하는 의미가 있다. 이를 위해 중앙정부에서는 보통교부세, 보통교부금의 자체 노력 수요 등에 돌봄 사업 성과에 대한 인센티브 지원의 근거를 마련하고 안정적으로 재원이 확보될 수 있는 구조를 마련해 줄 수 있을 것이다.

# 제6장 온종일 돌봄법에 무엇을 담을까?

## 1. 현행 초등 돌봄의 법적 근거

초등 돌봄을 안정적으로 진행하기 위해서는 법적 체계를 갖추는 일이 중요하다. 현재 초등학교에서 이루어지고 있는 돌봄은 법적 근거가 없는 셈이다. 현행 초등 돌봄교실은 「초·중등학교 교육과정」(교육부 고시 제2017-108호)에 근거를 두고 있는데, 이 고시에는 "지역사회와 학교의 여건에 따라 초등학교 저학년 학생을 학교에서 돌볼 수 있는 기능을 강화하고, 이에 대해 충분한 행·재정적 지원을 한다"는 문구를 두고 있다. 이 고시는 대외적 효력을 가진다고 하기 어렵고 이 점에서 법률과 같은 구속력을 가지지 않는다.

한편, 보건복지부에서 관장하고 있는 다함께돌봄센터와 지역아동센터는 「아동복지법」에 근거를 두고 있다. 이 법 제44조의2는 기초지방자치단체장이 초등학교의 정규교육 외의 시간 동안 아동의 안전한 보호, 안전하고 균형있는 급식 및 간식 제공, 체험활동 등 방과후 돌봄 서비스를 제공하는 다함께돌봄센터를 설치하고 운영할 수 있다고 규정하고 있다. 지역아동센터는 동법 제50조에 근거하고 있다.

이밖에 여성가족부에서 주관하는 청소년방과후아카데미 사업은 「청소년기본법」과 이 법 시행령에 법적 근거를 두고 있다. 법 제48조의2와 시행령 제33조의3은 청소년 수련시설 등에서 초등학교 4학년부터 중학교 3학년까지의 청소년을 대상으로 학습능력 배양, 체험활동, 급식, 건강관리, 상담 등 종합적 복지서비스를 제공할 수 있도록 규정하고 있다.

현재 초등 돌봄은 여러 부처에서 각기 다른 대상에게 다양한 서비스를 제공하고 있으며, 이 과정에서 서비스의 중첩이 발생하기도 하고 사각지대가 나타나기도 한다. 초등 돌봄을 위한 단일 법령이 존재하지 않는 것이 중요한 원인이라 할 수 있다. 특히 초등 돌봄의 상당 부분을 책임지고 있는 초등학교 내 돌봄의 법적 근거가 취약한 점이 문제이다.

## 2. 온종일 돌봄 관련 법률안

문재인 정부에서 온종일 돌봄이 국정 과제로 채택되고, 이를 뒷받침하기 위하여 법률안이 잇따라 제안되었다. 더불어민주당 박경미 의원은 「온종일 돌봄 체계 운영·지원에 관한 특별법안」(이하 "온종일특별법안")을 발의하였고(2019. 8. 27.), 같은 당 권칠승 의원(2020. 6. 10.)과 열린민주당 강민정 의원(2020. 8. 4.)도 매우 유사한 법률안을 발의하였다.

박경미 의원은 "초등단계 학령기 아동의 돌봄에 관한 법률을 제정하여 교육·사회 및 문화 정책에 관하여 관계 중앙행정기관을 총괄·조정하는 부총리 겸 교육부 장관이 범정부 차원에서 통합적인 온종일 돌봄 체계를 구축하고 장기적이며 체계적인 정책을 수립하고자 한다. 아울러 지방자치단체가 주체가 되어 지역의 특성과 여건에 맞는 돌봄 서비스를 제공할 수 있도록 온종일 돌봄 체계에 관한 사항을 규정함으로써 초등학생이 보다 안전하고 건강하게 성장하고 발달할 수 있도록 하고자 함"을 제안 목적으로 제시하였다.

세 법률안의 내용은 대동소이하다. 초등단계 학령기 아동의 건강한 성장과 발달, 안전한 보호를 위하여 체계적인 온종일 돌봄 여건을 조성하는 것을 입법 목적으로 삼고 있으며, 초등학교 내 시설과 청소년 수련 시설, 그리고 다함께돌봄센터와 아동복지시설을 온종일 돌봄 시설로 지정하고 있다. 또 정부가 온종일 돌봄 기본계획을 수립하도록 하고 있으며, 이 기본계획에는 온종일 돌봄의 기본 방향 및 중장기 목표, 온종일 돌봄의 기반 구축 및 활성화 방안, 온종일 돌봄 실태 조사 및 조사 결과에 따른 제도 개선 방안, 온종일 돌봄의 예산 지원 방안, 온종일 돌봄에 관한 관계 기관 간 협조 방안 등을 포함하도록 했다. 온종일 돌봄시설의 설치 기준 및 인력에 관한 사항은 조례로 위임하고, 국가 및 지방자치단체가 온종일 돌봄 시설에 재정을 지원할 수 있는 근거를 규정했다.

제안된 법률안은 온종일 돌봄 체계 구축 책임을 누구에게 지울 것인가, 온종일 돌봄의 주체를 누구로 할 것인가라는 면에서 차이를 보인다. 권칠승 의원 안은 교육부장관에게 온종일 돌봄 체계 구축의 책임을 지운 반면, 박경미 의원과 강민정 의원 안은 국무총리를 위원장으로 하는 온종일특별위원회를 구성하여 책임을 분산하고 있다. 또 박경미 의원 안과 강민정 의원 안은 국가와 지방자치단체를 온종일 돌봄 주체로 명시한 데 비하여, 권칠승 의원 안은 지방자치단체의 책임을 더 강조하고 있다. 세 법안 모두 학교 내 돌봄의 책임 주체와 법적 근거 면에서 불분명한 점이 존재한다.

## 3. 온종일 돌봄 기본법에 포함할 내용

초등학교를 중심으로 이루어지는 온종일 돌봄에 관한 법률에는 서비스 제공 주체와 서비스 대상 범위, 그리고 서비스 공간을 명확히 규정해야 한다(이윤진, 2020). 이에 더하여 돌봄 제공자(종사자)의 법적 지위 및 역할, 책임, 관리 주체 등도 규정할 필요가 있다.

우선, 초등 돌봄 공간은 학교 및 지역사회로 한다. 초등학교 시설이 돌봄 공간으로 가장 많이 활용될 것이기 때문에 학교를 돌봄 공간으로 지정하는 데는 이의가 없을 것이다. 다만 이 경우에도 초등 돌봄이 학교 내에서만 이루어지지 않고 지역사회의 여러 자원을 활용할 수 있도록 해야 한다. 이러한 점에서 지역사회를 돌봄 공간으로 지정할 필요가 있다. 한편, 기존의 지역아동센터나 다함께돌봄센터에서의 돌봄도 인정할 필요가 있고, 아동과 학부모의 선택에 따라 초등학교가 아닌 시설에서의 돌봄을 허용할 필요가 있기 때문에 학교와 지역사회를 돌봄 공간으로 규정해야 한다.

현재는 교육자치와 일반자치가 분리 시행되고 있는 상황이기 때문에 돌봄 서비스가 학교와 지역사회에서 이루어진다고 할 때, 학교 또는 교육지원청과 지방자치단체 간 협력이 매우 중요해진다. 학교 내외에서 시행되는 초등 돌봄과 관련한 사항, 예를 들어 지역사회 내 돌봄 유관 공간 자원의 활용, 놀이 공간 및 학습 공간 제공, 기타 각종 지역사회 자원 제공 등에 지방자치단체가 적극적으로 협력하여야 함을 법률에 규정해야 한다.

초등 돌봄 서비스 제공 주체는 초등학교 시설에서 이루어지는 돌봄의 경우 문제가 되고 있다. 앞에서 살펴본 것처럼 청소년 수련 시설이나 지역아동센터, 그리고 다함께돌봄센터는 서비스 제공 주체를 법률에 이미 명시하고 있다. 그러나 초등학교 돌봄에 관해서는 서비스 제공 주체가 명시되어 있지 않다. 초등학교 내에서 돌봄이 이루어지는 경우 서비스 제공 주체는 교육감과 학교장으로 명시할 필요가 있다. 돌봄과 교육을 분리할 수 없으며, 분리하는 것이 타당하지도 않다. 돌봄과 교육은 모두 인간의 성장 발달에 관한 일이며, 현행법 체계상 교육감이 지역교육의 책임을 진다. 또 학교 내에서 이루어지는 돌봄은 학교의 교무(校務)의 일부로서 학교장이 책임을 져야 한다. 단, 이것이 정규 교육과정을 담당하는 교사들의 업무를 가중시키는 것으로 귀결되지 않도록 해야 한다. 이 문제는 돌봄 제공자의 신분과 관련되는 문제인데, 돌봄 종사자의 신분을 어떻게 규정하든 돌봄 관련 제반 업무를 돌봄 제공자가 완전히 처리하고, 학교장이 감독 책임을 지도록 해야 한다.

돌봄 서비스를 제공하는 아동의 범위에 관해서는 돌봄을 필요로 하는 모든 아동으로 규정해야 한다. 돌봄 시설 여건에 따라 대상 아동에 관하여 우선순위를 매길 수 있으나 보편적으로 돌봄 공백이 발생하는 모든 돌봄을 요하는 아동을 대상으로 하여야 한다(이윤진, 2020).

돌봄 서비스 제공은 기존 돌봄 전담사에게 맡길 수도 있고, 스웨덴 사례와 같이 정규 교육과정을 담당하는 교원과 달리 돌봄 과정을 담당하는 교원을 양성하고, 그들에게 맡길 수도 있다. 기존 돌봄 전담사를 돌봄 종사자로 삼는 경우에는 「근로기준법」 상의 근로자로서의 법적 지위를 명확히 하고, 그들의 인권 보장과 처우 개선에 관한 사항을 법률에 규정해야 한다(이윤진, 2020).

한편, 스웨덴 사례와 같이 돌봄 교사를 교원양성대학에서 양성하고,

오후 시간 학생에 대한 돌봄 책임을 담당하게 하는 경우에는 돌봄 교사에게 지방공무원 신분을 부여하는 편이 타당하다. 이렇게 할 때 교육감은 총액인건비 범위 내에서 학교 사정에 따라 돌봄 교사를 탄력적으로 채용하고 배치할 수 있다. 만약 이와 같은 방식으로 돌봄 교사를 충원한다면 돌봄 교사의 양성, 채용, 복무, 후생복지 등에 관한 사항은 돌봄 관련 법률이 아니라 「교육공무원법」에 규정하는 것이 법 체계상 타당하다.

초등 돌봄에 필요한 재정을 어떻게 확충할 것인지를 법률에 명확히 하는 것이 필요하다. 초등학교 내 돌봄의 경우 「지방교육재정교부금법」 상의 교부금을 일차적으로 활용해야 할 것이지만, 만약 교부금만으로 모든 재원을 충당하는 경우에는 교부금의 본래 목적인 초·중등교육정책 시행에 상당한 어려움이 초래될 것이다. 따라서 국비 또는 지방비 보조를 법률에 규정해야 한다.

이상의 내용을 중심으로 법률안에 포함할 주요 사항을 간략히 정리하면 〈표 7-11〉과 같다.

**〈표 7-11〉 온종일 돌봄 법률(안)**

| 제 목 | 법률안 | 비고 |
|---|---|---|
| 목적 | 모든 아동의 돌봄 공백 해소와 아동의 행복 추구권 보장 | 돌봄 공백 해소라는 소극적 목표와 함께 아동 행복 추구권 보장이라는 적극적 목표를 제시 |
| 대상 | 돌봄이 필요한 모든 아동 | 시설 미비로 인하여 대상에 우선순위를 부여하는 경우, 기준 등에 관한 사항은 시행령으로 규정 |
| 공간 | 초등학교 시설을 활용하되 지역사회 공간을 활용할 수 있도록 함 | 아동 및 학부모가 초등학교 밖의 지역아동·센터 등 공간을 선택할 수 있도록 규정 |
| 서비스 내용 | 1. 안전한 보호<br>2. 간식 및 급식 지원<br>3. 특기적성 및 역량 개발 지원<br>4. 체험 및 놀이활동 지원<br>5. 학교 과제 등 학습 지원<br>6. 생활상담 등 정서적 지원<br>7. 그밖에 대통령령으로 정하는 교육·보호 | |
| 전달 체계 | 국가, 교육감, 지방자치단체, 학교 각각의 책임을 규정 | 장기간 지속 |
| 학교와 지방자치 단체의 협력 | 지방자치단체의 협력 의무를 규정<br>1. 지역사회 내 공간 자원의 활용 연계<br>2. 놀이 공간 및 학습 공간의 제공 협력<br>3. 기타 초등 돌봄에 필요한 지역사회 내 자원 제공 협력 | |
| 종사자 | (기존 돌봄 전담사 채용 시)<br>- 근로기준법상 근로자임을 명시<br>- 자격과 역할<br>- 인권 보장 및 처우 개선 | 교원양성대학에서 돌봄 교사를 양성하여 채용하는 경우 양성, 선발, 복무 등 사항은 「교육공무원법」을 개정하여 규정 |
| 재정 | 지방재정교부금<br>국비 및 지방비 보조 | |

# | 참고문헌 |

이윤진. 2020. 코로나19 이후 초등 돌봄정책 – 관련 법률안 분석과 초등 돌봄기본법의 대안 제시를 중심으로 –. 한양법학 31권 4집. 173-202.

국정 과제협의회 정책기획시리즈 13

# 온종일 돌봄 사회

발행일        2022년  3월  31일

발행인        조대엽

발행처        **대통령직속 정책기획위원회**
             서울특별시 종로구 세종대로 209 정부서울청사 13층
             대통령직속 정책기획위원회 (02-2100-1499)

판매가        25,000원

편집·인쇄     경인문화사 031-955-9300

ISBN         979-11-978306-4-8  93300